"十二五"全国高职高专教育精品规划教材

会计基础教程

主　编　刘　丽　张冬燕

副主编　程玉英　周晓辉

　　　　邓　郁　张　伟

　　　　徐　璐

参　编　刘梦岩　马殿平

北京交通大学出版社

·北京·

内 容 简 介

本教材针对会计、理财、审计、管理等专业学生编写，是会计学的入门教材，它以我国 2006 年颁布的新会计准则为基础，系统阐述会计基本理论知识、会计处理基本程序与基本方法。本教材理论与实训相结合，实训题目来自企业实践，针对性强，缩小了理论与实践的距离；以学生为主体，围绕基础理论与实务从多个方面展开解释、分析，着重培养学生的认知能力、操作能力和会计职业判断能力，符合会计基础教学和职业技术教学的要求；实现了教、学、做的有机统一，有利于学习者在领会会计基本理论的基础上掌握操作技能和实践技巧。

本书内容主要包括：总论，会计核算的具体内容与一般要求，会计科目、账户和复式记账，工业企业主要交易和事项的会计处理，会计凭证，会计账簿，财产清查，财务会计报告，账务处理程序，会计工作的组织。

本书可作为高等财经院校（包括高职高专）会计专业、财务管理专业等经济与管理专业的会计基础教材，也可供从事会计、财务管理和其他经济管理工作人员自学、培训之用，也可作为参加会计从业资格考试的辅导教材。

图书在版编目（CIP）数据

会计基础教程／刘丽，张冬燕主编 . —— 北京：北京交通大学出版社，2013.5（2015.1重印）

（"十二五"全国高职高专教育精品规划教材）

ISBN 978 - 7 - 5121 - 1466 - 1

Ⅰ. ① 会… Ⅱ.① 刘… ② 张… Ⅲ. ① 会计学 - 高等职业教育 - 教材 Ⅳ. ① F230

中国版本图书馆 CIP 数据核字（2013）第 099674 号

责任编辑：张慧蓉 刘 辉
出版发行：北京交通大学出版社 电话：010 - 51686414
　　　　　北京市海淀区高梁桥斜街 44 号 邮编：100044
印 刷 者：北京时代华都印刷有限公司
经 销：全国新华书店
开 本：185 × 260 印张：19 字数：402 千字
版 次：2013 年 5 月第 1 版 2015 年 1 月第 2 次印刷
书 号：ISBN 978 - 7 - 5121 - 1466 - 1/F · 1179
印 数：3 001 ～ 6 000 册 定价：35.00 元

本书如有质量问题，请向北京交通大学出版社质监组反映。对您的意见和批评，我们表示欢迎和感谢。
投诉电话：010 - 51686043，51686008；传真：010 - 62225406；E-mail：press@bjtu. edu. cn。

"十二五"全国高职高专教育精品
规划教材丛书编委会

出 版 说 明

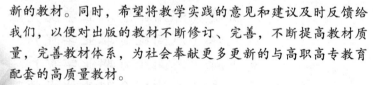

高职高专教育是我国高等教育的重要组成部分，其根本任务是培养生产、建设、管理和服务第一线需要的德、智、体、美全面发展的应用型专门人才，所培养的学生在掌握必要的基础理论和专业知识的基础上，应重点掌握从事本专业领域实际工作的基础知识和职业技能，因此与其对应的教材也必须有自己的体系和特点。

为了适应我国高职高专教育发展及其对教育改革和教材建设的需要，在教育部的指导下，我们在全国范围内组织并成立了"全国高职高专教育精品规划教材研究与编审委员会"（以下简称"教材研究与编审委员会"）。"教材研究与编审委员会"的成员所在单位皆为教学改革成效较大、办学实力强、办学特色鲜明的高等专科学校、成人高等学校、高等职业学校及高等院校主办的二级职业技术学院，其中一些学校是国家重点建设的示范性职业技术学院。

为了保证精品规划教材的出版质量，"教材研究与编审委员会"在全国范围内选聘"全国高职高专教育精品规划教材编审委员会"（以下简称"教材编审委员会"）成员和征集教材，并要求"教材编审委员会"成员和规划教材的编著者必须是从事高职高专教学第一线的优秀教师和专家。此外，"教材编审委员会"还组织各专业的专家、教授对所征集的教材进行评选，对所列选教材进行审定。

此次精品规划教材按照教育部制定的"高职高专教育基础课程教学基本要求"而编写。此次规划教材按照突出应用性、针对性和实践性的原则编写，并重组系列课程教材结构，力求反映高职高专课程和教学内容体系改革方向；反映当前教学的新内容，突出基础理论知识的应用和实践技能的培养；在兼顾理论和实践内容的同时，避免"全"而"深"的面面俱到，基础理论以应用为目的，以必要、够用为尺度；尽量体现新知识和新方法，以利于学生综合素质的形成和科学思维方式与创新能力的培养。

此外，为了使规划教材更具广泛性、科学性、先进性和代表性，我们真心希望全国从事高职高专教育的院校能够积极参与到"教材研究与编审委员会"中来，推荐有特色、有创新的教材。同时，希望将教学实践的意见和建议及时反馈给我们，以便对出版的教材不断修订、完善，不断提高教材质量，完善教材体系，为社会奉献更多更新的与高职高专教育配套的高质量教材。

此次所有精品规划教材由全国重点大学出版社——北京交通大学出版社出版。适合于各类高等专科学校、成人高等学校、高等职业学校及高等院校主办的二级技术学院使用。

全国高职高专教育精品规划教材研究与编审委员会
2013 年 5 月

总　序

历史的年轮已经跨入了公元 2013 年，我国高等教育的规模已经是世界之最，2010 年毛入学率达到 26.5%，属于高等教育大众化教育阶段。根据教育部 2006 年第 16 号《关于全面提高高等职业教育教学质量的若干意见》等文件精神，高职高专院校要积极构建与生产劳动和社会实践相结合的学习模式，把工学结合作为高等职业教育人才培养模式改革的重要切入点，带动专业调整与建设，引导课程设置、教学内容和教学方法改革。由此，高职高专教学改革进入了一个崭新阶段。

新设高职类型的院校是一种新型的专科教育模式，高职高专院校培养的人才应当是应用型、操作型人才，是高级蓝领。新型的教育模式需要我们改变原有的教育模式和教育方法，改变没有相应的专用教材和相应的新型师资力量的现状。

为了使高职院校的办学有特色，毕业生有专长，需要建立"以就业为导向"的新型人才培养模式。为了达到这样的目标，我们提出"以就业为导向，要从教材差异化开始"的改革思路，打破高职高专院校使用教材的统一性，根据各高职高专院校专业和生源的差异性，因材施教。从高职高专教学最基本的基础课程，到各个专业的专业课程，着重编写出实用、适用高职高专不同类型人才培养的教材，同时根据院校所在地经济条件的不同和学生兴趣的差异，编写出形式活泼、授课方式灵活、满足社会需求的教材。

培养的差异性是高等教育进入大众化教育阶段的客观规律，也是高等教育发展与社会发展相适应的必然结果。只有使在校学生接受差异性的教育，才能充分调动学生浓厚的学习兴趣，才能保证不同层次的学生掌握不同的技能专长，避免毕业生被用人单位打上"批量产品"的标签。只有高等学校的培养有差异性，其毕业生才能有特色，才会在就业市场具有竞争力，从而使高职高专的就业率大幅度提高。

北京交通大学出版社出版的这套高职高专教材，是在教育部"十二五规划教材"所倡导的"创新独特"四字方针下产生的。教材本身融入了很多较新的理念，出现了一批独具匠心的教材，其中，扬州环境资源职业技术学院的李德才教授所编写的《分层数学》，教材立意新颖，独具一格，提出以生源的质量决定教授数学课程的层次和级别。还有无锡南洋职业技术学院的杨鑫教授编写的一套《经营学概论》系列教材，将管理学、经济学等不同学科知识融为一体，具有很强的实用性。

此套系列教材是由长期工作在第一线、具有丰富教学经验的老师编写的，具有很好的指导作用，达到了我们所提倡的"以就业为导向培养高职高专学生"和因材施教的目标要求。

教育部全国高等学校学生信息咨询与就业指导中心择业指导处处长
中国高等教育学会毕业生就业指导分会秘书长
曹　殊　研究员

前　言

随着社会主义市场经济的不断发展、完善，会计作为一种通用管理语言，越来越受到社会各界的重视，进入 21 世纪以来，我国社会经济发展迅速，资本市场不断发展壮大，同时伴随着会计与国际接轨，对会计工作提出了新的要求。会计教材不能理论性太强，或只注重操作。针对这一点，本教材选题具有针对性、实用性、前瞻性，兼顾理论和实践；面向会计、理财、审计、经济管理等专业学生，把会计学基础知识及其他相关实践操作知识结合起来进行编写，其中选用的实训题目来自企业实践，所以针对性强，也缩小了理论与实践的距离。

本教材编写旨在阐述会计学的基本理论、基本方法和基本技能，编写紧扣我国最新会计政策和准则，并参考财政部最新实施的会计从业资格考试大纲考试。编写思路以会计循环为主线，力求会计理论与实践相结合。以突出讲解深刻、条理清晰、结构严谨、内容精练、指导性强等特点。本教材的编写遵循 2003 年以后出台的最新政策，其中"会计准则"为 2006年出台的最新准则。原始凭证及账簿、报表的格式采用目前实际工作中的最新版本。

总之，本教材的编写力求理论与实践相结合、政策与学术相结合、传统与现实相结合、发展与变化相结合。本教材既适用高等财经院校（包括高职高专）的财务会计、投资理财、财务管理、审计、经济管理等专业学生使用，又能指导广大会计实务工作者的实际工作。从适用的内容上看，学生或会计实务工作者通过学习本教材，既能掌握会计理论，又能熟悉会计操作，使学生毕业后能迅速上岗操作，以缩短工作的适应期。

在章节安排思路上，本教材力求会计工作的实际流程与学生的认知规律相结合，同时，教材各章后配备一定数量的习题及实训项目，目的在于使学生掌握基础会计的基本理论与基本操作技能，突出对学生基本会计操作技术和能力的培养，便于在学习过程中，能够从理论和实践的结合上，循序渐进，反复练习，巩固和消化所学知识，掌握基本的会计实际操作技能。教材最后部分安排完整实训，将学生所掌握的技能融会贯通，进一步提高其动手能力。

教材编写组由从事会计理论教学多年且具备会计实践的双师型教师组成，并且大多数教师有丰富的会计类教材编写经验。本教材由河北农业大学刘丽、张冬燕任主编。河北农业大学程玉英、周晓辉、邓郁、张伟，郑州旅游职业学院徐璐任副主编。河北农业大学刘梦岩、保定职业技术学院马殿平参加了本教材的编写，最后由刘丽负责全书的总纂及修改定稿。在本书编写过程中，参阅了国内同行的有关教材、论著（已列于书后参考文献），同时也得力于北京交通大学出版社很大帮助，在此一并致谢。

由于时间仓促、作者水平有限，书中内容安排与语言表达难免存在不足，恳请各相关院校师生和读者在使用本教材的过程中给予关注，并批评指正。

编　者

2013 年 3 月

目　　录

第一章 总 论

☑【本章提要】

    本章主要阐述最基本的会计理论问题，包括会计的概念、职能、目标，会计核算的基本前提和会计信息质量要求。

☑【学习目标】

    1. 掌握会计的概念，了解会计产生和发展的过程；

    2. 掌握会计的基本职能；

    3. 熟悉会计核算的基本前提；

    4. 掌握会计信息质量的要求。

☑【重点】

    会计的职能；会计核算的基本前提；会计信息质量要求。

☑【难点】

    会计核算的基本前提和会计信息的质量要求。

▓ 情景导入

    王某是一家个体企业的老板，企业刚起步时，由于规模很小，经营的产品单一，王某每天对发生的资金收支和债权债务记录流水账，基本也能满足需要。由于经营有方，企业规模日益壮大，产品种类繁多，企业每天发生采购、工资、广告、水电等各种费用支出，不懂会计的王某对账目的混乱十分头痛，只知道资金每天不停的进出，却不知道企业到底盈利多少，于是王某只好聘请专业的会计人员进行核算，该企业的会计制度才得以规范化。

 想一想

    会计在企业管理中发挥什么作用？

第一节 会 计 概 述

一、会计的产生与发展

    会计是社会生产发展到一定阶段的产物。它是随着社会生产的发展而产生的，并随着经济管理的需要而不断发展与完善。

    人类在生存和发展过程中，必然要进行生产活动。在生产活动中，一方面要创造出物质财富，取得一定的劳动成果；同时，也必然会发生劳动消耗，其中包括人力、物力及财力的耗费。人们进行生产活动时，总是力求以最少的劳动耗费，取得最多的劳动成果，做到所得大于所费，提高经济效益。为此，人们采用一定方法对劳动耗费和劳动成果进行记录、计算，并加以比较和分析，这就催生了会计行为。

会计在其产生初期并非一项独立的工作，还只是生产职能的附带部分，也就是说，是人们在生产活动中，附带地把劳动成果和劳动耗费及发生的时间进行计量和记录。随着社会生产的发展，生产规模日益扩大和变得更为复杂，仅仅靠人们劳动过程中附带地对各种消耗和成果进行计量、计算和记录，已经不能满足生产的需要了。为了满足生产过程中对劳动成果和劳动耗费进行专项管理的要求，会计逐渐从生产职能中分离出来，成为一项独立的职能。因此，会计是适应生产发展的需要而产生的。

早期的会计只是对财物的收支进行计算和记录，比较简单，伴随着社会生产的发展，会计经历了一个由简单到复杂，由低级到高级的不断发展与完善的过程。会计的发展过程主要经历了古代会计、近代会计和现代会计三个阶段。

1. 古代会计

在原始社会，随着社会生产力水平的发展，人们生产的谷物等产品有了剩余，不仅可以满足自身需求还可以用作交换，这样就需要进行简单的记录和计算，于是就出现了"绘图记事"、"结绳记事"、"刻石记事"等方法。这些原始的简单记录，就是会计的萌芽。严格来讲，旧石器时代产生的原始的计量、记录行为并非真正意义上的会计行为。当时的会计并非一项独立的工作，这一时期被称之为会计的萌芽阶段。严格的独立意义上的会计，是到奴隶社会的繁盛时期才出现的。随着社会生产的进一步发展，科技的进步，劳动消耗和劳动成果的种类不断增多，出现了大量的剩余产品。剩余产品与私有制的结合，造成了私人财富的积累，进而导致了受托责任会计的产生，会计逐渐从生产职能中分离出来，成为特殊的、专门委托的当事人的独立的职能，要求采用较先进、科学的计量与记录方法，从而导致了原始计量、记录行为向单式簿记体系的演变。从奴隶社会的繁盛时期到15世纪末，单式簿记应运产生而且得到了发展，这一时期的会计称之为古代会计。

2. 近代会计

一般认为，从单式记账到复式记账的过度，是近代会计形成的标志。15世纪，意大利的佛罗伦萨、热那亚、威尼斯等地的商业较为繁荣，复式记账法在这三个城市流行和改进。1494年，意大利数学家卢卡·帕乔利（LUCA PACIOLI）的著作《算术、几何、比及比例概要》问世，该书系统地介绍了威尼斯的复式记账法，并给予理论上的阐述，标志着近代会计的开端。

蒸汽机的发明引发的工业革命，使生产力水平迅速提高，会计有了进一步的发展。第一次世界大战之后，美国的经济和科技处于世界领先的水平，美国拥有全球最发达的证券市场，会计学的发展中心因此从欧洲转移到美国。这一时期，会计方法已经比较完善，会计科学也已经比较成熟。

3. 现代会计

现代会计阶段从20世纪50年代起至今。这一阶段，虽然时间不长，但会计发展极为迅速。一方面，会计核算手段发生质的飞跃，计算机技术、信息技术与会计结合产生"会计电算化"。另一方面，会计伴随着生产和管理科学的发展，分化为财务会计和管理会计两个分支。

4. 我国会计发展历程

中国会计的历史源远流长，早在原始公社制时代，随着社会分工的发展和劳动产品的分配、交换及消费等问题的出现，人们就尝试着以实物、绘画、结绳、刻契等方式来表现经济活动及其所反映的数量关系。

进入奴隶社会后，在原始计量的基础上，逐步形成最早的会计制度。中国有关会计事项记载的文字，最早出现于商朝的甲骨文；而"会计"的称号则起源于西周。据《周礼》记载，西周国家设立"司会"一职对财务收支活动进行"月计岁会"，又设司书、职内、职岁和职币四职分理会计业务，其中司书掌管会计账簿，职内掌管财务收入账户，职岁掌管财务支出类账户，职币掌管财务结余，并建立了定期会计报表制度、专仓出纳制度、财物稽核制度等。这表明大约在西周前后，我国初步形成会计工作组织系统，当时已形成文字叙述式的"单式记账法"。

唐宋时期，我国会计理论与方法进一步推进。宋代是我国会计发展的高峰时期，会计方法和财政收支制度有了全面发展，会计方法运用了四柱结算法，所谓"四柱"，是指旧管（上期结余）、新收（本期收入）、开除（本期支出）和实在（本期结存）四个栏目。通过"旧管+新收−开除=实在"这一平衡公式来计算和清算财产物质的来龙去脉。"四柱结算法"的发明把我国的簿记发展提到一个较为科学的高度。

明末清初之际，中国又出现了一种新的记账法——"龙门账法"。这是一种适合于民间商业的会计核算方法。它把全部的账目划分为"进"（全部收入）、"缴"（全部支出）、"存"（全部资产）、"该"（全部资本及负债）四大类，运用"进−缴=存−该"的平衡公式检查账目，计算盈亏，分别编制"进缴表"和"存该表"。在两表上计算得出的盈亏数应当相等，称之为"合龙门"。

清代，我国会计制度又有新的突破，即在"龙门账"的基础上设计发明了"四脚账法"。其记账方法是：一切账项都要在账簿上记录两笔，既登记"来账"，又登记"去账"，以反映同一账项的来龙去脉。又称之为"天地合账"，这是一种比较成熟的复式记账方法。

新中国成立后，中华人民共和国财政部成立了主管全国会计事物的机构——会计事务管理司，制定了全国统一的会计制度，普遍实行复式记账法。1985 年 1 月 2 日，全国人大常委会通过并颁布了《中华人民共和国会计法》，标志着我国会计工作从此进入法制阶段。为了适应我国社会主义市场经济的需要，1992 年 11 月 30 日，财政部颁布了《企业会计准则》，并于 1993 年 7 月 1 日起实行，这是引导我国会计工作与国际流行的会计实务接轨的一项重大措施，开创了我国会计工作新的里程碑。2000 年 6 月，国务院发布了《企业财务会计报告条例》。2000 年 12 月，财政部发布了全国统一的《企业会计制度》。为了规范企业会计确认、计量和报告行为，保证会计信息质量，财政部对《企业会计准则》进行修订，于 2006 年 2 月 15 日公布了修订后的《企业会计准则——基本准则》，同时公布了《企业会计准则第 1 号——存货》等 38 项具体准则，建立了会计准则体系，自 2007 年 1 月 1 日起施行。新会计准则体系基本实现了与国际会计准则的接轨，进一步提升了我国会计标准的国际化水平。

二、会计的职能

（一）会计职能的概念

会计的职能是指会计在经济管理中所具有的功能。正确认识会计的职能，对于明确会计工作的任务及会计人员的职责和权限，充分发挥会计的作用，具有重要意义。

会计的职能可分为基本职能和扩展职能。

（二）会计的基本职能

会计的基本职能就是会计在日常的财务管理中体现的核心功能。会计的基本职能是核算和监督。

1. 会计核算职能

会计核算职能是指会计以货币作为计量单位，运用一定的方式或程序，对客观的经济活动予以记录，再进行计算、整理、汇总，将经济活动的内容和数据转换成会计信息，并总结生产经营或业务活动的成果。

会计核算主要是对已经发生的经济活动进行事中、事后核算，具有完整性、连续性和系统性。

2. 会计监督职能

会计在对经济活动进行核算的同时，还要以国家的财政方针、政策、法规、制度和纪律及财务计划和有关预算为依据，对经济活动进行事前、事中和事后的检查和控制，以达到维护财经纪律，避免财产流失，节约成本，提高效益的目标。

请注意

就会计两大基本职能的关系而言，核算职能是监督职能的基础，会计核算提供的数据是会计监督的客观依据，没有核算职能提供的信息，就会因为缺乏可靠完整的会计数据导致无法进行有效的会计监督；而监督职能又是核算职能的保证，没有监督职能进行控制，提供有力的保证，就不可能制作出真实可靠的会计信息，会计核算也就失去了存在的意义。因此，会计的核算职能和监督职能是相辅相成的、辩证统一的关系。

（三）会计的扩展职能

随着生产的发展和管理的需要，会计的职能也在不断地丰富和发展，在基本职能的基础上已发展为包括预测、决策、分析和控制等在内的诸多职能。

1. 预测职能

会计的预测职能是指依据已有的会计数据和相关的经济信息，运用一定的技术对会计对象未来的发展趋势进行评估测算，为企业的决策提供帮助。

2. 决策职能

企业经营的优势和存在的问题在财务数据上得到直接的反映。会计应当参与企业决策的过程，会计可以充分发挥会计信息的反馈作用，对不同的方案进行分析评价，协助企业管理者选择最优的方案。

3. 分析职能

会计分析职能以会计资料为主要依据，对企业的财务状况、经营过程及结果或计划的执行情况进行研究分析，以便查找问题，总结经验，提高效益。会计分析的过程是在占有大量数据的基础上，由表及里，解剖得失，从感性认识上升到理性认识，以此指导实践，提高管理水平的过程。

4. 控制职能

控制职能主要是通过预算、制度、定额等方式，对经济活动的过程进行有效的控制，将生产活动纳入预定的轨道，从而实现预期的经营目标。

三、会计目标

（一）会计目标的意义

在会计学中，会计目标是最基础的概念，它反映了会计活动的宗旨，决定和制约着会计活动的方向。会计目标是指在一定的社会经济环境下，人们通过会计实践活动所期望达到的要求和目的。在会计理论结构中，会计目标处于最高层次，是制定会计核算前提和会计信息质量要求的出发点。

会计目标指明了会计实践活动的目的和方向，同时，也明确了会计在经济管理活动中的使命，成为会计发展的导向。制定科学的会计目标，对于把握会计发展的趋势，确定会计未来发展的步骤和措施，调动从事会计工作和借助会计工作者的积极性和创造性，促使会计工作规范化、标准化、系统化，更好地为社会主义市场经济服务等都具有重要的作用。

2006 年财政部颁布的《企业会计准则——基本准则》明确规定：企业提供的会计信息应当与财务会计报告使用者的经济决策需要相关，有助于财务会计报告使用者对企业过去、现在或未来的情况作出评价或预测。这正是对会计目标的表述，可以将其概括为：为会计信息使用者提供对他们决策有用的信息。

（二）会计信息使用者

会计信息的使用者主要包括企业外部和企业内部两个方面。

1. 外部的会计信息使用者

（1）投资者（含潜在的）。投资者是企业的所有者、股东，他们是主要的会计信息使用者。在企业所有权和经营权分离的情况下，投资者十分关心企业的财务状况，包括企业的盈利能力、资本结构和利润分配等方面的财务信息，他们利用这些信息来进行投资决策。

（2）债权人（含潜在的）。债权人是贷款给企业的经济主体，主要有各类银行、融资租赁公司、供应商等，他们最关心的是债务人的偿债能力，需要了解债务企业的会计信息进行决策判断，以此决定是增加或是减少贷款，是否继续向企业赊销商品等。

（3）政府有关部门。包括财政、税务、物价、审计、银行、统计、证券监管部门等。他们通过企业的会计信息理解其经营状况，并查验其会计信息是否真实完整。这些政府部门通过对企业的会计数据进行汇总，可以进一步理解国民经济各部门、各地区的情况，为决策提供支持。

（4）社会公众。主要指企业职工及其他与企业有直接或间接联系的主体，如证券商、顾客、中介机构等。

2. 内部的会计信息使用者

内部的会计信息使用者主要是企业的管理者。企业管理者为实现企业的经营目标，要及时对企业经营过程中遇到的重大事项作出合理的决策，例如，对外投资、产品定价、新品研发、成本控制、计划制订等问题。这些问题的正确决策，要求企业的管理者对本企业的会计信息有充分的理解。

（三）会计信息的主要内容

会计信息按其来源和用途可分为财务会计信息和管理会计信息。企业对外提供的会计信息主要是财务会计信息，管理会计信息主要供企业内部管理使用。企业提供的会计信息内容主要有财务状况信息、经营成果信息和现金流量信息。财务状况信息反映企业在某一时点的资产、负债和所有者权益的情况；经营成果信息反映企业一年内的收入、费用和盈利情况；现金流量信息反映企业所从事的经营活动、筹资活动和投资活动产生的现金流入和现金流出。

四、会计的概念

尽管会计活动历时悠久，但会计的概念在学术界一直存在不同的认识，尚未形成统一的确切的概念，关键在于学术界对会计的本质有着不同的理解。我国会计界对会计概念的认识主要有以下几种观点。

一是"工具论"，认为会计是经济管理或经济核算的工具，强调会计在经济活动中的核算作用。这种观点在相当长的时期内在我国会计界占主导地位，它强调会计在微观领域的作用，却忽视了会计的监督、预测、控制、分析等其他职能。

二是"信息系统论"，即认为会计是一个收集、处理和输送经济信息的信息系统。最早提出这个观点的是美国会计学家利特尔顿。20世纪70年代以后，由于科学技术的进步和管理理论的发展，该观点在西方发达国家会计界广泛流行。这种观点传入我国以后，逐步为我国一些会计学者所接受。

三是"管理活动论"，即认为会计是经济管理的重要组成部分，是一种管理活动，并使用了"会计管理"的概念。这种观点是20世纪80年代以后我国的一些会计学专家结合我国的实际情况首先提出来的。这种观点强调会计的管理职能，将财务管理的一些内容也融合到会计的概念之中。

综合前面对会计的产生与发展、职能等方面的论述，可以将会计的概念定义为：会计是以货币为主要计量单位，以凭证为依据，运用一系列专门的方法，对一定主体的经济活动进行连续、系统、全面、综合的核算和监督，并向有关方面提供会计信息的一种经济管理活动。

五、会计的特点

（一）会计是以货币作为主要计量尺度

任何经济活动的核算和记录，都必须应用一定的计量单位，否则将无法进行数量反映。通常采用的计量单位有：实物计量单位（千克、吨、米、件等）、劳动计量单位（劳动日、工时等）、货币计量单位（元、角、分等）三种。由于衡量的对象不同，分别应用于不同的方面。

货币是商品的一般等价物，具有价值尺度的功能。以货币作为统一的计量单位进行核算是会计的一个重要特点。虽然实务和劳动计量也要用到，但主要计量单位还是货币。

（二）以凭证为依据

会计的任何记录和计量都必须以会计凭证为依据，这就使会计信息具有真实性和可验证性。只有经过审核无误的原始凭证才能据以编制记账凭证，登记账簿进行加工处理。这一特征也是其他经济管理活动所不具备的。

（三）连续性、系统性、综合性和全面性

会计在利用货币量度计算和监督经济活动时，以经济业务发生的时间先后为顺序连续地不间断地进行登记，对每一次经济业务都无一遗漏地进行登记，不能任意取舍，做到全面完整。登记时，要进行分类整理，使之系统化，而不能杂乱无章，并通过价值量进行综合、汇总，以完整地反映经济活动的过程和结果。

六、会计的对象

会计的对象是指会计作为一种经济管理活动所要核算和监督的内容。企业会计的对象是其生产经营过程中能以货币表现的经济活动，即资金运动。

企业进行生产经营必须具备人和物两个方面条件，除了劳动者外，还需拥有房屋、机器设备、原材料等生产资料，这些经济资源的货币表现就是企业从事生产经营的资金。资金是会计主体所掌握和使用的经济资源，是能够给企业带来经济效益的价值。在企业的经营过程中，资金通过筹集、使用、耗费、收回和分配，不断发生增减变动，也就是说，资金是经常处于运动之中的。

企业、事业和行政单位的经济活动的具体内容不同，资金运动的方式不同，因此，这些单位所要核算和监督的具体对象也不一样。例如，根据工业企业生产经营过程，其相应的资金运动可以分为资金投入、资金运用和资金退出三个环节。在资金投入阶段，投资人投入自有的或借入的货币等形态的资金。资金的运用（资金的循环和周转）环节可分为供应、生产、销售三个阶段。在供应阶段，企业购买原材料，发生材料买价、运输费、装卸费等材料采购成本，与供应单位发生货款的结算关系。在生产阶段，劳动者借助于劳动手段将劳动对象加工成特定的产品，发生原材料消耗的材料费、固定资产磨损的折旧费、生产工人劳动耗费的人工费等，构成产品使用价值与价值的统一体，同时，还将发生企业与工人之间的工资结算关系等。在销售阶段，将生产的产成品销售出去，发生有关销售费用，并同客户发生货款结算关系。资金退出环节包括偿还债务、上交税款、向所有者分配收益等，使得这部分资金退出企业的资金循环与周转。企业由于资金的投入、运用和退出等经济活动引起各项财产物质的增减变化，就构成了工业企业会计的具体对象。

第二节 会计核算的基本前提

会计核算的基本前提也称为会计假设，是指会计核算工作赖以生存的前提条件。正如在交通规则中，为了保证交通秩序，要求来往行人与车辆等都必须靠右行驶一样，会计面对的是一个现实的复杂多变的社会经济环境，要使会计核算工作具有一定的稳定性和规律性，必须对会计工作提出一定的前提条件，即作出某些假设，从而使会计工作处于一个相对稳定的，比较理想的环境中。会计核算的基本前提是人们在长期的会计实践中，逐步认识和总结而形成的。只有明确了这些前提条件，正常的会计核算才能得以进行。

会计核算的基本前提包括：会计主体、持续经营、会计期间和货币计量。

一、会计主体

进行会计核算，首先要明确其核算的空间范围，即为谁记账。会计主体是指会计工作为其服务的特定单位或组织。它要求会计核算应当区分自身的经济活动与其他单位的经济活动，会计核算必须是站在本单位的角度观察所发生的经济业务，不能与其他会计主体的经济活动相混。会计主体前提旨在使各单位明确了解其处理各种经济活动的范围限制和所持基本立场，从而正确反映会计主体的资产、负债及所有者权益情况，正确提供会计信息使用者所需要的核算资料，以避免范围不清、立场不明，造成会计核算的混乱。

尽管现代企业归投资者所有，但企业的会计核算不包括该企业投资者或债权人的经济活动，或其他单位的经营活动。一般的，经济上独立或相对独立的企业、公司、事业单位等都是会计主体。甚至只要有必要，任何一个组织都可以成为一个会计主体，典型的会计主体是企业。

应注意，会计主体与法律主体并非同一概念。法律主体是法律上承认的可以独立承担义务和享受权利的个体，也可以称为法人。会计主体的内涵要广，即会计主体包括法律主体。

任何一个法律主体都要按规定开展会计核算，应当建立自身的会计系统，独立反映其财务状况、经营成果和现金流量，因此，法律主体往往是会计主体。但是，会计主体不一定是法律主体，比如，单位的内部机构也可以作为一个会计主体核算，但它并非法律主体。

二、持续经营

持续经营是指在可以预见的未来，企业将按照当前的规模和状态继续经营下去，不会停业，也不会大规模削减业务。这虽然是一种假设，但基本符合人们的思维习惯，也有利于企业组织会计核算工作。可以想象，如果没有这样的假定，不仅会计核算无法保持其稳定性，企业生产经营活动也无法正常进行。在持续经营的前提下，企业将按照既定的用途使用现有的资产，同时，也将按照以前承诺的条件去清偿债务。因此，企业的会计核算应当以持续、正常的生产经营为前提，而不能将企业的破产清算作为前提。

持续经营前提，为会计核算明确了时间范围，从而使会计核算有一个稳定的基础。例如，某企业以 200 万元购进了一台生产设备，预计可用 15 年，考虑到该企业将会持续经营，因此，可以假定企业的该项固定资产会在持续的生产经营过程中长期发挥作用，不断为企业生产产品，创造收益。因此，该生产设备应当按照历史成本进行记录，并采用折旧方法，将设备的成本分摊到预期使用期间所生产的产品成本中去。

请注意

在激烈的市场竞争中，任何企业都会有破产的风险。换而言之，企业不能持续经营的可能性是存在的。因此，需要企业对其持续经营的前提进行分析和判断。如果能够断定企业不能持续经营，就应当改变会计核算的原则和方法。

三、会计期间

会计期间，是指将一个企业持续的生产经营活动期间划分成若干连续的、长短相同的期间。按持续经营假定，企业的正常生产将无定期地进行下去，要绝对正确地核算盈亏，理论上应当从企业成立开始经营起，到企业终止结束经营止，将企业存续期间全部收支相抵才能确定盈亏，实际上这是行不通的。为了及时提供企业生产经营信息，将企业正常的生产经营活动人为地分割为若干相等的、较短的时间段落，这就是会计期间。可见，会计期间假设是持续经营假定的一个必要补充。会计期间通常以"年"来计量，称为会计年度，还可进一步分为季度与月度。会计期间起讫日期采用公历日期。

会计期间前提与持续经营前提是分不开的。只有规定了企业是持续经营的，才有必要和可能划分会计期间。会计期间前提以持续经营为前提，持续经营前提又需要会计期间前提作为补充。两者相结合，才能连续的提供会计主体在各会计期间的经营业绩，才能反映各期财务状况的变动情况。

划分会计期间对于确定会计核算程序和方法有重要的作用。有了会计期间，才有本期与非本期的区别，才有了权责发生制和收付实现制的区分及收入与费用的期间配比原则。

四、货币计量

货币计量是指企业在会计核算中要以货币作为主要的计量单位，记录和反映企业生产经营过程和经营成果。在会计的确认、计量和报告过程中选择货币作为基础进行计量，是由货币本身的属性决定的。一些计量单位，如长度、种类、体积等，只能从一个侧面反映企业的生产经营情况，不便于进行会计计量。货币是商品一般等价物，是衡量一般商品价值的共同尺度，具有价值尺度、流通手段、贮藏手段和支付手段等功能。因此，为了全面反映企业的生产经营活动和有关交易事项，会计确认、计量和报告选择货币作为计量单位。

📢 请注意

单纯的货币计量也存在一定的缺陷，某些影响企业财务状况和经营成果的因素，难以用货币计量，如企业的研发能力、市场竞争力等，这些信息对于会计信息的使用者也很重要，企业可以在财务报告中对这些非财务信息进行补充披露。

在会计核算中，用于日常登记账簿和编制财务会计报告时用以表示计量的货币，称为记账本位币。

第三节 会计基础与会计信息质量要求

一、会计基础

根据《企业会计准则——基本准则》的规定，企业应当以权责发生制为基础进行会计确认、计量和报告。权责发生制是指以实质取得收到现金的权利或支付现金的责任权责的发生为标志来确认本期收入和费用及债权债务。

权责发生制的核算基本要求不是以款项的收支是否在本期发生进行确认、计量和报告的。凡是本期实现的收入，不论款项是否收到，都应作为本期的收入入账；凡是不属于本期实现的收入，即使款项已在本期收到，也不应作为本期的收入入账。同样，凡是本期发生的费用，不论款项是否付出，都应作为本期的费用入账；凡是不属于本期发生的费用，即使款项已在本期付出，也不应作为本期的费用处理。

二、会计信息质量要求

会计信息质量要求是对企业财务报告中所提供的会计信息质量的基本要求，是使财务报告中所提供的会计信息对使用者决策有用所应具备的基本特征。根据 2006 年 2 月我国财政部颁布的《企业会计准则——基本准则》的规定，会计信息质量要求包括：可靠性、相关性、可理解性、可比性、实质重于形式、重要性、谨慎性和及时性。

（一）可靠性

可靠性要求是指企业应当以实际发生的交易或者事项为依据进行会计确认、计量和报告，如实反映符合确认和计量要求的各项会计要素及其他相关信息，保证会计信息真实可靠、内容完整。

可靠性是对会计信息质量的基本要求。会计工作提供信息的目的是帮助会计信息使用者的决策需要，因此，应该做到内容真实，数字准确、可靠。不得根据虚构或未发生的交易或事项进行确认、计量和报告，不能随意遗漏或者减少应该予以提供的信息。

（二）相关性

相关性要求是指企业提供的会计信息应当与财务报告使用者的经济决策需要相关，有助于财务使用者对企业过去、现在或者未来的情况作出评价或者预测。

会计信息是否有用，是否具有使用价值，关键是看其与使用者的决策需要是否相关，是否有助于决策或者提高决策水平。相关性要求企业在确认、计量和报告会计信息的过程中，充分考虑会计信息使用者的决策模式和信息需要，会计信息应当能够有助于使用者评价企业过去的决策、证实或者修正过去的有关预测，有助于使用者预测企业未来的经营成果和现金流量。

（三）可理解性

可理解性要求是指企业提供的会计信息应当清晰明了，便于财务报告使用者理解和使用。

企业编制财务报告、提供会计信息的目的在于使用，而要使使用者有效地使用会计信息，必须让其理解会计信息的内涵，这就要求提供的会计信息清晰明了，易于理解。只有这样才能提高会计信息的有用性，实现财务报告的目标。

（四）可比性

可比性要求是指企业提供的会计信息应当具有可比性。具体包括以下两个方面的要求。

1. 纵向可比

纵向可比即同一企业在不同时期可比。为了便于使用者了解企业财务状况、经营成果和现金流量的变化趋势，比较企业在不同时期的财务报告信息，从而全面、客观的评价过去、预测未来、并作出决策，会计信息的可比性要求同一企业不同时期发生的相同或者相似的交易或者事项，应当采用一致的会计政策，不得随意变更。满足会计信息可比性的要求，并非不允许企业变更会计政策。企业按照规定或者会计政策变更后可以提供更可靠的会计信息时，就有必要变更会计政策，从而向使用者提供更为有用的信息。但会计政策变更的有关情况，应当在附注中说明。

2. 横向可比

横向可比即不同企业在相同会计期间可比。为了便于会计信息使用者评价不同企业的财务状况、经营成果和现金流量的变化趋势，会计信息的可比性要求不同企业同一会计期间发生的相同或相似的交易或事项，应当采取规定的会计政策，确保会计信息口径一致、相互可比。

（五）实质重于形式

实质重于形式要求是指企业应当按照交易或者事项的经济实质进行会计确认、计量和报告，不应仅以交易或者事项的法律形式为依据。

在会计核算过程中，可能会遇到一些经济实质与法律形式不一致的业务或事项，例如，企业融资租赁的固定资产，在租赁期内，从法律形式上来看，该固定资产的所有权属于出租人，但从经济实质来讲，与该项固定资产相关的收益和风险已经转移给承租人。因此，承租人应当将其视为自有的固定资产提取折旧。遵循实质重于形式要求，体现了对经济实质的尊重，这样才能确保会计信息与客观经济事实相符。

（六）重要性

重要性要求是指企业提供的会计信息应当反映与企业财务状况、经营成果和现金流量有关的所有重要交易或者事项。

重要性要求从会计信息成本效益角度出发，在会计核算过程中，对交易或事项应当区别其重要程度，对资产、负债、损益等有较大的影响，从而影响会计信息使用者据以作出合理决策的重要事项，必须按照规定的会计方法和程序进行处理，并在财务会计报告中予以充分、准确的披露；对于次要的会计事项，在不影响会计信息真实性和不至于误导财务会计报告使用者作出正确决策的前提下，可做简化处理。

重要性的应用在一定程度上依赖职业判断，企业应当根据其实际情况，从项目的金额大小和性质两个方面进行判断。

（七）谨慎性

谨慎性要求是指企业对交易或者事项进行会计确认、计量和报告时应当保持应有的谨慎，不应高估资产或者收益、低估负债或者费用。

市场经济存在固有的风险和不确定性，例如，固定资产与无形资产的使用寿命，应收账款能否收回等。会计信息质量的谨慎性要求，需要企业在面临不确定性因素的情况下作出职业判断时，要保持应有的谨慎，充分预计各种风险和损失，不高估资产或收益，不低估负债或费用。

📢 请注意

运用谨慎性要求，也应防止片面性，企业不能故意低估资产或收益，不能故意高估负债或费用，以此少计盈利。这不符合会计信息可靠性的要求，扭曲真实的财务状况，对会计信息使用者造成误导。

（八）及时性

及时性要求是指企业对于已经发生的交易或者事项，应当及时进行会计确认、计量和报告，不得提前或者延后。

会计信息的价值在于帮助使用者作出经济决策，具有时效性。即使是可靠的、相关的会计信息，如果不及时提供，就影响了时效性，对于会计信息使用者的效用就大大降低，甚至不再具有使用价值。在会计确认、计量和报告过程中，应及时收集、处理、传递会计信息，充分体现会计信息的价值。

本 章 小 结

会计是社会生产发展到一定阶段的产物。它随着社会生产的发展而产生，并随着经济管理的需要而不断发展与完善。会计是以货币为主要计量单位，采用一定的方法对企业、行政和事业等单位的经济活动进行核算和监督的一种管理活动。会计具有核算和监督两个基本职能，还具有评价业绩、预测、参与决策等职能。会计信息应当符合国家宏观经济管理的要求，满足有关各方面了解企业财务状况、经营成果和现金流量的需要。

会计对象是指会计所要核算和监督的内容，即某一会计主体中发生的一切能以货币表现的经济活动过程，也就是资金运动。

会计核算的基本前提也称为会计假设，包括：会计主体、持续经营、会计期间和货币计量。

根据《企业会计准则——基本准则》的规定，企业应当以权责发生制为基础进行会计确认、计量和报告。

会计信息质量要求包括：可靠性、相关性、可理解性、可比性、实质重于形式、重要性、谨慎性和及时性。

本章习题

一、单项选择题

1. "会计"一词产生于（　　）。

 A. 西周   B. 明朝   C. 清朝   D. 唐代

2. 我国会计行为的最高法律规范是（　　）。

 A. 会计法   B. 基本会计准则

 C. 具体会计准则   D. 会计制度

3. 会计的基本职能包括（　　）。

 A. 会计控制与会计决策   B. 会计预测与会计控制

 C. 会计核算与会计监督   D. 会计计划与会计决策

4. 会计管理活动论者认为会计是（　　）。

 A. 一项经济管理活动   B. 管理经济的工具

 C. 一个经济信息系统   D. 一项经济计量活动

5. 会计假设中（　　）设定了会计核算的空间范围。

 A. 会计主体 B. 持续经营 C. 会计分期 D. 货币计量

6. 企业在一定时期内通过从事生产经营活动而在财务上取得的结果称为（　　）。

 A. 财务状况 B. 盈利能力 C. 经营业绩 D. 财务成果

7. 企业固定资产可以按照其价值和使用情况，确定采用某一方法计提折旧，它所依据的会计核算前提是（　　）。

 A. 会计主体 B. 持续经营 C. 会计分期 D. 货币计量

8. （　　）作为会计核算的基本前提，就是将一个会计主体持续的生产经营活动划分为若干个相等的会计期间。

 A. 持续经营 B. 会计年度 C. 会计分期 D. 会计主体

9. 会计人员在进行会计核算的同时，对特定主体经济活动的合法性和合理性进行审查称为（　　）。

 A. 会计反映 B. 会计核算 C. 会计监督 D. 会计分析

二、多项选择题

1. 下列属于会计核算的具体方法的是（　　）。

 A. 设置会计科目和账户   B. 复式记账

 C. 填制和审核会计凭证   D. 登记账簿

2. 会计核算的特点包括（　　）。

 A. 准确性 B. 完整性 C. 连续性 D. 系统性

3. 下列说法正确的是（　　）。

 A. 会计人员只能核算和监督所在主体的经济业务，不能核算和监督其他主体的经济业务

 B. 会计主体可以是企业中的一个特定部分，也可以是几个企业组成的企业集团

 C. 会计主体一定是法律主体

 D. 会计主体假设界定了从事会计工作和提供会计信息的空间范围

4. 下列属于款项的有（ ）。

　　A. 银行存款　　　　　　　　　　　B. 银行汇票存款

　　C. 信用卡存款　　　　　　　　　　D. 信用证存款

5. 下列各项中，可以作为一个会计主体进行核算的有（ ）。

　　A. 销售部门　　　B. 分公司　　　C. 母公司　　　D. 企业集团

6. 下列说法正确的有（ ）。

　　A. 在境外设立的中国企业向国内报送的财务报告，应当折算为人民币

　　B. 业务收支以外币为主的单位可以选择某种外币为记账本位币

　　C. 会计核算过程中采用货币为主要计量单位

　　D. 我国企业的会计核算只能以人民币为记账本位币

7. 下列各项中，属于财务成果的计算和处理内容的有（ ）。

　　A. 利润分配　　　　　　　　　　　B. 利润的计算

　　C. 亏损弥补　　　　　　　　　　　D. 所得税的计算

8. 会计期间可以分为（ ）。

　　A. 月度　　　　B. 季度　　　　C. 半年度　　　D. 年度

9. 会计监督职能是指会计人员在进行会计核算的同时，对经济活动的（ ）进行审查。

　　A. 及时性　　　B. 合法性　　　C. 合理性　　　D. 时效性

10. 下列各项中，属于会计核算基本前提的有 （ ）。

　　A. 会计主体　　B. 持续经营　　C. 会计分期　　D. 货币计量

三、判断题

1. 会计是以货币为主要计量单位，反映和监督一个单位经济活动的一种经济管理工作。　　　　　　　　　　　　　　　　　　　　　　　　　　　（ ）

2. 会计的基本职能是会计核算和会计监督，会计监督是首要职能。　（ ）

3. 企业会计的对象就是企业的资金运动。　　　　　　　　　　　（ ）

4. 会计主体必须是法律主体。　　　　　　　　　　　　　　　　（ ）

5. 持续经营假设是假设企业可以持续存在，即使进入破产清算，也不应该改变会计核算方法。　　　　　　　　　　　　　　　　　　　　　　　　　　（ ）

6. 会计主体前提为会计核算确定了空间范围，会计分期前提为会计核算确定了时间范围。　　　　　　　　　　　　　　　　　　　　　　　　　　　（ ）

7. 根据《企业会计制度》的规定，会计期间分为年度、半年度、季度和月度，所谓的会计中期指的是不足一年的会计期间，半年度、季度和月度都属于会计中期。　（ ）

8. 业务收支以外币为主的单位，也可以选择某种外币作为记账本位币，并按照记账本位币编制财务会计报告。　　　　　　　　　　　　　　　　　　（ ）

9. 按照权责发生制原则的要求，凡是本期实际收到款项的收入和付出款项的费用，不论是否归属于本期，都应当作为本期的收入和费用处理。　　　　　　　（ ）

10. 会计记录的文字应当使用中文。在中华人民共和国境内的外商投资企业、外国企业和其他外国组织的会计记录，可以同时使用一种外国文字。　　　　　　（ ）

四、思考题

1. 什么是会计？

2. 会计的基本职能及特点有哪些?
3. 会计的对象是什么?
4. 会计核算的基本前提有哪些?
5. 会计信息质量有哪些要求?

第二章　会计核算的具体内容与一般要求

☑【本章提要】

　　本章主要介绍会计核算的具体内容和会计核算的基本要求。其中会计核算的内容介绍一些常见的需要进行会计核算的经济业务事项。会计核算的基本要求关系到单位会计基础工作是否符合规范，对包括依法设账、会计电算化、会计档案和文字记录等方面做了具体规定。

☑【学习目标】

　　1. 能够判断某项经济业务是否需要进行会计处理；
　　2. 掌握会计核算的一般要求。

☑【重点】

　　常见的需要进行会计核算的经济业务事项；会计核算的一般要求。

☑【难点】

　　会计文字书写中阿拉伯数字和中文大写的写法。

情景导入

　　某单位新设独立的会计机构，小李被任命为会计机构负责人。小李认为，为保证日后会计工作的正常开展，首先应当制定本部门的规章制度，每名会计人员应严格遵守。

 想一想

　　在会计核算方面小李应制定哪些要求呢？

第一节　会计核算的具体内容

　　会计核算的具体内容是各单位在生产经营和业务活动中，发生的各种各样的经济业务事项。经济业务事项包括经济业务和经济事项两类。经济业务又称经济贸易，是指单位与其他单位和个人之间发生的各种经济利益交换，如产品销售等。经济事项是指在单位内部发生的具有经济影响的各类事件，如计提折旧等。根据会计法的规定，会计核算的内容主要包括七项。

　　一、款项和有价证券的收付

　　款项包括现金、银行存款及其他视同现金、银行存款使用的外埠存款、银行汇票存款、银行本票存款、在途货币资金、信用证存款、保函押金和各种备用金。有价证券包括国库券、股票、企业债券和其他债券等。款项和有价证券的收付直接影响单位资金的变化，因此，必须及时办理会计手续，进行会计核算。

二、财物的收发、增减和使用

财物是指单位的财产物资，一般包括原材料、燃料、包装物、低值易耗品、在产品、商品等流动资产和房屋、建筑物、机器、设施、运输工具等固定资产。财物的收发、增减和使用是单位资金运动的重要形态，也是会计核算的经常性业务。加强对财物的管理，有利于控制和降低成本，保证财物的安全、完整，防止资产流失。

三、债权债务的发生和结算

从会计意义上讲，债权债务是指由于过去的交易或事项所引起的单位的现有权利或义务，其中：债权主要包括应收账款、应收票据、其他应收款、短期投资、长期投资等；债务主要包括短期借款、应付票据、应付账款、预收账款、应付工资、应交税金、应付利润、其他应付款、长期借款、应付债券、长期应付款等。债权债务的发生和结算，反映了单位的资金周转情况，也是常见的会计核算内容。

四、资本、基金的增减

会计上的资本又称为所有者权益，是指投资人对企业净资产的所有权，是企业全部资产减去全部负债后的余额，包括实收资本、资本公积、盈余公积和未分配利润。基金主要是指机关、事业单位某些特定用途的资金，如事业发展基金、集体福利基金、后备基金等。资本、基金的增减都会引起单位资金的变化，会计人员应当及时进行核算。

五、收入、支出、费用、成本的计算

收入是指企业在日常活动中所形成的、会导致所有者权益增加的、与所有者投入资本无关的经济利益的总流入，包括销售商品收入、劳务收入、让渡资产使用权收入、利息收入、租金收入、股利收入等，但不包括为第三方或客户代收的款项。支出是行政事业单位和社会团体在履行法定职能、发挥特定功能时所发生的各项开支，以及企业在正常生产经营活动以外的支出和损失。费用是指企业在销售商品、提供劳务等日常活动中所发生的经济利益的流出。费用通常包括生产费用和期间费用。生产费用由直接材料、直接人工和制造费用组成，构成产品生产成本；期间费用是指本期发生的直接计入当期损益的费用，一般包括管理费用、销售费用和财务费用。成本是指企业为生产某种产品或进行某项劳务而发生的费用，它与一定的产品或劳务相联系，是对象化了的费用。收入、支出、费用、成本都是计算单位经营成果的主要依据。

六、财务成果的计算和处理

财务成果主要是指企业在一定时期内通过从事生产经营活动的结果，或为盈利或为亏损。财务成果的处理一般包括利润的计算、所得税的计算、利润分配或亏损弥补。

七、其他事项

其他事项指除上述六项经济业务事项以外的、按照国家统一会计制度规定应当办理会计手续和进行会计核算的其他经济业务事项。

第二节　会计核算的一般要求

一、依法进行会计核算

各单位必须按照国家统一的会计制度的要求，进行会计核算。会计核算方法主要包括设

置会计科目和账户、复式记账、填制和审核会计凭证、登记账簿、成本计算、财产清查、编制会计报表等七种专门方法。其中，复式记账是会计核算方法的核心。这些会计核算方法相互配合、相互衔接，构成一个完整的会计核算方法体系。

（一）设置会计科目和账户

科目与账户是对会计对象的具体内容进行分类、核算和监督的一种专门方法。会计科目是按照经济业务的内容和经济管理的要求，对会计要素的具体内容进行分类核算的科目；对会计对象划分类别并规定名称是必要的，但要全面、系统地记录和反映各项经济业务所引起的资产变动情况，还必须在分类的基础上借助于具体的形式和方法，这就是开设和运用账户。账户是根据会计科目设置的，它是对各种经济业务进行分类和系统、连续的记录，反映资产、负债和所有者权益增减变动的记账工具。

（二）复式记账

复式记账法是以资产与权益平衡关系作为记账基础，对于每一笔经济业务，都要以相等的金额在两个或两个以上相互联系的账户中进行登记，系统地反映资金运动变化结果的一种记账方法。复式记账以"资产=负债+所有者权益"这一会计等式为理论依据，以资金运动的客观规律为基础，并使相互对应的账户保持平衡关系，较好地体现了资金运动的内在规律，能够全面地、系统地反映资金增减变动的来龙去脉及经营成果，并有助于检查账户处理和保证账簿记录结果的正确性。复式记账是会计核算方法体系的核心。

（三）填制和审核会计凭证

会计凭证是记录经济业务、明确经济责任、按一定格式编制的据以登记会计账簿的书面证明。填制和审核会计凭证是确保会计记录真实可靠，维护经济活动的合理合法而采用的一种专门方法。对于已经发生或完成的经济业务或事项，都应当由经办人员或有关单位填制专门的会计凭证。真实、完整的会计凭证是保证会计信息质量的基础。会计凭证按其编制程序和用途的不同，可分为原始凭证和记账凭证。原始凭证又称单据，是在经济业务最初发生时填制的原始书面证明，如销货发票、款项收据等。后者又称记账凭单，是以审核无误的原始凭证为依据，按照经济业务事项的内容加以归类，并据以确定会计分录后所填制的会计凭证，它是登入账簿的直接依据。

（四）登记账簿

账簿，是由具有一定格式、相互联系的账页所组成，用来序时、分类地全面记录一个企业、单位经济业务事项的会计簿籍。设置和登记会计账簿，是重要的会计核算基础工作，是连接会计凭证和会计报表的中间环节。会计凭证数量很多，又很分散，而且每张凭证只能记载个别经济业务的内容，所提供的资料是零星的，不能全面、连续、系统地反映和监督一个经济单位在一定时期内某一类和全部经济业务活动情况，且不便于日后查阅。通过登记账簿，可以将会计凭证的零散记录进行归类整理，形成连续、系统、完整的会计核算资料，同时为编制会计报表提供直接的依据。

（五）成本计算

企事业单位在生产经营过程中会发生各种各样的费用支出。成本计算是按照一定对象归集经营过程中发生的各项费用，借以确定该对象的总成本和单位成本的一种专门方法。成本的计算是企业制定价格、确定盈亏和加强经济核算的重要条件。通过成本计算，可以检查经营过程中所发生的费用是否符合节约的原则，这对于分析成本的高低及其形成原因，寻求降低成本的途径，提高经济效益，具有非常重要的意义。

（六）财产清查

财产清查是对各项财产、物资进行实地盘点和核对，查明财产物资、货币资金和结算款项的实有数额，确定其账面结存数额和实际结存数额是否一致，以保证账实相符的一种会计的专门方法。财产清查是内部牵制制度的组成部分，其目的在于定期确定内部牵制制度执行是否有效。通过财产清查，可以查明各项财产物资的储备和保管情况及各种责任制度的建立和执行情况，揭示各项财经制度和结算纪律的遵守情况，促使财产物资保管人员加强责任感，保证各项财产物资的安全完整。同时，通过财产清查，可以确定各项财产物资的实用数，将实存数与账存数进行对比，确定各项财产的盘盈、盘亏，并及时调整账簿记录，做到账实相符，以保证账簿记录的真实、可靠，提高会计信息的质量。

（七）编制会计报表

会计报表是企业财务报告的主要部分，是企业向外传递会计信息的主要手段。它是综合反映企业某一特定日期资产、负债和所有者权益及其结构情况、某一特定时期经营成果的实现及分配情况和某一特定时期现金流入、现金流出及净增加情况的书面文件，由主表及相关附表组成，其中主表包括资产负债表、利润表和现金流量表，附表包括资产减值准备明细表、利润分配表等。会计报表提供的会计资料比账簿更概括、更集中。通过会计报表可以对企事业单位的财务状况和经营成果一目了然。

二、根据实际发生的经济业务进行会计核算

会计核算应当以实际发生的经济业务为依据，体现了会计信息质量的可靠性要求。其具体要求是：根据实际发生的经济业务，取得可靠的凭证，并据此登记账簿，编制财务会计报告，形成符合质量标准的会计资料。

请注意

如果以不真实或虚假的经济业务事项或者资料为依据进行会计核算，会导致所生成的会计资料与实际发生的经济业务事项不相符，造成会计资料失实、失真，从而影响会计资料的有效使用，扰乱社会经济秩序，这是一种严重违法的行为。

三、依法设置会计账簿

会计账簿是会计资料的重要组成部分。设置会计账簿是一个单位经营管理和业务活动得以开展的重要基础，也是会计工作得以开展的基础环节。只有设置并有效利用会计账簿，才能进行会计资料的收集、整理、加工、存储和提供，才能全面、连续、系统地反映单位的财务状况和经营成果。

依法设置会计账簿的具体要求主要包括：① 各单位必须设置账簿，不得不设账；② 各单位不得重复设置账簿，不得账外设账或私设账簿；③ 各单位必须保证账簿记录的真实、完整。不设账或者设多本账、私设"小金库"、造假账等，都是严重的违法行为。

不真实、不完整的会计账簿，不能如实反映经济业务事项的发生情况，不仅不能为会计信息使用者提供帮助，影响企业的经营决策，还会扰乱正常的社会经济秩序。

四、依法建立会计档案

会计档案是指会计凭证、会计账簿和财务会计报告等会计核算专业材料，它是记录和反映单位经济业务的重要史料和证据。各单位（包括国家机关、社会团体、企业、事业单位、按规定应当建账的个体工商户和其他组织）必须根据《会计档案管理办法》的规定，加强对会计档案工作的管理，建立会计档案的立卷、归档、保管、查阅和销毁等管理制度，保证会计档案保管、有序存放、方便查阅，严防毁损、散失和泄密。各级人民政府财政部门和档案行政管理部门共同负责会计档案工作的指导、监督和检查。

五、对会计电算化的基本要求

《会计法》规定：使用电子计算机进行会计核算的，其软件及其生成的会计凭证、会计账簿、财务会计报告和其他会计资料，也必须符合国家统一的会计制度的规定。这一规定包括两方面的含义。

一是用电子计算机进行会计核算的单位，使用的会计软件必须符合国家统一的会计制度的规定。

会计软件是专门用于完成会计工作的计算机应用软件，会计软件有助于会计核算的规范化，有助于带动财务管理乃至企业管理的规范化，从而提升企业的管理水平，提高企业的效益。另一方面，会计软件可以提高会计核算的工作效率，降低会计人员在账务处理方面的工作强度，减少工作差错，便于账务查询。会计软件的优劣直接影响到会计信息的质量。因此，会计法要求实行会计电算化的单位，使用的会计软件必须符合国家统一会计制度。

二是用电子计算机生成的会计资料必须符合国家统一的会计制度的规定。

请注意

实行会计电算化的单位，用电子计算机生成的会计凭证、会计账簿、财务会计报告在格式、内容及会计资料的真实性、完整性等方面，都必须符合国家统一的会计制度的规定。

六、正确使用会计记录文字

会计记录所使用的文字，是进行会计核算和表述各种会计记录、会计资料的重要媒介，对会计人员准确、充分地记录会计资料，方便会计资料使用者全面、细致地了解会计资料所表述的经济内涵等，起着重要的辅助作用。

《会计法》规定会计记录的文字应当使用中文。根据这一规定，在我国境内所有国家机关、社会团体、公司、企业、事业单位和其他组织的会计记录文字都必须使用中文。《会计法》同时规定在民族自治地方，会计记录可以同时使用当地通用的一种民族文字。在中华人民共和国境内的外商投资企业、外国企业和其他外国组织的会计资料，可以同时使用一种外国文字。

依据财政部制定的会计基础工作规范的要求，填制会计凭证与登记账簿，必须做到正确、清晰、整齐、流畅、标准、规范和美观，并符合下列要求。

（1）阿拉伯数字应当一个一个地写，不得连笔写。阿拉伯金额数字前面应当书写货币币种符号或者货币名称简写。币种符号与阿拉伯金额数字之间不得留有空白。凡阿拉伯数字前写有币种符号的，数字后面不再写货币单位。

（2）所有以元为单位的阿拉伯数字，除表示单价等情况外，一律填写到角分；元角分的角位和分位可写"00"，或者符号"–"；有角无分的，分位应当写"0"，不得用符号"–"代替。

（3）汉字大写数字金额如零、壹、贰、叁、肆、伍、陆、柒、捌、玖、拾、佰、仟、万、亿等,一律用正楷或者行书体书写,不得用 0、一、二、三、四、五、六、七、八、九、十等简化字代替,不得任意自造简化字。

(4)大写金额数字前未印有货币名称的,应当加填货币名称,货币名称与金额数字之间不得留有空白。

(5)中文大写金额到"元"为止的,应当写"整"或"正"字,如¥500.00 应写成"人民币伍佰元整"。中文大写金额到"角"为止的,可以在"角"之后写"整"或"正"字,也可以不写,如¥215.30 应写成"人民币贰佰壹拾伍元叁角整"或者"人民币贰佰壹拾伍元叁角"。中文大写金额到"分"位的,不写"整"或"正"字。

(6)阿拉伯金额数字中间有"0"时,汉字大写金额要写"零"字;阿拉伯数字金额中间连续有几个"0"时,汉字大写金额中可以只写一个"零"字;阿拉伯金额数字元位是"0",或者数字中间连续有几个"0"、元位也是"0"但角位不是"0"时,汉字大写金额可以只写一个"零"字,也可以不写"零"字。

(7)会计工作中,填写支票、汇票和本票等票据的出票日期必须使用中文大写。在填写月时,月为1、2和10的,应在其前面加"零"。日为1至9和10、20、30的,应在其前面加"零";如2月12日,应写成"零贰月壹拾贰日";10月20日,应写成"零壹拾月零贰拾日"。

本 章 小 结

会计核算的具体内容是各单位在生产经营和业务活动中,发生的各种各样的经济业务事项,包括经济业务和经济事项,会计核算的内容主要有七项:款项和有价证券的收付,财物的收发、增减和使用,债权债务的发生和结算,资本、基金的增减,收入、支出、费用、成本的计算,财务成果的计算和处理及其他事项。

会计核算的一般要求包括依法进行会计核算,根据实际发生的经济业务进行会计核算,依法设置会计账簿,依法建立会计档案,对会计电算化的基本要求和正确使用会计记录文字等内容。

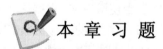 本 章 习 题

一、单项选择题

1. 下列说法中正确的是( )。
   A. 成本是对象化了的费用
   B. 出售固定资产形成企业的收入
   C. 经济利益的流入必然是由收入形成的
   D. 费用就是成本
2. 以下说法不正确的是( )。
   A. 固定资产是企业的财物
   B. 商标权不是企业的财物
   C. 财物必须具有实物形态
   D. 包装物应作为固定资产核算
3. 下列属于有价证券的是( )。
   A. 外埠存款
   B. 股票
   C. 信用证存款
   D. 信用卡存款
4. 企业在一定时期内通过从事生产经营活动而在财务上取得的结果称为( )。

    A. 财务状况   B. 盈利能力   C. 经营业绩   D. 财务成果

5. 费用中能予以对象化的部分构成（   ）。

    A. 成本   B. 负债   C. 期间费用   D. 资产

6. 流动资产是指变现或耗用期限在（   ）的资产。

    A. 一年以内   B. 一个营业周期以内

    C. 一年内或超过一年的一个营业周期以内   D. 超过一年的一个营业周期

7. 下列属于债权的是（   ）。

    A. 应付账款   B. 应付职工薪酬   C. 应收票据   D. 预收账款

8. 下列项目中，不属于会计核算具体内容的是（   ）。

    A. 制订企业计划   B. 收入的计算

    C. 资本的增减   D. 财务成果的计算

9. 下列项目中属于货币资金的是（   ）。

    A. 可转换债券   B. 商业承兑汇票   C. 银行汇票存款   D. 银行承兑汇票

10. 下列表述中，符合《会计法》对使用会计记录文字基本要求的是（   ）。

    A. 民族自治地方，会计记录可以同时使用当地通用的一种民族文字

    B. 民族自治地方，会计记录必须使用人民币

    C. 在我国境内的外国企业，会计记录可以使用其本国文字

    D. 我国设立在境外的企业，会计记录必须使用中文

二、多项选择题

1. 下列项目中，属于债务的有（   ）。

    A. 应收利息   B. 短期借款   C. 应付账款   D. 预收账款

2. 经济业务事项具体包括下列哪些选项（   ）。

    A. 款项和有价证券的支付   B. 财物的收发、增减和使用

    C. 债权债务的结算   D. 财务成果的计算和处理

3. 《会计法》中的财物包括下列哪些项目（   ）。

    A. 现金和银行存款   B. 原材料   C. 包装物   D. 固定资产

4. 下列项目中，属于有价证券的有（   ）。

    A. 银行本票   B. 国库券   C. 股票   D. 企业债券

5. 财物是财产、物资的简称，下列属于财物的资源有（   ）。

    A. 库存商品   B. 固定资产

    C. 无形资产   D. 应收及预付款项

6. 下列项目中，属于债权的有（   ）。

    A. 应收账款   B. 应收票据   C. 预付账款   D. 其他应收款

7. 下列各项中属于费用的有（   ）。

    A. 财务费用   B. 应付账款   C. 管理费用   D. 销售费用

8. 下列项目中，属于财务成果的计算和处理内容的有（   ）。

    A. 利润分配   B. 利润的计算

    C. 亏损弥补   D. 所得税费用的计算

9. 资金运动的内容包括（   ）。

A. 资金的投入　　　B. 资金的循环　　　C. 资金的退出　　　D. 资金的周转

10. 下列属于会计核算具体内容的有（　　）。

A. 款项和有价证券的收付　　　　　　　B. 财物的收发、增减和使用

C. 债权债务的发生和结算　　　　　　　D. 收入、支出、费用、成本的计算

三、判断题

1. 各单位必须根据实际发生的经济业务事项进行会计核算，编制财务会计报告。

（　　）

2. 款项是作为支付手段的货币资金；有价证券是指表示一定财产拥有权或支配权的证券。款项和有价证券是企业流动性最差的资产。　　　　　　　　　　　　　　（　　）

3. 只要有经济利益流入，就是企业的收入。　　　　　　　　　　　　　　（　　）

4. 各单位对会计凭证、会计账簿、财务会计报告和其他会计资料应当建立档案，妥善保管。　　　　　　　　　　　　　　　　　　　　　　　　　　　　　　　　（　　）

5. 使用电子计算机进行核算时，生成的会计凭证、会计账簿、财务报表等企业可以自己制定格式，不一定要符合国家统一的会计制度的规定。　　　　　　　　　　（　　）

6. 会计科目和账户的设置、复式记账、填制会计凭证、登记会计账簿、进行成本计算、财产清查和编制财务会计报告等，国家有统一的会计制度要求。　　　　　　（　　）

7. 会计上的资本既包括投入资本也包括借入资本。　　　　　　　　　　（　　）

8. 会计记录的文字应当使用中文。在中华人民共和国境内的外商投资企业、外国企业和其他外国组织的会计记录，可以使用一种外国文字。　　　　　　　　　　（　　）

9. 银行汇票、银行本票和信用证存款都属于有价证券。　　　　　　　　（　　）

10. 成本是企业为生产产品、提供劳务而发生的各种耗费，因而企业发生的各项费用都是成本。　　　　　　　　　　　　　　　　　　　　　　　　　　　　　　（　　）

四、思考题

1. 会计核算有哪些专门的方法？

2. 会计核算的具体内容有哪些？

3.《会计法》对使用计算机进行会计核算有哪些要求？

4. 会计文字对金额和日期的书写有什么规定？

第三章 会计科目、账户和复式记账

☑【本章提要】

　　为了具体实施会计核算，将发生的经济业务记录登记在账簿中。本章阐述了会计要素的定义、种类、特征及会计等式的内容、作用和经济业务对会计等式的影响。在这个基础上对会计科目的概念和意义、会计科目的分类会计科目的设置原则、编号和常见的会计科目表及会计科目开设账户的目的、账户的基本结构、会计科目和账户之间的关系进行了介绍，同时对复式记账法的基本原理，借贷记账法的基本内容和主要特点，会计分录的编制，借贷记账法下的试算平衡进行了阐述。

☑【学习目标】

　　1. 掌握会计要素的定义、特点及种类。

　　2. 理解会计等式及其作用，能根据经济业务准确识别涉及的会计科目及账户名称、正确使用会计科目与账户理解复式记账法的原理。

　　3. 掌握会计科目及其分类；了解会计科目与账户的关系；掌握账户的结构与使用方法。

　　4. 掌握借贷记账法的记账规则，能够熟练根据借贷记账法编制会计分录。

　　5. 掌握借贷记账法下的试算平衡。

☑【重点】

　　会计要素、会计科目、账户及其结构，借贷记账法的基本内容、特点，编制会计分录。

☑【难点】

　　会计要素的分类、会计等式及其作用、借贷记账法特点、结构。

▦ 情景导入

　　小李和小张是计算机系三年级的大学生，2012 年 3 月 1 日他们用 10 000 元银行存款投资开办了一家电脑维修部，从事电脑维修，并附带销售电脑配件。他们首先租了一间小门面房，每月房租 1 000 元，第一个月房租已经支付；花费了 2 500 元购买了一些修理用的工具和配件；为了方便出行，又花费 400 元买了一部自行车；在报纸上做了广告，广告费为 750 元，其中 250 元的广告费未支付；支付请来帮助修理电脑的同学的报酬为 300 元；3 月 15 日，小李和小张从银行提取 1 000 元用于个人生活支出，31 日，收到水电费缴费单，共计 100 元尚未支付。当月电脑维修全部收入已存入银行，31 日银行账户余额为 7 000 元。

　　小李和小张认为他们第一个月经营情况不错，尽管亏了 3 000 元，但是却打开了市场。

　　分析小张和小李依据什么计算亏了 3 000 元，依据正确吗？电脑维修部 3 月底有哪些资产和负债？计算电脑维修部 3 月份的收入和费用是多少？

想一想

如果要核算他们的经济活动，是不是该给这些资金及其运动（即会计对象）大致分一下类呢？

第一节　会计要素和会计等式

一、会计要素

为了具体实施会计核算，需要对会计核算和监督的内容进行分类。会计要素，是按照交易或事项的经济特征对会计核算对象进行的基本分类，是会计核算对象的具体化，是用于反映会计主体财务状况和经营成果的基本单位。会计要素是设定会计报表结构和内容的基础，也是进行会计确认和计量的依据。

我国企业的会计要素按照性质分为资产、负债、所有者权益、收入、费用和利润六个会计要素。其中，资产、负债和所有者权益三项会计要素主要反映企业的财务状况；收入、费用和利润三项会计要素主要反映企业的经营成果。反映财务状况的会计要素，因为它们反映企业资金价值运动的静止关系，所以又称为静态的会计要素；反映经营成果的会计要素，它们反映企业资金运动的动态价值关系，所以又称为动态会计要素。会计要素的界定和分类可以使财务会计系统更加科学严密，并可以为会计信息使用者提供更加有用的信息。

（一）反映财务状况的会计要素及其确认

财务状况是指企业一定日期的资产、负债、所有者权益的分布状况，是资金运动相对静止状态时的表现。

1. 资产

资产是指企业过去的交易或事项形成的、由企业拥有或控制的、预期会给企业带来经济利益的资源。

一个企业从事生产经营活动，必须具备一定的物质资源，或者说物质条件。在市场经济条件下，这些必需的物质条件表现为货币资金、厂房场地、机器设备、原料、材料，等等，统称为资产，它们是企业从事生产经营活动的物质基础。除以上的货币资金及具有物质形态的资产以外，资产还包括那些不具备物质形态，但有助于生产经营活动的专利、商标等无形资产，也包括企业对其他单位的投资等也都属于资产。

资产有下面几个方面的特点。

第一，资产是过去的交易或事项形成的。也就是说，作为企业资产，必须是现实的而不是预期的资产，它是企业过去已经发生的交易或事项所产生的结果，包括购置、生产、建造等行为或其他交易或事项。预期在未来发生的交易或事项不形成资产，如计划购入的机器设备，由于购买交易尚未发生，因此不能将其确认为一项资产。

【例3-1】某企业计划在2012年购入一台设备，并已经与供货方于2011年12月签订了购买合同，合同约定购货方应于2012年1月提供该设备。则企业在2011年年末资产负债表中不能将该设备作为资产反映，因为其尚未取得。

第二，资产是由企业拥有或控制的。一项资源要作为企业资产予以确认，企业应该拥有此项资源的所有权，可以按照自己的意愿使用或处置资产；有些资产虽然不为企业所拥有，但在某些条件下，对一些由特殊方式形成的资源，企业虽然不享有所有权，但能够被企业所控制，而且同样能够从资产获取经济利益，也可以作为企业资产（如融资性租入固定资产）。而企业没有买下使用权的矿藏、工厂周围的控制，都不能作为企业的资产确认。

【例 3-2】某企业 2012 年同时租入甲、乙两台设备，其中甲设备是以融资租赁的方式租入的，租期为 5 年，乙设备是以经营租赁方式租入的，租期为 8 年。在 2012 年年末的资产负债表中乙设备由于既没有所有权，也没有控制权，因此不能作为固定资产反映，只做备查登记；而甲设备虽然没有所有权，但是企业能够控制甲设备生产的经济利益，因此，可以将甲设备作为资产在 2012 年年末的资产负债表中予以反映。

第三，资产预期能够给企业直接或间接带来经济利益。这是指资产具有直接或间接导致现金或现金等价物流入企业的潜力。如货币资金可以用于购买所需要的商品或用于利润分配，厂房机器、原材料等可以用于生产经营过程。制造商品或提供劳务，出售后回收货款，货款即为企业所获得的经济利益。如果某一项目预期不能给企业带来经济利益，就不能将其确认为企业的资产，前期已经确认为资产的项目，如果不能再为企业带来经济利益，也不能再将其确认为企业的资产。

【例 3-3】甲设备是某企业 2008 年购入的，由于技术更新，2012 年购入了作为替换甲设备使用的乙设备。乙设备购入后，甲设备不再使用，同时由于没有市场无法出售。则在 2012 年年末的资产负债表中，由于甲设备不能再带来经济利益的流入，因此不再作为资产反映。

对资产可以作多种分类，常见的是按流动性分类。按流动性进行分类，可以分为流动资产和非流动资产。流动资产是指预计在一个营业周期内变现、出售或者耗用，或者主要为交易目的而持有，或者预计在资产负债表日起一年内（含一年）变现的资产。流动资产包括货币资金、交易性金融资产、应收及预付账款、存货等。有些企业经营活动比较特殊，其经营周期可能长于一年，比如，造船、大型机械制造，从购料到销售商品直到收回货款，周期比较长，往往超过一年，在这种情况下，就不能把一年内变现作为划分流动资产的标志，而是将经营周期作为划分流动资产的标志。长期投资、固定资产、无形资产的变现周期往往在一年以上，所以称为非流动资产。按流动性对资产进行分类，有助于掌握企业资产的变现能力，从而进一步分析企业的偿债能力和支付能力。一般来说，流动资产所占比重越大，说明企业资产的变现能力越强。流动资产中，货币资金、短期投资比重越大，则支付能力越强。

2. 负债

负债是指过去的交易、事项形成的现时义务，履行该义务预期将会导致经济利益流出企业。如果把资产理解为企业的权利，那么负债就可以理解为企业所承担的义务。其中，现时义务是指企业在现行条件下已承担的义务。未来发生的交易或者事项可能形成的义务不属于现时义务，不应当确认为负债。

根据负债的定义，负债具有如下特征。

第一，负债是由于过去的交易或事项形成的偿还义务。潜在的义务，或预期在将来要发生的交易、事项可能产生债务不能确认为负债。例如，购置货物或使用劳务会产生应付账款，接受银行贷款则会产生长还贷款的义务。只有源于已经发生的交易或事项，会计才有可能确认为负债。对于企业正在筹划的未来交易或事项，如企业的业务计划等，并不构成企业的负债。

第二，负债的清偿预期会导致经济利益流出企业。负债通常是在未来某一时日通过交付资产（包括现金和其他资产）或者提供劳务来清偿。同时，未来流出的经济利益的金额能够可靠计量。有时，企业可以通过承诺新的负债或转化为所有者权益来了结一项现有的负债，但最终一般都会导致企业经济利益的流出。

第三，负债是现时义务。负债是企业目前实实在在的偿还义务，要由企业在未来某个时日加以偿还。

按偿还期限的长短，一般将负债分为流动负债和非流动负债。预期在一年或一个经营周期内到期清偿的债务属于流动负债，包括短期借款、交易性金融负债、应付票据、应付账款、预收账款、应付职工薪酬、应交税费、应计利息、应付股利等。除以上情形以外的债务，即为非流动负债，一般包括长期借款、应付债券、长期应付款等。

3. 所有者权益

所有者权益是指企业资产扣除负债后，由所有者享有的剩余权益。股份公司的所有者权益又称为股东权益。所有者权益是所有者在企业资产中享有的经济利益，其金额为资产减去负债后的余额，又称为净资产。

企业资产形成的资金来源，所有者投入的资本、直接计入所有者权益的利得和损失、留存收益等。所有者投入的资本，是指所有者投入企业的资本部分，它包括实收资本和资本公积直接计入所有者权益的利得和损失，是指不应计入当期损益、会导致所有者权益发生增减变动的、与所有者投入资本或者向所有者分配利润无关的利得或者损失。其中，利得是指偶发性的、非正常活动产生的、与所有者投入资本无关的经济利益的流入，但会导致所有者权益增加。损失是指偶发性的、非正常活动产生的、与向所有者分配利润无关的经济利益的流出，但会导致所有者权益减少。

所有者相对于负债而言，具有以下特点：第一，所有者不像负债那样需要偿还，除非发生减值、清算，企业不需要偿还所有者；第二，企业清算时，负债往往优先清偿，而所有者只有在清偿所有的负债之后才返还给所有者；第三，所有者权益能够分享利润，而负债则不能参与利润分配。所有者权益在性质上体现为所有者对企业资产的剩余收益，在数量上也就体现为资产减去负债后的余额。所有者权益包括实收资本、资本公积、盈余公积和未分配利润四个项目，其中，前两项属于投资者的初始投入资本，后两项属于企业留存收益。

（二）反映经营成果的会计要素及其确认

经营成果是企业在一定时期内从事生产经营活动所取得的最终成果，是资金运动显著变动状态的主要表现。

1. 收入

收入是企业在日常活动中形成的、会导致所有者权益增加的、与所有者投入资本无关的经济利益的总流入。

根据收入的定义，确认收入的条件包括以下几个方面。

（1）收入应当是企业日常活动形成的经济利益流入。日常活动应理解为企业为完成其经营目标所从事的经常性活动及与之相关的活动。如工业企业销售产品，流通企业销售商品，服务企业提供劳务、出租、出售原材料、对外投资（收取利息、现金股利）等日常活动。明确日常活动是为了区分收入与利得的关系，不属于日常活动所形成的经济利益流入应作为利得处理，如企业处置固定资产、无形资产取得的经济利益流入。

（2）收入会导致经济利益总流入，该流入不包括所有者投入的资本。经济利益是指现金或最终能转让为现金的非现金资产。收入只有在经济利益很可能流入，从而导致资产增加或者负债减少，经济利益的流入额能可靠计量时才能予以确认。经济利益总流入是指本企业经济利益的流入，包括销售商品收入、劳务收入、使用费收入、租金收入、股利收入等主营业务和其他业务收入，不包括为第三方或客户代收的款项。但并非所有的经济利益的流入都是收入，如所有者投入资本也会导致经济利益流入企业，但应计入所有者权益，而不能确认为收入。

（3）收入应当最终导致所有者权益的增加。由于收入会导致资产增加或负债减少，最终必然导致所有者权益增加，不会导致所有者权益增加的经济利益流入不能确认为收入。

（4）经济利益的流入额能够可靠计量。收入的内容包括主营业务收入与其他业务收入。主营业务收入指企业为完成其经营目标所从事的经营活动实现的收入，如工业企业销售商品实现的收入等。主营业务收入一般占企业总收入的较大比重，对企业的经济效益产生较大影响；其他业务收入指企业为完成其经营目标所从事的与经常性活动相关的活动所实现的收入，如工业企业对外销售材料等实现的收入。其他业务收入属于企业日常活动中次要交易实现的收入，所以一般占企业总收入的比重较小。

2. 费用

费用是指企业在日常活动中发生的、会导致所有者权益减少的、与向所有者分配利润无关的经济利益的总流出。费用与收入相配比，即为企业经营活动中取得的盈利。

根据费用的定义，确认费用的条件包括以下几个方面。

（1）费用应当是企业在日常活动中发生的。企业在销售商品、提供劳务等日常活动中所发生的费用，可划分为两类：一类是企业为生产产品、提供劳务等发生的费用，应计入产品成本、劳务成本，包括直接材料、直接人工和制造费用；另一类是不应计入成本而直接计入当期损益的相关费用，包括管理费用、财务费用、销售费用。计入产品成本、劳务成本等费用，应当在确认产品销售收入、劳务收入等时将已销售产品、已提供劳务的成本计入当期损益。非日常活动所形成的经济利益流出不能确认为费用，而应当确认为损失，如企业处置固定资产、无形资产的损失，违法经营被处罚支付的罚款、违反合同支付的违约金等。

（2）费用会导致经济利益流出，该流出不包括向所有者分配的利润。费用会导致经济利益的流出，从而导致企业资产的减少或负债的增加。但并非所有的经济利益的流出都属于费用，如向所有者分配利润也会导致经济利益流出，就属于所有者权益的抵减，不能确认为费用。

（3）费用应当最终导致所有者权益减少。费用与收入相反，收入是资金流入企业形成的，会增加企业所有者权益；费用则是企业资金的付出，会减少企业的所有者权益，其实质就是一种资产流出，最终导致减少企业资源。费用只有在经济利益很可能流出从而导致企业资产减少或负债增加，而且经济利益的流出额能够可靠计量时才能予以确认。

3. 利润

利润是企业在一定会计期间的经营成果。利润反映的是企业的经营业绩，通常是评价企业管理业绩的一项重要指标，也是投资者、债权人等作出投资决策的重要依据。

利润包括收入减去费用后的净额、直接计入当期利润的利得和损失等。直接计入当期利润的利得和损失是指应当计入当期损益，会导致所有者权益发生增减变化的、与所有者投入资本或向所有者分配利润无关的利得和损失。直接计入当期利润的利得和损失反映的是非日常活动产生的业绩，企业应当严格区分收入和利得、费用和损失，以更加全面、客观地反映企业的经营业绩和盈利能力。

利润为营业利润和营业外收支净额等两个项目的总额减去所得税费用之后的余额。营业利润是企业在销售商品、提供劳务等日常活动中产生的利润；营业外收支是与企业的日常经营活动没有直接关系的各项收入和支出，其中，营业外收入项目主要有捐赠收入、固定资产盘盈、处置固定资产净收益、罚款收入等，营业外支出项目主要有固定资产盘亏、处置固定资产净损失等。

其有关公式的表示体现在以下几个方面。

● 营业利润=营业收入–营业成本–营业税金及附加–销售费用–管理费用–财务费用–资产减值损失+公允价值变动净收益+投资净收益

● 营业收入=主营业务收入+其他业务收入

● 营业成本=主营业务成本+其他业务成本

● 投资净收益=投资收益–投资损失

● 公允价值变动净收益=公允价值变动收益–公允价值变动损失

● 利润总额=营业利润+营业外收支净额

● 净利润=利润总额–所得税费用

以上各要素，资产、负债及所有者权益能够反映企业在某一个时点的财务状况，如能明确在 2011 年 12 月 31 日这一天，企业有 120 万的资产、50 万的负债、所有者的剩余权益 70 万，因此，这三个要素属于静态要素，在资产负债表中予以列示；收入、费用及利润能够反映企业在某一个期间的经营成果，如在 2011 年企业实现了 100 万的收入，扣除 60 万的成本费用，因此，在 2011 年这一年内，企业实现了 40 万的利润，因此，这三个要素属于动态要素，在利润表中列示。

二、会计等式

会计等式也称会计恒等式、会计方程式，是运用数学平衡式描述会计对象的具体内容即六大会计要素之间数量关系的表达式。

（一）资产、负债和所有者权益的恒等式

一般来说，企业在进行生产经营活动的开始必须从两个来源取得一定的经济资源：一是接收投资者的投资；二是从金融机构或其他单位取得借款，所有者和债权人将经济资源提供给某一企业，必然对该企业的经济资源享有要求权。通常，人们把这种企业资产的提供者对企业资产的要求权称之为权益。其中把投资者的要求权称为所有者权益，把债权人的要求权称为负债（债权人权益），另一方面，企业将这些经济资源分配使用在各个方面，如现金、存货、固定资产等，形成企业的资产。可见，资产与负债和所有者权益实质上是同一价值运动的两个方面的表现，有一定数量的资产，必然会有相等数量的权益，两者在价值量上是相等的。资产的价值量必然等于负债和所有者权益价值量之和。这一平衡关系用公式表示如下。

资产=权益

资产=债权人权益+所有者权益

资产=负债+所有者权益

其中"资产=负债+所有者权益"该等式反映了资产的归属关系，是会计对象的公式化，

其经济内容和数学上的等量关系，即是资金平衡的理论依据，也是设置账户、复式记账和编制资产负债表的理论依据。因此，会计上又称为基本会计等式。

企业在生产经营过程中，每天都会发生多种多样、错综复杂的经济业务，从而引起各会计要素的增减变动，但并不影响资产与权益恒等关系。下面举例来说明资产与权益的恒等关系。

【例3-4】 A化工厂2011年12月31日拥有4 000万元资产，其中现金0.8万元，银行存款115.2万元，应收账款564万元，存货1 920万元，固定资产1 400万元。该工厂接受投资形成实收资本2 200万元，长期借款800万元，应付账款800万元，尚未支付的职工薪酬200万元。

可用表3-1反映资产、负债、所有者权益间的平衡关系。

表3-1 资产负债表　　　　　　　　　　　单位：万元

资　产		负债及所有者权益	
现金	0.8	长期借款	800
银行存款	115.2	应付账款	800
应收账款	564	应付职工薪酬	200
存货	1920	实收资本	2 200
固定资产	1 400		
合计	4 000	合计	4 000

例3-4中，资产总额（4 000万元）=负债及所有者权益（4 000万元）反映某一时点上企业会计要素之间的平衡关系，这是一种静态关系。

当企业在继续经营时，发生的经济业务会引起各个会计要素额上的增减变化，下面通过分析A化工厂1月份发生的几项经济业务来说明。

（1）资金进入企业：资产和权益等额增加，即资产增加，负债及所有者权益增加，会计等式保持平衡。

【例3-5】 A化工厂2012年1月2日收到所有者追加的投资50万元，款项存入银行。

这项经济业务使银行存款增加了50万元，即等式左边的资产增加了50万元，同时等式右边的所有者权益也增加50万元，因此并没有改变等式的平衡关系。

（2）资金退出企业：资产和权益等额减少，即资产减少，负债及所有者权益减少，会计等式保持平衡。

【例3-6】 2012年1月10日，该企业用银行存款归还所欠B企业的贷款20万元。

这项经济业务使企业的银行存款即资产减少了20万元，同时应付账款即负债也减少了20万元，也就是说等式两边同时减少20万元，等式依然成立。

（3）资产形态变化：一种资产项目增加，另一种资产项目等额减少，会计等式保持平衡。

【例3-7】 2012年1月15日企业用银行存款8万元购买一台生产设备，设备已交付使用。

这项经济业务使该企业的固定资产增加了8万元，但同时银行存款减少了8万元，也就是说企业的资产一项增加一项减少，增减金额相同，因此资产的总额不变，会计等式依然保持平衡。

（4）权益类别转化：一种权益项目增加，另一种权益项目等额减少，即负债类内部项目之间、权益类内部项目之间或者负债类项目与权益类项目之间此增彼减，会计等式也保持平衡。

【例3-8】2012年1月28日，由于资金周转困难，该企业向银行借入10万元直接用于归还拖欠的货款。

这项经济业务使企业的应付账款减少了10万元，同时短期借款增加了10万元，即企业负债一项减少一项增加，增减金额相同，负债总额不变，等式仍然成立。

经过上述变化后的资产负债如表3-2所示。

表3-2 资产负债表   单位：万元

资　　产		负债及所有者权益	
现金	0.8	长期借款	800
银行存款	115.2+50-20-8	短期借款	10
应收账款	564	应付账款	800-20-10
存货	1 920	应付职工薪酬	200
固定资产	1 400+8	实收资本	2 200+50
合计	4 030	合计	4 030

在实际工作中，企业每天发生的经济业务要更为复杂，但无论其引起会计要素如何变动，都不会破坏资产与权益的恒等关系（即会计等式的平衡）。经济业务的发生引起等式两边会计要素变动的方式可以总结归纳为以下四种类型。

（1）经济业务的发生引起两边金额同时增加，增加金额相等，变动后等式仍然保持平衡。

（2）经济业务的发生引起两边金额同时减少，减少金额相等，变动后等式仍然保持平衡。

（3）经济业务的发生引起等式左边即资产内部的项目此增彼减，增减的金额相同，变动后资产的总额不变，等式仍保持平衡。

（4）经济业务的发生引起等式右边负债内部项目此增彼减，或所有者权益内部项目此增彼减，或负债与所有者权益项目之间的此增彼减，增减的金额相同，变动后等式右边总额不变，等式仍然保持平衡。

请注意

上面列举的四项经济业务，代表着企业四种不同的经济业务类型，从中可以看出，无论哪一项经济业务的发生，均未破坏资产总额与负债、所有者权益总额的平衡关系。

将上述四种经济业务类型具体化，可表现为以下九种情况。

情况一：资产项目之间此增彼减，增减金额相等。

情况二：负债项目之间此增彼减，增减金额相等。

情况三：所有者权益项目之间此增彼减，增减金额相等。

情况四：权益内部负债增加，所有者权益减少，增减金额相等。

情况五：权益内部负债减少，所有者权益增加，增减金额相等。

情况六：等式两边同增，资产项目增加，负债项目增加，增加金额相等。

情况七：等式两边同增，资产项目增加，所有者权益增加，增加金额相等。

情况八：等式两边同增，资产项目减少，负债项目减少，减少金额相等。

情况九：等式两边同减，资产项目减少，所有者权益减少，减少金额相等。

（二）收入与费用业务对会计等式的影响

企业经营的目的是为了获取收入，实现盈利。企业在取得收入的同时，也必然要发生相应的费用。通过收入与费用的比较，才能确定企业一定时期的盈利水平。

广义上而言，企业一定时期所获得的收入扣除所发生的各项费用后的余额，即表现为利润。在实际工作中，由于收入不包括处置固定资产净收益、固定资产盘盈、出售无形资产收益等，费用也不包括处置固定资产净损失、自然灾害损失等，因此，收入与费用配比后所得到的利润其实是指企业在一定时期内实现的营业利润。

这三个要素在一定期间形成的数量关系，用公式表示为

$$收入-费用=利润$$

收入、费用和利润之间的上述关系，是编制利润表的理论基础。

六大会计要素的数量关系存在内在的联系，把它们结合起来，会计等式可表示为

$$资产=负债+所有者权益+利润$$
$$=负债+所有者权益+（收入-费用）$$

第二节　会计科目和账户

一、会计科目

（一）会计科目的概念和意义

会计科目是为了满足会计确认、计量、报告的要求，符合企业内部会计管理和外部信息需要，对会计要素的具体内容进行分类核算的项目。会计要素是对会计对象的基本分类，而这六项会计要素仍显得过于粗略，难以满足各有关方面对会计信息的需要。例如，固定资产和现金虽然都属于资产，但他们的经济内容及在经济活动中的周转方式和所引起的作用各不相同。又如应付账款和长期借款，虽然都是负债，但他们的形成原因和偿付期限也是各不相同的。再如所有者投入的实收资本和企业的利润，虽然都是所有者权益，但它们的形成原因与用途不大一样。因此在会计核算上，不能将它们都放在一个科目中进行核算，这就有必要对资产、负债、所有者权益这些会计要素进行更加具体和详细的分类，以满足会计确认、计量和提供会计信息的需要。

会计科目是对各项交易或事项进行会计记录并及时提供会计信息的基础，在会计核算和企业管理中具有十分重要的意义。

（1）会计科目是复式记账的基础。复式记账要求每一笔经济业务在两个或两个以上相互联系的账户中登记，以反映资金运动的来龙去脉。

（2）会计科目是编制记账凭证的基础。在我国，会计凭证是确定所发生的经济业务应记入哪个会计科目及分门别类登记账簿的凭据。

（3）会计科目为成本计算与财产清查提供了前提条件。通过会计科目的设置，有助于成本核算，使各种成本计算成为可能；而通过账面记录与实际结存的核对，又为财产清查、保

证账实相符提供了必备的条件。

（4）会计科目为编制会计报表提供了方便。会计报表是提供会计信息的重要手段，为保证会计信息的质量及其提供的及时性，会计报表中的许多项目与会计科目是一致的，并根据会计科目的本期发生额或余额填列。

（二）会计科目的分类

会计科目按照不同的分类标准，可以分为不同的类别，常见的有以下两种分类标准。

1. 会计科目按照经济内容分类

这种分类是依据会计科目的概念进行的，是会计科目的基本分类形式，是其他分类方法的基础，按照经济内容的不同，分为资产类、负债类、共同类、所有者权益类、成本类和损益类，基本涵盖了各类企业的交易或者事项。共同类科目主要是金融企业使用，一般工业企业的账户分类也可分为资产类账户、负债类账户、共同类科目、所有者权益类账户、成本类账户及损益类账户六类。每一大类会计科目可以按照一定的标准再分为各个具体科目。

（1）资产类科目。按资产流动性分为反映流动资产的科目和反映非流动资产的科目。反映流动资产的科目主要有："库存现金"、"银行款项"、"原材料"、"应收付款"、"库存商品"、"预付账款"等。反映非流动资产的科目主要有："长期股权投资"、"长期应收款"、"固定资产"、"无形资产"等。

（2）负债类科目。按负债的偿还期限分为反映流动负债的科目和反映长期负债的科目。反映流动负债的科目有："短期借款"、"应付账款"、"应付职工薪酬"、"应交税收"、"预收账款"、"应付债券"等。反映长期负债的科目有："长期借款"、"应付债券"、"长期应付款"等。

（3）共同类科目。共同类科目的特点是需要从其期末余额所在方向界定其性质。一般企业的共同科目包括"清算资金往来"、"外汇买卖"、"外汇结售"等。

（4）所有者权益类科目。按所有者权益的形成和性质可分为反映资本的科目和反映留存收益的科目。反映资本的科目有："实收资本"、"股本"、"资本公积"等。反映留存收益科目有："盈余公积"、"本年利润"、"利润分配"等。

（5）成本类科目。成本类科目包括"生产成本"、"制造费用"、"劳务成本"等。

（6）损益类科目。按损益不同内容分为反映收入的科目和反映费用的科目。反映收入的科目："主营业务收入"、"其他业务收入"、"营业外收入"等。反映费用的科目："主营业务成本"、"其他业务成本"、"管理费用"、"财务费用"、"销售费用"、"财务费用"、"所得税费用"、"营业外支出"等。

2. 按提供信息的详细程度及其统驭关系分类

会计科目按其提供提供信息的详细程度及其统驭关系，可以分成总分类科目和明细分类科目。

（1）总分类科目。也称总账科目，一级科目。它是对会计对象的具体内容进行总括分类、提供总括信息的会计科目。总分类科目反映各项经济业务的概括情况，是进行总分类核算的依据。总分类科目原则上由国家统一规定。表3-4中列示了《企业会计准则——应用指南》中常用的一级会计科目。

（2）明细分类科目。也称明细科目，是对总分类科目作进一步分类，提供更详细、更具体会计信息的科目。明细分类科目又可分为二级明细科目和三级明细科目。二级明细科目是对总分类科目作进一步分类，也称子目，它是介于总分类科目和三级明细分类科目之间的科目。三级明细科目是指在二级科目的基础上，对二级科目所反映的经济内容进一步详细分类的会计科目。大多数的明细分类科目是由企业依据国家统一规定和要求，根据经营管理需要自行设置。例如，在"原材料"科目下，按材料类别开设"原料及主要材料"，"辅助材料"、"燃料"等二级科目，在"原料及主要材料"下，再根据材料规格、型号等开设三级明细科目，具体如表 3–3 所示。

总分类科目和明细分类科目的关系是，总分类科目对其所属的明细分类科目具有驾驭和控制作用，而明细分科项目是对其归属的总分类科目的补充和说明。

表 3–3 会计科目（按提供指标详细程度的分类）

一级科目	二级科目	明细科目
原材料	原料及主要材料	圆钢
		碳钢
	辅助材料	油漆
		润滑油
	燃料	汽油
		烟煤
其他应收款	备用金	车队
		机修车间

（三）会计科目的设置

1. 会计科目的设置原则

会计科目作为反映会计要素的构成及其变化情况，为投资者、债权人、企业经营管理者等提供会计信息的重要手段，在其设置过程中应努力做到科学、合理、适用，应遵循下列原则。

（1）合法性原则。为了保证会计信息的可比性，所设置的会计科目应当符合国家统一的会计制度的规定。对于国家统一会计制度规定的会计科目，企业可以根据本企业具体情况，在不违背会计科目使用原则的基础上，以及对外提供统一财务会计报表的前提下可以适当自行增设、减少或合并某些会计科目。

（2）相关性原则。会计科目的设置，应为提供有关各方所需要的会计信息服务，满足对外报告与对内管理的要求。设置会计科目，要充分考虑会计信息的使用者对企业会计信息的需要，提高会计核算所提供的会计信息相关性。

（3）实用性原则。企业的组织形式、所处行业、经营内容及业务种类等不同，在会计科目的设置上也应有所区别。在合法性的基础上，应根据企业自身特点，设置符合企业需要的会计科目。

2. 会计科目的编号

为了适应会计信息处理电算化的需要，加快会计核算速度，提高会计信息的质量，每个科目都要编制固定号码。

会计科目的编号要讲究科学性：一方面要能够起到区分会计科目的作用；另一方面要便于专业人员识别和计算机的输入。会计科目的编号可以采用"四位数制"。以千位数数码代表会计科目按会计要素区分的类别，一般分为六个数码："1"为资产类、"2"为负债类、"3"

为共同类、"4"为所有者权益类、"5"为成本类、"6"为损益类;百位数数码代表每大类会计科目下的较为详细的类别,可根据实际需要取数,十位和个位上的数码一般代表会计科目的顺序号,为便于会计科目增减,在顺序号中一般都要留有间隔。

请注意

在人工系统下,会计人员在进行账户处理时,不得只有编号而无会计科目名称。在会计电算化系统中,应在开始设计有"会计科目名称及编号表",以便于对电算化的会计处理进行审查和审计监督。

3. 常见会计科目

在我国,会计科目的名称是由财政部统一规定的,《企业会计准则——应用指南》规定将会计科目,分为资产类、负债类、共同类、所有者权益类、成本类和损益类六个大类,但共同类科目只在某些特殊业务中使用,工商业企业的一般涉及不到,本教材将常见的会计科目划分为五类。常用的会计科目的设置如表3-4所示。

表3-4 工业企业常用会计科目表

序号	编号	会计科目名称	序号	编号	会计科目名称
		一、资产类	21	1531	长期应收款
1	1001	库存现金	22	1601	固定资产
2	1002	银行存款	23	1602	累计折旧
3	1012	其他货币资金	24	1603	固定资产减值准备
4	1101	交易性金融资产	25	1604	在建工程
5	1121	应收票据	26	1605	工程物资
6	1122	应收账款	27	1606	固定资产清理
7	1123	预付账款	28	1701	无形资产
8	1131	应收股利	29	1702	累计摊销
9	1132	应收利息	30	1703	无形资产减值准备
10	1221	其他应收款	31	1711	商誉
11	1231	坏账准备	32	1801	长期待摊费用
12	1401	材料采购	33	1811	递延所得税资产
13	1402	在途物资	34	1901	待处理财产损溢
14	1403	原材料			二、负债类
15	1404	材料成本差异	35	2001	短期借款
16	1405	库存商品	36	2101	交易性金融负债
17	1411	周转材料			二、负债类(续)
18	1471	存货跌价准备	37	2201	应付票据
19	1511	长期股权投资	38	2202	应付账款
20	1512	长期股权投资减值准备	39	2203	预收账款

序号	编号	会计科目名称	序号	编号	会计科目名称
40	2211	应付职工薪酬	55	5101	制造费用
41	2221	应交税费			五、损益类
42	2231	应付利息	56	6001	主营业务收入
43	2232	应付股利	57	6051	其他业务收入
44	2241	其他应付款	58	6101	公允价值变动损益
45	2501	长期借款	59	6111	投资收益
46	2502	应付债券	60	6301	营业外收入
47	2701	长期应付款	61	6401	主营业务成本
48	2901	递延所得税负债	62	6402	其他业务成本
		三、所有者权益类	63	6403	营业税金及附加
49	4001	实收资本	64	6601	销售费用
50	4002	资本公积	65	6602	管理费用
51	4101	盈余公积	66	6603	财务费用
52	4103	本年利润	67	6701	资产减值损失
53	4104	利润分配	68	6711	营业外支出
		四、成本类	69	6801	所得税费用
54	5001	生产成本	70	6901	以前年度损益调整

二、账户

(一)账户的概念

会计科目只是对会计对象的具体内容（会计要素）进行分类的项目账户。为了能够分门别类地对各项经济业务的发生所引起会计要素的增减变动情况及其结果进行全面、连续、系统、准确的反映和监督，为经营管理提供需要的会计信息，必须设置一种方法或手段，能核算指标的具体数字资料。于是必须根据会计科目开设账户。所谓会计账户，是指具有一定格式，用来分类、连续地记录经济业务，反映会计要素增减变动及其结余的一种核算工具。所以设置会计科目以后，还要根据规定的会计科目开设一系列反映不同经济内容的账户。每个账户都有一个科学而简明的名称，账户的名称就是会计科目。会计账户是根据会计科目设置的。而账户的结构体现在一定的账页中，账页就是账户的内容表现，因此，账户是由会计科目和账页组成。即"会计科目+账页=会计账户"。设置账户是会计核算的一种专门方法，运用账户，把各项经济业务的发生情况及由此引起的资产、负债、所有者权益、收入、费用和利润各要素的变化，系统地、分门别类地进行核算，以便提供所需要的各项指标。

请注意

会计科目与账户是两个既有联系又有区别的概念，它们的联系在于：两者都是对经济业务进行分类的标志，且口径一致，会计科目是设置账户的依据，是账户的名称；账户是会计科目的具体运用，会计科目的内容就是账户应记录、反映的内容，"会计科目+账页=会计科目"。由于两者联系密切，在实际工作中，对会计科目与账户不加严格区别，而是通用的。它们的区别在于：账户从属于会计科目而存在，它是根据会计科目开设的，会计科目的性质决定账户的性质，账户是对会计科目所规定的核算内容进行连续、完整地记录的载体；会计科目只规定了核算内容而没有结构，账户则具体记录经济业务内容，有具体的结构，可以提供具体的数据资料，是进行会计核算的一种手段。

（二）账户的基本结构和内容

账户是用来记录经济业务的，必须具有一定的结构和内容。账户的结构就是指用来反映会计要素增减变动的格式。作为会计核算的会计对象，是随着经济业务的发生在数量上进行增减变化，并相应产生变化结果。因此，用来分类记录经济业务的账户必须确定账户的基本结构：增加的数额记在哪里，减少的数额记在哪里，增减变动后的结余记在哪里。在设计账户结构时，一般应有三个基本部分：① 账户名称；② 账户方向（账户记录的内容的增加、减少）；③ 账户余额。为了会计研究和教学的方便，账户的这种基本结构一般用"T"型账户表示其格式，如图 3-1 所示。

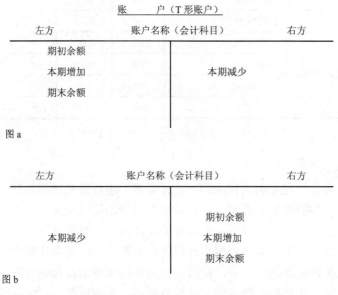

图 3-1　"T"型账户结构

其中一方记增加的金额（本期增加发生额），另一方记减少的金额（本期减少发生额）。增减相抵后的差额称为余额。至于账户的左右两方哪一方登记增加的金额，哪一方登记减少的金额，取决于采取的记账方法和各该账户性质。一个账户所记录的金额提供四项核算指标，即：期末余额、期初余额、本期增加发生额、本期减少发生额。期初余额是指上一会计期末转到本期的余额。每个特定账户在一定时期（月、季、年）内所记载的金额合计（借方和贷方分别合计），称为本期发生额（有借方发生额合计和贷方发生额合计）。其中，记载增加额合计的称为本期增加额；记载减少额合计的称为本期减少额。本期发生额是一个动态指标，反映一定时期内各项会计要素内容的增减变动过程。每个新开设账户的本期增加额和本期减少额相抵后的差额称为期末余额。余额是一个静态指标，它反映各项资产、负债及所有者权益在某时点的状况，即在一定时期内增减变动的结果。本期的期末余额转入下一期，就是下一期的期初余额。在通常情况下，期初余额与期末余额在同一方向，而且一般都反映在记载增加额的一方，因为累计增加额通常都大于累计减少额。它们之间的数量关系为：期末余额=期初余额+本期增加发生额−本期减少发生额。这里所介绍的账户结构是为教学上和科研上的方便，采用 T 字型的账户结构。在实际工作中，为了满足企业经济管理和会计核算的需要，账户的结构与这并不完全一致，甚至有些账户的结构相当复杂，如表 3–5 所示。账户的内容具体包括账户名称、记录经济业务的日期、所依据记账凭证编号、经济业务摘要、增减金额、余额等。

表 3–5　账户（三栏式）

账户名称（会计科目）

年		凭证字号	摘要	借方	贷方	借或贷	余额
月	日						

（三）账户的分类

每个账户都有自己的经济性质、用途和结构，都是从某个侧面反映和监督会计具体对象的变化及结存情况，为经济管理提供会计信息。虽然每个账户都是在各种经济业务的核算中分别加以使用的，但它们彼此之间并不是孤立的，而是相互联系地组成了一个完整的账户体系。为了更好地掌握和运用每个账户，有必要进一步研究账户的分类。

账户是根据会计科目开设的，会计科目是账户的名称。如同会计科目一样，账户也可以按不同的标志进行分类，实质上就是从不同的角度去寻找账户的共性，账户分类的标志有：按经济内容分类、按其用途和结构分类、按其所反映会计要素具体内容的详细程度分类等。

1. 账户按经济内容分类

账户的经济内容是指账户所反映的会计对象的具体内容。账户之间的最本质差别在于其反映的经济内容的不同，因而账户的经济内容是账户分类的基础，账户按经济内容的分类是对账户的最基本的分类。账户按其经济内容可分为六大类，即资产类账户、负债类账户、所有者权益类账户、共同类账户、成本类账户、损益类账户。

2. 账户按用途和结构分类

账户按经济内容分类是基本分类，在此基本上才按用途和结构分类。账户的用途是指通过账户的记录能够提供一些核算指标，也就是开设和运用账户的目的。账户的结构是指在账户中怎样记录经济业务，才能取得各种必要的核算资料，也就是账户的借方和贷方登记的内容，余额的方向及其表示的内容。账户按用途和结构分类，一般可以划分为盘存类账户、资本类账户、结算类账户、跨期摊配类账户、调整类账户、集合分配类账户、成本计算类账户、期间类账户和财务成果类账户等。

（1）盘存类账户。用以核算和监督各项财产物资和货币资金增减变动情况及其结存数额的账户。这类账户包括"现金"、"银行存款"、"原材料"、"库存商品"、"短期投资"、"固定资产"等账户。

（2）资本类账户。用来核算和监督企业所有者权益增减变化及其结存情况的账户。这类账户包括"实收资本"、"资本公积"、"盈余公积"等账户。

（3）结算类账户。用来核算和监督企业同其他单位或个人之间发生的债权、债务结算情况的账户。结算类账户包括"应收账款"、"预付账款"、"其他应收款"、"应付账款"、"预收账款"、"其他应付款"、"应付工资"、"应交税金"、"应付福利费"、"应付债券"、"长期应付款"等账户。

（4）跨期摊配类账户。用以核算和监督应由几个会计期间共同负担的费用，并将这些费用在各个会计期间分配或预提的账户。这类账户包括"待摊费用"、"预提费用"等账户。

（5）调整类账户。用于调整某个账户（即被调整账户）的余额，以表明被调整账户的实际余额而开设的账户。把反映原始指标的账户称为被调整账户，对被调整账户进行调整的账户称为调整账户。如"累计折旧"账户就是一个典型的调整账户，它与"固定资产"账户之间的关系，就是调整与被调整的关系。

（6）集合分配类账户（包括收入账户、费用账户）。用来归集和分配生产经营过程中某一阶段所发生的成本费用，并借以核算和监督该阶段费用预算执行情况和费用分配情况的账户。如"制造费用"账户就是一个集合分配类账户。

（7）成本计算类账户。用来核算和监督企业在生产经营过程中某一经营阶段所发生的全部费用，并借以确定该过程各成本计算对象实际总成本和单位成本的账户。这类账户包括"物资采购"、"生产成本"等账户。

（8）期间类账户。用来归集企业在某一期间内从事经营活动或其他活动的某种收入或费用的账户。期间类账户又可分为期间收入账户和期间费用账户。期间收入账户包括"主营业务收入"、"其他业务收入"、"投资收益"和"营业外收入"等账户；期间费用账户包括"主营业务成本"、"主营业务税金及附加"、"其他业务支出"、"销售费用"、"管理费用"、"财务费用"、"所得税费用"等账户。

（9）财务成果类账户。用来计算并反映一定期间企业全部经营业务活动的最终成果，并确定企业利润或亏损数额的账户。这类账户主要有"本年利润"账户。

3. 账户按照其所反映会计要素具体内容的详细程度分类

根据账户按提供信息的详细程度，可以分为总分类账户和明细分类账户。根据总分类科目开设的用以登记各项经济业务，提供总括的分类资料的账户叫总分类账户，也称总账账户或一级账户。根据明细分类科目开设的用以登记各项经济业务，提供各种具体详细分类信息的账户叫明细分类账户，又称明细账户，其中包括二级账户和三级账户。

总分类账户与明细分类账户是一个相互联系又相互区别的对立统一体。总分类账户和明细分类账户所反映的对象是相同的，核算的内容也是相同的，所不同的是反映资金增减变动的详细程度不同，总分类账户提供总括的资料，明细分类账户反映详细的会计信息。两者的关系是总分类账户是明细分类账户的统驭账户，它对明细分类账户起着控制作用，而明细分类账户是总分类账户的从属账户，它对总分类账户起着辅助和补充作用，两者结合起来，既概括又详细地反映同一经济业务的核算内容。在会计核算中，并非所有的总分类账户都需要开设明细分类账户，但大多数的总分类账户都要设置明细分类账户。在设置明细分类账户时，既要保证管理上的需要，又不流于烦琐。一般来讲，对于比较重要的财产物资账户，如原材料、产成品等，对于比较主要的所有者权益和债权、债务账户，如实收资本、应收账款、应付账款等，对于收入、成本费用支出账户等，可以设置明细分类账户。为了满足经营管理的要求，明细分类账户要按一定的标志分户设置。例如，原材料、产成品等账户，按每一种实物品名设置；而应收账款、应付账款等账户，则按客户名称设置。

（四）会计账户与会计科目的联系与区别

会计科目与账户是两个既有区别又有联系的不同概念。从联系上看，会计科目是设置账户的依据，是账户的名称；而账户则是会计科目的具体运用，即会计科目所反映的经济内容就是账户要登记的内容。从区别来看，会计科目只是对会计要素具体内容的分类，它只能表明某项经济内容，本身没有什么结构，也无法提供任何数据；而账户除了名称之外，还具有一定的格式，可以对会计对象进行连续、系统的记录，以反映某项经济内容的增减变化及结果。因此，账户比会计科目的内容更为丰富。由于账户是按照会计科目命名，两者完全一致，所以在实际工作中，会计科目与会计账户常被用作同义词来理解，互相通用，不加区别。

第三节　复式记账法

一、记账方法的意义和种类

记账方法是在经济业务发生以后，如何将其记录登记在账簿中的方法。记账方法有两类：一类是单式记账法；另一类是复式记账法。

（一）单式记账法

单式记账法是对发生的经济业务，一般只在一个账户中进行记录的记账方法。例如，用银行存款购买材料的业务发生后，仅在账户中记录银行存款的减少；也有同时在银行存款账和材料账之间记录的，但两个账户之间没有平衡相等的对应关系。单式记账法是一种比较简单、不完整的记账方法。它在选择单方面记账时，重点考虑的是现金、银行存款及债权债务方面发生的经济业务。因此，一般只设置"库存现金"、"银行存款"、"应收账款"、"应付账款"等账户，而没有记录对应账户，未能形成一套完整的账户体系，账户之间也不能形成相互对应的关系，不能反映经济业务的来龙去脉。这种记账方法目前实务上基本不采用。

（二）复式记账法

复式记账法是从单式记账法发展而来的。复式记账法是以资产与权益平衡关系作为记账基础，将发生的每一笔经济业务所引起的资金运动，都要以相等的金额在两个或两个以上相互联系的账户中进行全面记录，系统地反映资金运动变化结果的一种记账方法。例如，上述用银行存款购买材料业务，按照复式记账，则应以相等的金额，一方面在"银行存款"账户中记录银行存款的付出业务；另一方面，还要在"物资采购"或"原材料"账户中记录材料收入增加，并且两个账户中记录的金额相等。在这里，"银行存款"账户和"物资采购"账户之间就形成了一种对应关系。再如，企业赊购一批商品，一方面要在"应付账款"账户中记录欠款的增加，另一方面要在"库存商品"账户中记录该项存货的增加，"库存商品"账户与"应付账款"账户之间也形成了一种对应关系。

二、复式记账的特点和原理

复式记账法是以会计等式为依据建立起来的一种记账方法，其特点表现在以下几个方面。

（1）对每一项经济业务都在两个或两个以上相互关联的账户中记录。这样，在将全部经济业务都记入有关账户以后，通过账户记录不仅可以全面、清晰地反映经济业务的来龙去脉，还能够全面、系统地反映经济活动的过程和结果。

（2）由于每项经济业务发生后，都以相等的金额在有关账户中进行记录，因而可以进行试算平衡，以检查账户记录是否正确。

在经济活动中，企业持有的经济资源表现为企业的资产和取得这些资产的资金来源。它们之间的数量关系即会计等式，随着企业经济业务的不断发生，必然对会计要素产生一定的影响，并且引起它们中的至少两个项目发生增减变动，表现为会计要素之间或会计要素内部两个方面的等量变化，因而只有在两个或两个以上的相关账户中对相互依存的两个方面进行双重反映，才能把资金运动的内在规律表现出来，复式记账法由于具备上述特点，因而被世界各国公认为是一种科学的记账方法而被广泛采用。

按记账符号、记账规则、试算平衡方式的不同，复式记账法又可以分为借贷记账法、增减记账法和收付记账法。增减记账法是在 20 世纪 60 年代我国商业系统在改革记账方法时设计的一种记账方法；收付记账法是在我国传统的单式记账法基础上改良形成的复式记账法；由于借贷记账法经过多年的实践已被全世界的会计工作者普遍接受，是一种比较成熟、完善的记账方法。另外，从会计实务角度看，统一记账方法对企业间横向经济联系和加强国际交往等都会带来极大的方便，并且对会计核算工作的规范和更好地发挥会计的作用具有重要意义。因此，我国《企业会计准则——基本准则》规定，企业一律采用借贷记账法。目前，我国的企业和行政、事业单位采用的记账方法都是借贷记账法。

三、借贷记账法

借贷记账法是以"借"、"贷"为记账符号，反映各会计要素增减变动情况及其结果的一种复式记账方法。这种方法是 13 世纪在意大利地中海沿海一带城市产生的，最早使用这种方法记账的是公元 1211 年意大利佛罗伦萨银行，到了 15 世纪初期，人们除增设了"资本"、"损益"账户外，又增设了"余额"账户，进行全部账户的试算平衡。随后借贷记账法传遍欧洲、美洲等世界各地，成为世界通用的记账方法。到了 16 世纪，借贷法已遍及全欧洲并在世界各个国家传播并不断发展完善。目前，它成为世界上绝大多数国家广泛采用的一种记账方法。20 世纪初由日本传入我国，目前成为我国法定的记账方法。

1. 借贷记账法的记账符号

"借"、"贷"两字的含义，最初是从借贷资本家的角度来解释的，即用来表示债权（应收款）、债务（应付款）的增减变化。借贷资本家对于收进的款项，记在贷主的名下，表示自身债务的增加；对于付出的款项，则记在借主的名下，表示自身债权的增加。这时，"借"、"贷"两字表示债权、债务的变化。随着商品经济的发展，经济活动的内容日趋复杂化，记录的经济业务不再局限于货币经营的借贷业务，逐渐扩展到财产物资、经营损益等。为了求得账簿记录的统一，对于非货币资金借贷业务，也以"借"、"贷"两字，记录其增减变动情况。至于"借"表示增加还是"贷"表示增加，则取决于账户的性质及结构。这样，"借"、"贷"两字逐渐失去了原来的字面含义，转化为单纯的记账符号，以标明记账的方向。

2. 借贷记账法的账户结构

借贷记账法下账户的结构是每一个账户都分为"借方"和"贷方"，并且规定账户的左方为借方，账户的右方为贷方；采用借贷记账法时，账户借贷双方必须做相反方向的记录。即对于每一个账户来说，如果规定借方用来登记增加额，则贷方就用来登记减少额；反之亦然。究竟哪一方登记增加，哪一方登记减少，则要根据账户的性质和经济业务的具体内容而定，不同性质的账户，有着不同的结构。

1）资产类账户的基本结构

资产类账户的基本结构是资产的增加额记入账户的借方，资产的减少额记入账户的贷方，期末若有余额，一般在借方，表示资产的期末实有数额。资产类账户的基本结构如图3-2所示。

借　　方	贷　　方
期初余额 本期增加额	本期减少额
本期借方发生额 期末余额	本期贷方发生额

图3-2　资产类账户结构

资产类账户的期末余额的计算公式为

期末余额=期初余额+本期借方发生额-本期贷方发生额

2）负债、所有者权益类账户的基本结构

由于负债及所有者权益，与资产分别处于等式的两边，为了保持会计恒等式的平衡，负债、所有者权益类账户的基本结构与资产类账户的基本结构正好相反，所以此类账户的贷方登记负债、所有者权益的增加额，借方登记负债、所有者权益的减少额，若有期末余额，一般在贷方，表示负债、所有者权益的现有数额。每一会计期间贷方记录的金额合计称为贷方本期发生额，借方记录的金额合计称为借方本期发生额。负债、所有者权益类账户的基本结构如图3-3所示。

借　　方	贷　　方
本期减少额	期初余额 本期增加额
本期借方发生额	本期贷方发生额 期末余额

图3-3　负债、所有者权益类账户结构

负债及所有者权益类账户期末余额的计算公式为

期末余额=期初余额+本期贷方发生额-本期借方发生额

3）成本、费用类账户的基本结构

企业在生产经营过程中为取得收入会发生各种耗费，这种耗费称为成本、费用。发生的成本、费用，在未从收入中抵消之前可以将其看成是一种资产。如"生产成本"归集在生产过程中某产品所发生的所有耗费，但在尚未完工结转入库，其反映企业在产品这项资产的金额。因此，成本、费用类账户的基本结构与资产类账户的基本结构基本相同。即当成本、费用增加时，将其数额登记在账户的借方，当成本、费用减少或转销时，将其数额登记在账户的贷方，期末一般没有余额。若因某种原因而有余额时，其余额在借方，表示尚未转销的数额。成本、费用类账户的基本结构如图3-4所示。

图 3–4　成本、费用类账户结构

4）收入、收益类账户的基本结构

收入、收益类账户的基本结构与负债、所有者权益类账户的基本结构基本相同。因为在成本、费用一定的条件下，收入、收益的增加可以视为所有者权益的增加。因此，收入、收益类账户又是所有者权益性质的账户。其贷方登记收入、收益的增加额，借方登记收入、收益的减少或转销额，期末一般无余额。若因某种原因而有余额时，其余额在贷方，表示尚未转销的数额。收入、收益类账户的基本结构如表 3–5 所示。

图 3–5　收入、收益类账户结构

综上所述，成本、费用类账户可以纳入资产类账户中，收入、收益类账户可以纳入负债及所有者权益类账户中。因此，账户的基本结构可以分成两大类，即资产类账户（包括成本、费用类账户）和权益类账户（包括负债、所有者权益和收入、收益类账户）。其中：

资产类及成本类账户

　　　　期初借方余额+本期借方发生额–本期贷方发生额=期末借方余额

负债、所有者权益类账户

　　　　期初贷方余额+本期贷方发生额–本期借方发生额=期末贷方余额

另外，需要注意的是，收入及费用类账户（即所有损益类账户）在期末结账后应无余额。

将账户结构分成两大类，主要是便于初学者掌握。但由于会计要素之间往往会相互转化，因而对所有账户这种分类的理解也不要绝对化。例如，应收账款是资产，如果多收了，多收部分就转化成应退还给对方的款项，变为负债。另外，"应收账款"账户还可以登记预收账款这一负债项目的增减变动，因而期末余额也可能出现在贷方，类似情况在很多账户都存在。也就是说，这些账户实际上都是既反映资产，又反映负债；既反映债权，又反映债务的双重性质的账户。期末，根据账户余额的方向确定其反映的经济业务的性质。因此，学习中应注意对借贷记账法账户基本结构的深入理解和掌握。

现用"T"形账户归纳一下借贷记账法下账户的借方和贷方所记录的经济内容，如图 3–6所示。

借　方	贷　方
资产的增加	资产的减少
成本的增加	成本的减少或转销
费用的增加	费用的减少
负债的减少	负债的增加
所有者权益的减少	所有者权益的增加
收入的减少或转销	收入的增加
期末余额：资产余额 　　　　　成本余额	期末余额：负债余额 　　　　　所有者权益余额

图 3-6　借贷记账法账户结构

四、借贷记账法的记账规则

借贷记账法的记账规则为：有借必有贷，借贷必相等。也就是说，对于企业发生的每一笔经济业务，在进行会计核算时，都应以相等的金额、相反的方向（借方和贷方），在相互联系的两个或两个以上的账户中分别进行登记。

从上述两类账户中不难分析，经济业务无论怎样复杂，均可概括为以下四种类型：资产与权益同时增加，总额增加；资产与权益同时减少，总额减少；资产内部有增有减，总额不变；权益内部有增有减，总额不变。经济业务的四种类型引起资金变化的情况决定了登记入账时必然在一个账户的借方和另一个账户的贷方。所以，有借就必然有贷。每一项经济业务同时记入一个账户的借方和另一个账户的贷方，实质上是对一个经济业务引起的资金变化从两个方面去考察：一个方面增加，另一个方面必然等量减少；或是双方等量同时增加；或是双方等量同时减少，所以，借贷双方的金额必然相等。

在具体运用借贷记账法时，必须对所要核算的业务进行分析，判断该业务涉及哪些会计科目、这些科目分别属于哪一类科目、其金额的变化是增是减，最后，根据这些科目命名的账户的结构来判断应将发生的金额登记在这些账户的借方还是在贷方。

现举例说明如下：

【例 3-9】（1）从银行提现金 2 000 元备用。

这项经济业务，使现金增加 2 000 元，银行存款减少 2 000 元，涉及"现金"和"银行存款"两个账户。现金增加是资产的增加，应记入"现金"账户的借方；银行存款的减少是资产的减少，应记入"银行存款"账户的贷方。将该项经济业务在这两个账户中登记如图 3-7 所示。

图 3-7　经济业务（1）账户登记

（2）企业收到投资者投资 10 000 元，存入银行。

这项经济业务中：一方面使资产类中的"银行存款"账户增加 90 000 元，记入该账户借方；另一方面使所有者权益类中的"实收资本"账户增加 90 000 元，记入该账户贷方，借贷金额相等。将该项经济业务在这两个账户中登记如图 3-8 所示。

图 3-8　经济业务（2）账户登记

（3）企业从银行借入短期借款直接偿还应付账款 24 000 元。

这项经济业务，使应付账款减少 24 000 元，短期银行借款增加 24 000 元，涉及"应付账款"和"短期借款"两个账户。应付账款的减少是负债的减少，应计入"应付账款"账户的借方；短期银行借款的增加是负债的增加，应计入"短期借款"账户的贷方。将该项经济业务在这两个账户中登记如图 3-9 所示。

图 3-9　经济业务（3）账户登记

（4）企业投资人收回机器设备投资，价值 40 000 元。

这项经济业务，使固定资产和投入资本同时减少 40 000 元，涉及"固定资产"和"实收资本"两个账户。固定资产的减少是资产的减少，应记入"固定资产"的贷方；投入资本的减少是所有者权益的减少，应记入"实收资本"账户的借方。将该项经济业务在这两个账户中登记如图 3-10 所示。

图 3-10　经济业务（4）账户登记

以上例子包括了经济业务发生所引起的资产、权益增减变化的全部四种类型。通过以上举例可以看出，无论发生什么经济业务，都采用"有借必有贷，借贷必相等"的记账规则记账。

五、运用借贷记账法编制会计分录

为了保证账户记录正确和便于事后检查，在将经济业务记入账户之前，应先编制会计分录。会计分录，就是在记账凭证中，指明某项经济业务应借、应贷的会计科目及其金额的记录，简称分录。会计分录就是记账凭证的简化形式，有时也被称为"记账公式"。

（一）会计分录的分类

按照所涉及账户的多少，会计分录分为简单会计分录和复合会计分录。简单会计分录指只涉及一个账户借方和另一个账户贷方的会计分录，即一借一贷的会计分录；复合会计分录指由两个以上（不含两个）对应账户所组成的会计分录，即一借多贷、一贷多借或多借多贷的会计分录。以上列举的四笔会计分录都是简单会计分录一般来讲，复合会计分录可以分解为若干简单会计分录。编制会计分录时，习惯上先标借方、后标贷方，每一个会计科目占一行，借方与贷方错位表示，以便醒目、清晰。

（二）会计分录的编制步骤

会计分录的编制可按照以下步骤进行。

（1）分析经济业务事项涉及的账户名称。

（2）确定涉及哪些账户，是增加，还是减少。

（3）确定哪个（或哪些）账户记借方，哪个（或哪些）账户记贷方。

（4）编制会计分录，并检查是否符合记账规则。

会计分录的一般格式是：先借后贷，上借下贷，"借"、"贷"及借贷方金额向右错开一个字符开始书写。金额默认以"元"为单位，分录中不必书写金额的单位"元"字。

以本节例 3-9 所涉及的四项经济业务应编制的会计分录如下：

（1）借：现金　　　　　　　　　　　　　　　　　　　2 000

　　　　贷：银行存款　　　　　　　　　　　　　　　　　　　2 000

（2）借：银行存款　　　　　　　　　　　　　　　　　90 000

　　　　贷：实收资本　　　　　　　　　　　　　　　　　　90 000

（3）借：短期借款　　　　　　　　　　　　　　　　　24 000

　　　　贷：银行存款　　　　　　　　　　　　　　　　　　24 000

（4）借：原材料　　　　　　　　　　　　　　　　　　40 000

　　　　贷：银行存款　　　　　　　　　　　　　　　　　　40 000

现举例说明复合会计分录的编制：

【例 3-10】甲企业购买材料一批，价款为 20 000 元，以银行存款支付 15 000 元，其余的款项 5 000 元一个月以后支付。

　　借：原材料　　　　　　　　　　　　　　　　　　20 000

　　　　贷：银行存款　　　　　　　　　　　　　　　　　15 000

　　　　　　应付账款　　　　　　　　　　　　　　　　　　5 000

【例 3-11】企业生产产品直接耗用原材料 46 000 元，生产车间管理方面耗用原材料 8 000元，共计 54 000 元。分录为：

　　借：生产成本　　　　　　　　　　　　　　　　　46 000

　　　　制造费用　　　　　　　　　　　　　　　　　　8 000

　　　　贷：原材料　　　　　　　　　　　　　　　　　54 000

六、借贷记账法的试算平衡

企业对日常发生的经济业务都要记入有关账户，内容庞杂，次数繁多，记账稍有疏忽，便有可能发生差错。因此，对全部账户的记录必须定期进行试算，借以验证账户记录是否正确。所谓试算平衡是指根据会计恒等式"资产=负债+所有者权益"及借贷记账法的记账规则，通过汇总、检查和验算确定所有账户记录是否正确的过程。它包括发生额试算平衡法和余额试算平衡法。

（一）发生额试算平衡法

发生额试算平衡法根据本期所有账户借方发生额合计与贷方发生额合计的恒等关系，检验本期发生额记录是否正确的方法。包括两个方面的内容：一是每笔会计分录的发生额平衡，即每笔会计分录的借方发生额必须等于贷方发生额，这是由借贷记账法的记账规则决定的；二是本期发生额的平衡，即本期所有账户的借方发生额合计必须等于所有账户的贷方发生额合计。因为本期所有账户的借方发生额合计，相当于把复式记账的借方发生额相加。所有账户的贷方发生额合计，相当于把复式记账的贷方发生额相加，两者必然相等。这种平衡关系用公式表示为

全部账户本期借方发生额合计=全部账户本期贷方发生额合计

对上述例 3-9 四项业务进行账务处理后，编制发生额试算平衡表，如表 3-6 所示。

表 3-6　本期发生额试算平衡表　　　　　　　年　月

会计科目	借方发生额	贷方发生额
库存现金	2 000	
银行存款	90 000	2 000+24 000+40 000
短期借款	24 000	
原材料	40 000	
实收资本		90 000
合　计	156 000	156 000

（二）余额试算平衡法

余额试算平衡法是根据本期所有账户借方余额合计与贷方余额合计的恒等关系，检验本期账户记录是否正确的方法。根据余额时间不同，又分为期初余额平衡与期末余额平衡两类。期初余额平衡是期初所有账户借方余额合计与贷方余额合计相等，期末余额平衡是期末所有账户借方余额合计与贷方余额合计相等，这是由"资产=负债＋所有者权益"的恒等关系决定的。公式为

全部账户的借方期初余额合计=全部账户的贷方期初余额合计

全部账户的借方期末余额合计=全部账户的贷方期末余额合计

实际工作中，余额试算平衡是通过编制试算平衡表方式进行的，如表 3-7 所示。

余额试算平衡表根据有关账户本期发生额和余额填列。本表表明，所有账户期初借方余额合计 164 100 元与贷方余额合计 164 100 元相等，所有账户本期借方发生额合计 15 600 元与贷方发生额合计 15 600 元相等，所有账户期末借方余额合计 230 100 元与贷方余额合计 230 100 元相等。

表 3-7　余额试算平衡表　　　　　　年　月　单位：元

会计科目	期初余额		本期发生额		期末余额	
	借　方	贷　方	借　方	贷　方	借　方	贷　方
库存现金	100		2 000		2 100	
银行存款	20 000		90 000	66 000	44 000	
应收账款	4 000				4 000	
原材料	9 000		40 000		49 000	
固定资产	99 000				99 000	
无形资产	32 000				32 000	
短期借款		30 000	24 000			6 000

续表

会计科目	期初余额		本期发生额		期末余额	
	借　方	贷　方	借　方	贷　方	借　方	贷　方
应付账款		6 000				6 000
长期借款		40 000				40 000
实收资本		80 000		90 000		170 000
资本公积		8 100				8 100
合计	164 100	164 100	156 000	156 000	230 100	230 100

请注意

在编制试算平衡表时，应注意以下几点。

（1）必须保证所有账户的余额均已记入试算平衡表。因为会计等式是对六项会计要素整体而言的，缺少任何一个账户的余额，都会造成期初或期末借方余额合计与贷方余额合计不相等。

（2）如果试算平衡表借贷不相等，有可能是账户记录出现错误，应认真查找，直到实现平衡为止。

（3）即便实现了有关三栏的平衡关系，也并不能说明账户记录绝对正确，因为有些错误并不会影响借贷双方的平衡关系。例如：① 漏记某项经济业务，将使本期借贷双方的发生额发生等额减少，借贷仍然平衡；② 重记某项经济业务，将使本期借贷双方的发生额发生等额虚增，借贷仍然平衡；③ 某项经济业务记错有关账户，借贷仍然平衡；④ 某项经济业务在账户记录中，颠倒了记账方向，借贷仍然平衡；⑤ 借方或贷方发生额中，偶然发生多记少记并相互抵消，借贷仍然平衡；等等。

因此在编制试算平衡表之前，应认真核对有关账户记录，以消除上述错误。

本 章 小 结

我国企业的会计要素按照性质分为资产、负债、所有者权益、收入、费用和利润六个会计要素。会计等式也称会计恒等式、会计方程式，是运用数学平衡式描述会计对象的具体内容即六大会计要素之间数量关系的表达式。会计科目是为了满足会计确认、计量、报告的要求，符合企业内部会计管理和外部信息需要，对会计要素的具体内容进行分类核算的项目。账户的设置是为了能够分门别类地对各项经济业务的发生所引起会计要素的增减变动情况及其结果进行全面、连续、系统、准确的反映和监督，为经营管理提供需要的会计信息。应根据会计科目开设账户。

复式记账的原理是会计基本等式"资产=负债＋所有者权益"。目前我国各行业均采用借贷记账法。在借贷记账法下，资产类账户（包括资产、成本、费用、支出类账户）的结构是：增加额登记在账户的借方，减少额（或转销额）登记在账户的贷方，期末如有余额，应为借方余额。权益类账户（包括负债、所有者权益、收入类账户）的结构是：增加额登记在账户的贷方，减少额（或转销额）登记在账户的借方，期末如有余额，应为贷方余额。借贷记账法的记账规则是"有借必有贷，借贷必相等"。在记账凭证中指明某项经济业务应登记的账户名称、记账的借贷方向和金额的记录，就是所谓会计分录。由于对每一项经济业务都以相等的金额，在相互联系的两个或两个以上的账户中作借贷双重记录，因而对借贷记账法的记账结果，可以进行试算平衡。借贷记账法的试算平衡是以资产等于权益的平衡关系原理和借贷记账法的记账规则为依据的。借贷记账法试算平衡的方法有发生额试算平衡法和余额试算平衡法两种。

本 章 习 题

一、单项选择题

1. 下列项目中，属于资产项目的是（   ）。
   A. 预付账款   B. 预收账款   C. 资本公积   D. 应付账款
2. 会计科目指对（   ）的具体内容进行分类核算的项目。
   A. 经济业务   B. 会计要素   C. 会计账户   D. 会计信息
3. 会计科目按照其所（   ）不同，分为总分类科目和明细分类科目。
   A. 反映的会计对象   B. 反映的经济业务
   C. 归属的会计要素   D. 提供信息的详细程度及统驭关系
4. （   ）不是设置会计科目的原则。
   A. 重要性   B. 合法性   C. 相关性   D. 实用性
5. 复式记账法对每项经济业务都以相等的金额（   ）中进行登记。
   A. 一个账户   B. 两个账户
   C. 全部账户   D. 两个或两个以上的账户
6. 预付供应单位材料货款，负债及所有者权益类账户的期末余额一般在（   ）。
   A. 借方   B. 借方和贷方   C. 贷方   D. 借方或贷方
7. 所有者权益类账户的期末余额根据（   ）计算。
   A. 借方期末余额=借方期初余额+借方本期发生额贷方本期发生额
   B. 借方期末余额=借方期初余额+贷方本期发生额借方本期发生额
   C. 贷方期末余额=贷方期初余额+贷方本期发生额借方本期发生额
   D. 贷方期末余额=贷方期初余额+借方本期发生额–贷方本期发生额
8. 下列项目中，引起资产和负债同时增加的经济业务是（   ）。
   A. 以银行存款购买材料   B. 向银行借款存入银行存款户
   C. 以无形资产向外单位投资   D. 以银行存款偿还应付账款
9. 下列项目中，引起负债有增有减的经济业务是（   ）。
   A. 以银行存款偿还银行借款   B. 开出应付票据抵付应付账款
   C. 以银行存款上交税金   D. 收到外商捐赠的设备
10. 下列项目中，引起所有者权益有增有减的经济业务是（   ）。
    A. 收到国家投入的固定资产   B. 以银行存款偿还长期借款
    C. 将资本公积金转增资本金   D. 以厂房对外单位投资

11. 以银行存款交纳税金，所引起的变动为（　　　）。

　　A. 一项资产减少，一项所有者权益减少　　B. 一项资产减少，一项债减少

　　C. 一项所有者权益增加，一项负债减　　D. 一项资产增加，另一项资产减少

12. "主营业务收入"科目按照所归属的会计要素不同，属于（　　　）。

　　A. 资产　　　　　　B. 负债　　　　　　C. 所有者权益　　　D. 损益

13. 下列属于损益类的是（　　　）。

　　A. 衍生公具　　　　B. 销售费用　　　　C. 制造费用　　　　D. 利润分配

14. 会计科目和账户的关系是（　　　）。

　　A. 结构相同　　　　B. 格式相同　　　　C. 内容相同　　　　D. 互不相关

15. 账户是根据（　　　）设置的，具有一定格式和结构，用于分类反映会计要素增减变动情况及其结果的载体。

　　A. 会计要素　　　　B. 会计对象　　　　C. 会计科目　　　　D. 会计信息

16. 一个账户的增加发生额与该账户的期末余额一般应该在该账户的（　　　）。

　　A. 借方　　　　　　B. 贷方　　　　　　C. 相同方向　　　　D. 相反方向

17. 下列错误中，能够通过试算平衡查找的有（　　　）。

　　A. 重记经济业务　　B. 漏记经济业务　　C. 借贷方向相反　　D. 借贷金额不等

二、多项选择题

1. 下列项目中，属于会计科目设置原则的有（　　　）。

　　A. 相关性原则　　　B. 真实性原则　　　C. 合法性原则　　　D. 实用性原则

2. 下列会计科目中，属于资产类科目的有（　　　）。

　　A. 预收账款　　　　B. 预付账款　　　　C. 原材料　　　　　D. 短期借款

3. 下列会计科目中，属于损益类科目的有（　　　）。

　　A. 主营业务收入　　B. 主营业务成本　　C. 管理费用　　　　D. 财务费用

4. 下列项目中，属于账户基本结构内容的有（　　　）。

　　A. 账户的名称　　　　　　　　　　　　B. 增减金额及余额

　　C. 记账凭证的编号　　　　　　　　　　D. 经济业务的摘要

5. 下列关于账户的表述中，正确的有（　　　）。

　　A. 账户是根据会计要素开设的　　　　　B. 账户具有一定格式和结构

　　C. 设置账户是会计核算的重要方法之一　D. 一级账户以下的账户均称为明细账户

6. 复式记账法的优点包括（　　　）。

　　A. 进行试算平衡　　　　　　　　　　　B. 了解经济业务的来龙去脉

　　C. 简化账簿登记工作　　　　　　　　　D. 检查账户记录的正确性

7. 试算平衡表中，试算平衡的公式有（　　　）。

　　A. 借方科目金额=贷方科目金额

　　B. 借方期末余额=借方期初余额+本期借方发生额本期贷方发生额

　　C. 全部账户借方发生额合计=全部账户贷方发生额合计

　　D. 全部账户的借方余额合计=全部账户的贷方余额合计

8. 下列账户中，期末结转后无余额的账户有（　　　）。

　　A. 实收资本　　　　B. 主营业务成本　　C. 库存商品　　　　D. 营业费用

三、判断题

1. 对于明细科目较多的总账科目，可在总分类科目与明细分类科目之间设置二级或多级科目。 （   ）

2. 会计科目是账户的名称，账户是会计科目的载体和具体运用。 （   ）

3. 营业费用、管理费用和待摊费用都属于损益类科目。 （   ）

4. 预提费用属于资产类科目，而制造费用属于成本类科目。 （   ）

5. 企业只能使用国家统一的会计制度规定的会计科目，不得自行增减或合并。 （   ）

6. 对会计要素的具体内容进行分类核算的项目称为会计科目。 （   ）

7. 设置会计科目的相关性原则是指所设置的会计科目应当符合国家统一的会计制度的规定。 （   ）

8. 所有者权益类账户及负债类账户的结构一般与资产类账户的结构是一致的。 （   ）

9. 通过试算平衡检查账簿记录后，如果左右平衡就可以肯定记账没有错误。 （   ）

10. 在发生经济业务时，单式记账法只在一个账户中登记，复式记账法则在两个账户中登记。 （   ）

11. 复合会计分录是由几个简单会计分录合并而成的。 （   ）

12. 应收账款账户借方登记的是应收款项的增加数。 （   ）

四、思考题

1. 简述会计要素的基本内容。

2. 什么是会计恒等式？其基本数量关系是什么？

3. 什么是会计科目？设置会计科目应遵循哪些原则？

4. 什么是账户？会计科目与账户之间有什么关系？账户的基本结构包括哪些内容？

5. 什么是复式记账？为什么说复式记账法是一种科学的记账方法？

6. 什么是借贷记账法？借贷记账法的主要特点有哪些？

7. 借贷记账法包括哪几个方面的试算平衡关系？

第四章 工业企业主要交易和事项的会计处理

☑【本章提要】

　　本章是课程学习的重点章节，在学习了会计科目、会计账户及借贷记账法的基础上，本章主要介绍工业企业一些常见的经济业务事项的会计处理方法。具体包括筹集资金和资金退出企业的核算，固定资产、无形资产的核算，供应过程的核算，生产过程的核算，销售过程和财务成果的核算，利润形成和分配的核算。

☑【学习目标】

　　1. 掌握筹集资金与资金退出企业的核算方法；
　　2. 掌握固定资产、无形资产的核算方法；
　　3. 掌握供应过程的核算方法；
　　4. 掌握生产过程的核算方法；
　　5. 掌握销售过程和财务成果的核算方法；
　　6. 掌握利润形成和分配的核算方法。

☑【重点】

　　供应过程的会计核算、生产过程的会计核算、销售过程的会计核算。

☑【难点】

　　固定资产、无形资产的会计核算、利润的形成和分配的会计核算。

■■ 案例导入

　　小林是会计专业的毕业生，他现在要去一家棉纺企业的财务部门实习，初次接触实际企业的有关账务，小林有些担心自己是否能完成实习任务。

想一想

　　作为一家工业企业，其涉及的主要经济业务与事项有哪些？这些经济业务事项如何进行账务处理呢？

第一节　企业经营活动和资金循环过程

　　企业，是指从事生产、流通、服务等经济活动，实行自主经营、自负盈亏、独立核算、依法成立的基本经济组织。企业经营过程中发生各种各样的经济业务与事项，不同类型的企业，所涉及的经济业务也有很大的区别。工业企业是最早出现的企业类型之一，它是指为满足社会需要并获得盈利从事工业性生产经营活动或工业性劳务活动、自主经营、自负盈亏、独立核算的经济组织。

工业企业的生产经营过程主要分为三个阶段：供应阶段、生产阶段和销售阶段。供应阶段是企业生产的准备阶段，该阶段企业需要采购原材料等生产物资并因此发生货币的支付结算。生产阶段是产品制造过程，生产车间领用原材料进行生产，同时需要支付工人工资并为厂房、机器设备等固定资产提取折旧。以上发生的各项支出需要进行合理的归集和分配，来确定各种产品的生产成本。所以，该阶段的主要经济业务是归集分配各项生产耗费，计算产品的成本。在销售阶段，企业出售产成品，确认收入并计算销售税金，同时发生广告、推销等销售费用。以上三个阶段构成了工业企业的一个完整的生产循环过程。

第二节　筹集资金与资金退出的核算

筹资是指企业根据其生产经营、对外投资和调整资本结构等需要，通过筹资渠道和金融市场，运用筹资方式，经济有效地筹措和集中资本的活动。一定的资金是企业生产经营的前提，工业企业资金的主要来源有两个途径：一是投资人投入的资金；二是在投资人自有资金不足的情况下，为达到预定的经营规模或满足正常的生产经营，从金融机构等借入的资金。货币、实物（厂房、机器设备、生产材料、交通工具等）、知识产权（商标权、专利权等）、土地使用权等都是常见的投资方式。投资者投资的总和就是该企业的注册资本。我国对某些企业实行注册资本最低限额制度，例如，有限责任公司注册资本的最低限额为人民币3万元，股份有限公司最低限额为500万元。投资人（股东）按合同规定的时间或法律规定的时间足额缴纳出资。

资金退出企业是指企业依法对已经注册的资本通过一定的程序进行削减的法律行为，简称减资。公司运营过程中可能存在预定资本过多的情形，造成资本的过剩，闲置过多的资本显然有悖于效率的原则。因此，如果允许减少注册资本，投资者就有机会将有限的资源转入生产更多利润的领域，从而能够避免资源的浪费。减少注册资本的同时，将一定金额返还给股东。

一、所需账户设置

（一）实收资本

实收资本是指投资者按照企业章程或合同、协议的约定，实际投入企业的资本，它是企业注册登记的法定资本总额的来源。实收资本是保证企业持续经营和偿还债务的最基本的物质基础，它表明所有者对企业的基本产权关系。"实收资本"（股份有限公司称为"股本"）账户用来核算企业实收资本的增减变动的情况。该账户是所有者权益类账户，贷方登记企业实际收到的投资者投入的资本，借方登记企业减少的资本，期末余额在贷方，表示企业实际拥有的资本。

（二）资本公积

"资本公积"账户属于所有者权益类账户，核算企业收到投资者的出资超过其在企业注册资本（或股本）中所占份额的部分。直接计入所有者权益的利得和损失，也通过本账户核算。

该账户贷方登记资本公积的增加数，借方登记资本公积的减少数，期末余额在贷方，表示资本公积的期末结余数。该账户应设置"资本溢价"和"其他资本公积"两个明细账户。

（三）库存现金和银行存款

"库存现金"账户用于核算企业库存现金的收入、支出及结余情况。该账户是资产类账户，借方登记现金的增加额，贷方登记现金的减少额，期末余额在借方反映企业实际持有的库存现金的金额。"银行存款"账户用于核算企业存入银行其他金融机构的各种款项，核算方法与"库存现金"相同，但是银行汇票存款、银行本票存款、信用证保证金存款、信用卡存款、外埠存款和存出投资款等，不在本科目核算，而是通过"其他货币资金"账户核算。

（四）固定资产

"固定资产"账户核算企业固定资产的原价，该账户是资产类账户，借方登记固定资产增加的原始价值，贷方登记减少固定资产的原始价值，期末借方余额，反映企业期末固定资产的账面原价。

（五）无形资产

无形资产包括企业拥有的专利权、商标权、著作权、非专利技术、土地使用权等。"无形资产"账户用来核算企业持有的无形资产成本。该账户借方登记取得无形资产的实际成本；贷方登记减少无形资产的实际成本；期末借方余额，表示企业实际持有的无形资产的成本。

（六）短期借款

短期借款是指企业为维持正常的生产经营所需的资金或为抵偿某项债务而向银行或其他金融机构等外单位借入的、还款期限在一年以下（含一年）的各种借款。"短期借款"账户是负债类账户，其贷方登记企业借入的各种短期借款数额，借方登记归还的借款数额，期末余额在贷方，表示期末尚未归还的借款金额。短期借款的利息支出，是企业理财活动中为筹集资金而发生的耗费，应作为财务费用计入当期损益。由于利息支付的方式不同，其会计核算也不相同。若短期借款的利息按月计收，或还本付息一次进行，但利息数额不大时，利息费用可直接计入当期损益；如果短期借款利息是按季支付的，或者是在借款到期时连本金一起归还，并且利息数额较大的，为了正确计算各期盈亏，应按照预提的方法，按月预提，计入损益。

（七）长期借款

"长期借款"账户用来核算企业向银行或其他金融机构借入的期限在一年以上（不含一年）或超过一年的一个营业周期以上的各项借款，该账户属于负债类，其贷方登记借入的款项及预计的应付利息；借方登记还本付息的数额；期末余额在贷方，表示尚未偿还的长期借款本息数额。该账户应按贷款单位设置明细账，并按贷款种类进行明细核算。需要说明的是，预计的长期借款利息应通过"长期借款"账户进行核算。

二、筹集资金与资金退出企业的会计核算

（一）投入资本的核算

投资者投入资本一方面增加企业的资产，如固定资产、银行存款等，记入借方，另一方面增加企业的实收资本，记入贷方。举例如下：

【例4-1】甲公司收到投资人王某10 000元的货币资金投资，已存入银行。

甲公司编制会计分录为：

借：银行存款   10 000

　　　　贷：实收资本　　　　　　　　　　　　　　　　　　　　　　　　10 000

【例4-2】乙公司以一项商标权对甲公司进行投资，该商标权价值为20 000元。

甲公司编制会计分录为：

借：无形资产　　　　　　　　　　　　　　　　　　　　　　　　　　20 000

　　　　贷：实收资本　　　　　　　　　　　　　　　　　　　　　　　　20 000

【例4-3】丙公司以一套设备对甲公司进行投资，该机器设备作价30 000元。

甲公司编制会计分录为：

借：固定资产　　　　　　　　　　　　　　　　　　　　　　　　　　30 000

　　　　贷：实收资本　　　　　　　　　　　　　　　　　　　　　　　　30 000

【例4-4】A、B、C三人共同出资投资设立美华有限责任公司，注册资本为200 000元。按照公司章程规定，A、B、C投入资本分别为50 000元、80 000元和70 000元。美华公司已如期收到投资者一次缴足的款项，款项通过银行收妥。

美华公司应编制会计分录为：

借：银行存款　　　　　　　　　　　　　　　　　　　　　　　　　200 000

　　　　贷：实收资本——A　　　　　　　　　　　　　　　　　　　　50 000

　　　　　　　　——B　　　　　　　　　　　　　　　　　　　　80 000

　　　　　　　　——C　　　　　　　　　　　　　　　　　　　　70 000

　　美华公司成立后，为扩大经营规模，经批准，公司注册资本增加到250 000元，并引入第四位投资者D加入。按照投资协议，D需投入资金70 000元，拥有该公司20%的股份。公司收到D的投资，款项通过银行收妥。

应编制会计分录为：

借：银行存款　　　　　　　　　　　　　　　　　　　　　　　　　70 000

　　　　贷：实收资本——D　　　　　　　　　　　　　　　　　　　　50 000

　　　　　　资本公积——资本溢价　　　　　　　　　　　　　　　　20 000

（二）借入资金的会计核算

　　企业在经营中如果面临资本金不足，可以向银行等金融机构借款，以保证正常的经营。企业借入的款项，根据还款期限的长短不同，分别记入"短期借款"或"长期借款"。借入资金的会计核算举例如下。

【例4-5】2012年1月1日，甲公司向银行借入期限为6个月的资金30 000元，年利率为5%，借款到期一次还本付息。

甲公司编制会计分录为：

借：银行存款　　　　　　　　　　　　　　　　　　　　　　　　　30 000

　　　　贷：短期借款　　　　　　　　　　　　　　　　　　　　　　　30 000

沿用例4-5，甲公司1月末计算本月应负担的短期借款利息。

　　该短期借款虽未到支付利息的期限，但该企业每月都应当计息当月的利息费用，以体现权责发生制的要求。该企业每月计提的利息费用为125元。编制会计分录为：

借：财务费用　　　　　　　　　　　　　　　　　　　　　　　　　　125

　　　　贷：应付利息　　　　　　　　　　　　　　　　　　　　　　　125

（三）资金退出企业的会计核算

企业按法定程序报经批准减少注册资本的，借记"实收资本"科目，贷记"库存现金"、"银行存款"等科目。

【例4-6】沿用例4-4美华公司成立一年后，经批准，投资人A从公司退出，公司退还A的出资，将50 000现金退还给A。

编制会计分录为：

借：实收资本——A　　　　　　　　　　　　　　　　　　　　　　　50 000

　　贷：库存现金　　　　　　　　　　　　　　　　　　　　　　　　　　50 000

第三节　固定资产、无形资产的核算

除了货币资金之外，厂房、设备等固定资产及生产过程中所需的技术专利等无形资产也是工业企业生产的必要条件。本节对固定资产和无形资产的会计核算进行介绍。

一、固定资产的核算

固定资产是指企业使用期限超过1年的房屋、建筑物、机器、机械、运输工具及其他与生产、经营有关的设备、器具、工具等。固定资产属于产品生产过程中用来改变或者影响劳动对象的劳动资料，是固定资本的实物形态。固定资产在生产过程中可以长期发挥作用，长期保持原有的实物形态，但其价值则随着企业生产经营活动而逐渐地转移到产品成本中去，并构成产品价值的组成部分。一项资产如要作为固定资产加以确认，除了要符合固定资产的定义外，还要符合固定资产的确认条件，即与该固定资产有关的经济利益很可能流入企业，同时，该固定资产的成本能够可靠地计量。

（一）购入固定资产的会计核算

固定资产应当按照成本进行初始计量。固定资产的成本，是指企业购建某项固定资产达到预定可使用状态前所发生的一切合理、必要的支出。这些支出包括直接发生的价款、运杂费、包装费和安装成本等，也包括间接发生的，如应承担的借款利息、外币借款折算差额及应分摊的其他间接费用。

1. 购入不需要安装的固定资产的账务处理

固定资产的入账价值包括购入时实际支付的全部价款，包括支付的买价及为使固定资产达到预定可使用状态所发生的可直接归属于该资产的其他支出。自2009年1月1日起，增值税一般纳税人购进或者自制的用于生产、经营的固定资产的进项税额允许抵扣，不计入固定资产成本。

【例4-7】某企业2012年1月购入一台不需要安装的机器设备，价款20 000元，支付的增值税3 400元，另支付运输费300元，款项以银行存款支付。

该项固定资产的入账价值为20 300元。

编制会计分录为：

借：固定资产　　　　　　　　　　　　　　　　　　　　　　　　　　20 300

　　应交税费——应交增值税（进项税额）　　　　　　　　　　　　　　3 400

　　贷：银行存款　　　　　　　　　　　　　　　　　　　　　　　　　23 700

2. 购入需要安装的固定资产的账务处理

企业购入需要安装的固定资产，应将购入时发生的成本和安装过程中发生的各项支出，先通过"在建工程"账户进行核算，待安装完毕达到预定可使用状态时，再由"在建工程"账户转入"固定资产"账户。

（二）固定资产折旧的账务处理

1. 固定资产折旧的概念

固定资产折旧指一定时期内为弥补固定资产损耗按照规定的固定资产折旧率提取的折旧，它体现固定资产由于磨损和损耗而逐渐转移的价值。折旧额是指应计提折旧的固定资产的原价扣除其预计净残值后的余额，如已对固定资产计提减值准备，还应扣除已计提的固定资产减值准备累计金额。影响固定资产折旧的因素有固定资产原值（即固定资产的账面成本）、固定资产的净残值（固定资产预计使用寿命已满并处于使用寿命终了时的预期状态，企业从该项资产处置中获得的扣除预计处置费用以后的金额）、固定资产减值准备和固定资产的使用寿命。企业应当按月计提固定资产折旧，当月增加的固定资产，当月不计提折旧，从下月起计提折旧；当月减少的固定资产，当月仍计提折旧，从下月起停止计提折旧。提足折旧后，不管能否继续使用，均不再提取折旧；提前报废的固定资产，也不再补提折旧。固定资产的折旧方法有年限平均法（直线法）、工作量法、双倍余额递减法、年数总和法。

📢 请注意

企业应当根据与固定资产有关的经济利益的预期实现方式，合理选择固定资产折旧方法。折旧方法一经选定，不得随意变更。

2. 固定资产折旧的账务处理

在此需用到"累计折旧"账户，该账户是"固定资产"的备抵账户，用来核算企业固定资产因磨损而减少的价值。"累计折旧"账户是资产类账户，每月计提的固定资产折旧，记入该账户的贷方，表示固定资产因损耗而减少的价值，对于固定资产因出售、报废等原因引起的价值减少，应借记"累计折旧"账户，期末贷方余额，表示现有固定资产已提取的累计折旧额。将"累计折旧"的贷方余额抵减"固定资产"账户的借方余额，便可得到固定资产的净值。

固定资产应当按月计提折旧，并根据用途计入相关固定资产的成本或者当期损益。生产车间使用的固定资产，所计提的折旧应计入制造费用，并最终计入所生产的产品成本；管理部门使用的固定资产，所计提的折旧应计入管理费用；销售部门使用的固定资产，所计提的折旧应计入销售费用；企业自行建造固定资产过程中使用的固定资产，所计提的折旧应计入在建工程成本；经营租出的固定资产，所计提的折旧应计入其他业务成本；未使用的固定资产，所计提的折旧应计入管理费用。

【例 4-8】甲公司采用年限平均法提取固定资产折旧，2012 年 1 月份"固定资产折旧计算表"中应提折旧额为：生产车间 8 000 元，管理部门 3 000 元，销售部门 2 000 元。

甲公司编制会计分录如下：

借：制造费用　　　　　　　　　　　　　　　　　　　　　　　　　　8 000

　　管理费用　　　　　　　　　　　　　　　　　　　　　　　　　　3 000

销售费用	2 000
贷：累计折旧	13 000

（三）固定资产处置的账务处理

固定资产处置核算的是企业因出售、报废和毁损等原因而转入清理的固定资产价值及其在清理过程中所发生的清理费用和清理收入等。"固定资产清理"是资产类账户，用来核算企业因出售、报废和毁损等原因转入清理的固定资产净值及在清理过程中所发生的清理费用和清理收入。

二、无形资产的会计核算

无形资产是指在较长时间内能为企业提供某种特权或额外收益的非实物性资产，它包括专利、商标、著作权、非专利技术、土地使用权、特许权等，它具有无实体性、有偿性、收益不确定性等特点。无形资产按资产性质可分为知识产权、非专利技术和特许经营权，按资产来源分为购入的无形资产、自创的无形资产、其他单位投入的无形资产。无形资产入账价值的确定：购入的无形资产，其入账价包括买价及有关费用支出；投资者投入无形资产的成本，应当按照投资合同或协议约定的价值确定；自行开发的无形资产以开发过程中的实际成本入账。企业内部研究开发项目的支出，应当区分研究阶段支出与开发阶段支出。企业内部研究开发项目研究阶段的支出，应当于发生时计入当期损益，开发阶段的支出，符合条件的，才能确认为无形资产。企业对研究开发的支出应当设置"研发支出—费用化支出"和"研发支出—资本化支出"账户进行核算。

第四节　供应过程的核算

供应阶段主要经济业务是购买原材料等物资，组织原材料的验收入库，为生产做好准备，并与供应商进行支付结算。

一、材料采购成本

原材料是指在生产过程中经过加工改变其形态或性质并构成产品主要实体的各种原料和外购半成品，以及不构成产品实体，但有助于产品形成的辅助材料。外购原材料的采购成本一般包括：采购价格、进口关税和其他税金（消费税、资源税等价内税；不能抵扣的增值税）、运输费（一般纳税人可以抵扣7%的进项税）、装卸费、保险费及其他可直接归属于存货采购的费用（如运输途中合理损耗、入库前挑选整理费用等）。

原材料的日常收发及结存，既可以采用实际成本核算，也可以采用计划成本核算。

二、供应过程业务核算的账户设置

（一）原材料

"原材料"账户，用来核算企业库存各种材料的增减变动及其结存情况。该账户是资产类，实际成本法下，"原材料"账户借方登记已验收入库材料的实际成本；贷方登记发出材料的实际成本；期末余额在借方，表示库存各种材料的实际成本。"原材料"账户应按材料的类别进行明细分类核算。

（二）在途物资

"在途物资"账户，用于核算企业采用实际成本进行材料的日常核算，货款已付尚未验收入库的在途物资的采购成本。该账户属于资产类，借方登记外购材料成本的增加数，贷方登记到货验收后转入"原材料"账户的采购成本数。期末借方余额，表示在途原材料的实际成本。

（三）应付账款

"应付账款"账户用来核算企业因购买材料、商品或接受劳务供应等而应付给供应单位的款项。该账户是负债类，贷方登记因购买材料、商品或接受劳务供应等而发生的应付未付的款项；借方登记已经支付或已开出承兑商业汇票抵付的应付款项；期末贷方余额，表示尚未偿还的款项。应按对方单位名称设置明细账，进行明细分类核算。

（四）应交税费

企业应通过"应交税费"账户，总括反映各种税费的缴纳情况，包括增值税、消费税、营业税、所得税、资源税、土地增值税、城市维护建设税、房产税、土地使用税、车船使用税、教育费附加等，并按照应交税费项目进行明细核算。该科目的贷方登记应交纳的各种税费，借方登记已交纳的各种税费，期末贷方余额反映尚未交纳的税费；期末如为借方余额反映多交或尚未抵扣的税费。"应交税费——应交增值税"账户是用来反映和监督企业应交和实交增值税结算情况的账户，还应分别"进项税额"、"销项税额"、"出口退税"、"进项税额转出"、"已交税金"等设置专栏进行明细核算，企业购买材料物资时交纳的增值税进项税额记入该账户的借方，企业销售产品时向购买单位代收的增值税销项税额记入该账户的贷方。

（五）应付票据

"应付票据"账户核算企业在商品购销活动和对工程价款进行结算时因采用商业汇票结算方式而发生的，由出票人出票，委托付款人在指定日期无条件支付确定的金额给收款人或者票据的持票人的经济业务。该账户属于负债类账户，贷方登记因购买材料、商品等开出、承兑的商业汇票，借方登记到期付款或转出的商业汇票，期末贷方余额，表示尚未到期的商业汇票。

（六）预付账款

"预付账款"账户核算企业按照购货合同规定预付给供应单位的款项。该账户属于资产类账户，借方登记预付的货款金额，贷方登记冲销预付的货款金额，期末借方余额表示尚未结算的预付货款金额。企业因购货而预付的款项，借记"预付账款"，贷记"银行存款"。收到所购物资时，根据发票账单等列明应计入购入物资成本的金额，借记"物资采购"或"原材料"、"库存商品"等，按专用发票上注明的增值税额，借记"应交税金——应交增值税（进项税额）"，按应付金额，贷记"预付账款"。预付款项情况不多的企业，也可以将预付的款项直接记入"应付账款"科目的借方，不设置"预付账款"科目。"预付账款"账户应按供应单位设置明细账，进行明细核算。

三、供应过程业务的会计核算

供应过程的主要经济业务是原材料的采购，一方面涉及其原材料的验收入库，另一方面需要与供应商进行款项的结算。现举例如下。

【例4-9】甲公司向乙公司购买A原材料5吨，收到乙公司开来的增值税专用发票，价款10 000元；增值税率为17%，增值税额为1 700元，款项通过银行存款支付，材料已验收入库。（假设甲公司原材料按实际成本核算）

甲公司编制会计分录为：

借：原材料——A材料   10 000

　　　　应交税费——应交增值税（进项税额）　　　　　　　　　　　1 700
　　　　　贷：银行存款　　　　　　　　　　　　　　　　　　　　　　11 700
　　【例 4-10】　甲公司向丙公司购买 A 材料 2 吨，B 材料 5 吨，收到丙公司开来的增值税专用发票，价款分别为 10 000 元和 20 000 元；增值税率为 17%，增值税额为 5 100 元，款项通过银行转账支付，材料尚未验收入库。（假设甲公司原材料按实际成本核算）

　　此项业务中，采购的原材料并未验收入库，应暂时记入"在途物资"账户。编制会计分录为：

　　　借：在途物资——A 材料　　　　　　　　　　　　　　　　　　10 000
　　　　　　　　　　——B 材料　　　　　　　　　　　　　　　　　　20 000
　　　　应交税费—应交增值税（进项税额）　　　　　　　　　　　　5 100
　　　　　贷：银行存款　　　　　　　　　　　　　　　　　　　　　　35 100

　　待收到材料并验收入库后，编制会计分录为：

　　　借：原材料——A 材料　　　　　　　　　　　　　　　　　　　10 000
　　　　　　　　——B 材料　　　　　　　　　　　　　　　　　　　20 000
　　　　　贷：在途物资——A 材料　　　　　　　　　　　　　　　　10 000
　　　　　　　　　　　——B 材料　　　　　　　　　　　　　　　　20 000

第五节　生产过程的核算

　　产品生产阶段是工业企业最重要的业务过程之一，该阶段的产品制造企业经营活动的主要过程。在生产过程中，工人借助于劳动资料对劳动对象进行加工，制成劳动产品。因此，生产过程既是产品制造过程，又是物化劳动（劳动资料和劳动对象）和活劳动的消耗过程。为了生产产品，必然会发生各种消耗，例如，工人的工资、原材料的耗费、车间的水电费用、厂房和机器设备等固定资产的折旧。这些耗费按一定种类和数量的产品进行归集，就形成了产品的制造成本。因此，工业企业生产过程会计核算的主要内容是对各种费用进行合理的归集分配，正确计算产品的生产成本。

一、生产过程业务核算的账户设置

（一）生产成本

　　在市场经济条件下，产品成本是衡量生产消耗的补偿尺度，企业必须以产品销售收入抵补产品生产过程中的各项支出，才能确定盈利，因此，在企业成本管理中生产成本的控制是一项极其重要的工作。"生产成本"账户用来核算生产单位为生产产品或提供劳务而发生的各项生产费用。生产成本是生产过程中各种资源利用情况的货币表示，是衡量企业技术和管理水平的重要指标。该账户是成本类账户，借方登记应计入产品生产成本的各项费用，包括直接计入产品成本的直接材料和直接人工，以及分配计入产品生产成本的制造费用；贷方登记完工入库产品的生产成本，该账户期末借方余额，表示企业尚未加工完成的各项在产品的成本。该账户应按产品品种设置明细账，进行明细分类核算。

（二）制造费用

　　"制造费用"账户用来核算产品生产成本中除直接材料和直接工资以外的其余一切生产成本，主要包括企业各个生产单位（车间、分厂）为组织和管理生产所发生的一切费用。具体有以下项目：各个生产单位管理人员的工资、职工福利费，房屋建筑费、劳动保护费、季节性生产和修理期间的停工损失，等等。制造费用一般是间接计入成本，当制造费用发生时一般无法直接判定它所归属的成本计算对象，因而不能直接计入所生产的产品成本中去，而须按费用发生的地点先行归集，月终时再采用一定的方法在各成本计算对象间进行分配，计入各成本计算对象的成本中。

请注意

该账户是成本类，借方登记实际发生的各项制造费用，贷方登记分配计入产品"生产成本"的制造费用，期末结转后，该账户一般没有余额。该账户应按不同生产单位设置明细账，进行明细分类核算。

（三）应付职工薪酬

"应付职工薪酬"账户核算企业根据有关规定应付给职工的各种薪酬。该账户应当按照"工资、奖金、津贴、补贴"，"职工福利"，"社会保险费"，"住房公积金"，"工会经费"，"职工教育经费"，"解除职工劳动关系补偿"，"非货币性福利"，"其他与获得职工提供的服务相关的支出"等应付职工薪酬项目进行明细核算。该账户是负债类账户，贷方登记应由本月负担但尚未支付的职工薪酬，借方登记本月实际支付的职工薪酬，期末贷方余额表示企业应付未付的职工薪酬。

（四）管理费用

"管理费用"账户用来核算企业行政管理部门为组织和管理生产经营活动而发生的各项费用。具体包括企业发生的工会经费、职工教育经费、业务招待费、税金、技术转让费、无形资产摊销、咨询费、诉讼费、开办费摊销、公司经费、上缴上级管理费、劳动保险费、待业保险费、董事会会费及其他管理费用等。该账户是损益类账户，借方登记发生的各种费用，贷方登记期末转入"本年利润"账户的费用，期末结转后，账户无余额。

（五）财务费用

"财务费用"账户用来核算企业在生产经营过程中为筹集资金而发生的各项费用，包括企业生产经营期间发生的利息支出、汇兑净损失、金融机构手续费等。该账户是损益类账户，该账户的借方登记企业发生的各项财务费用，贷方登记期末转入当期损益的数额，结转后期末无余额。

（六）库存商品

库存商品是指企业已完成全部生产过程并已验收入库，合乎标准规格和技术条件，可以按照合同规定的条件送交订货单位，或可以作为商品对外销售的产品及外购或委托加工完成验收入库用于销售的各种商品。"库存商品"账户用来核算企业库存的各种商品的实际成本。该账户是资产类账户，借方登记已验收入库商品的实际成本；贷方登记发出商品的实际成本；期末借方余额，表示库存商品的实际成本。该账户应按商品的品种进行明细分类核算。

（七）其他应收款

其他应收款是企业应收款项的重要组成部分。"其他应收款"账户是用来核算企业除应收票据、应收账款、预付账款、应收股利、应收利息等以外的其他各种应收及暂付款项。其他应收款通常包括暂付款，是指企业在商品交易业务以外发生的各种应收、暂付款项。具体包括应收的各种赔款、罚款（如因职工失职造成一定损失而应向该职工收取的赔款，或因企业财产等遭受意外损失而应向有关保险公司收取的赔款等）、应收出租包装物租金、应向职工收取的各种垫付款项（如为职工垫付的水电费、应由职工负担的医药费、房租费等）、备用金（向企业各职能科室、车间、个人周转使用等拨出的备用金）、存出保证金（如租入包装物支付的押金）等。该账户是资产类账户，借方登记应收未收款项的增加额，贷方登记已经收到应收款项的减少额，期末借方余额，反映企业应收未收的款项。该账户应按对方单位或个人名称进行明细分类核算。

二、生产过程业务的会计核算

产品生产阶段涉及的主要经济业务有：生产领用材料；计算分配职工薪酬；发放工资；计提固定资产折旧；分配制造费用；计算产品生产成本；产品完工结转入库其生产成本等内容。现将其不同业务举例说明如下。

【例 4-11】某公司 2012 年 1 月份编制领料凭证汇总表如表 4-1 所示。

表 4-1　2012 年 1 月领料汇总表

用途	A 材料			B 材料			金额合计
	数量	单价	金额	数量	单价	金额	
生产产品耗用 甲产品 乙产品	10 000	2	20 000	5 000	10	50 000	20 000 50 000
合计	10 000	2	20 000	5 000	10	50 000	70 000

编制会计分录如下：

借：生产成本——甲产品　　　　　　　　　　　　　　　　　　20 000
　　　　　　——乙产品　　　　　　　　　　　　　　　　　　50 000
　　贷：原材料——A 材料　　　　　　　　　　　　　　　　　20 000
　　　　　　　——B 材料　　　　　　　　　　　　　　　　　50 000

【例 4-12】公司经理李明预借差旅费 900 元，以现金支付。

会计分录如下：

借：其他应收款——李明　　　　　　　　　　　　　　　　　　900
　　贷：库存现金　　　　　　　　　　　　　　　　　　　　　　900

李明出差归来，报销差旅费 900 元。会计分录如下：

借：管理费用——差旅费　　　　　　　　　　　　　　　　　　900
　　贷：其他应收款——李明　　　　　　　　　　　　　　　　900

【例 4-13】根据该公司的工资结算汇总表，公司 1 月份应付职工工资如下：

制造甲产品的生产工人工资　　　　　　　　　　　　　　　　74 500
制造乙产品的生产工人工资　　　　　　　　　　　　　　　　82 000
生产车间管理人员工资　　　　　　　　　　　　　　　　　　5 600
行政部门管理人员工资　　　　　　　　　　　　　　　　　　34 000

合计   196 100

编制会计分录如下：

借：生产成本——甲产品   74 500

    ——乙产品   82 000

  制造费用   5 600

  管理费用   34 000

  贷：应付职工薪酬   196 100

该月月末，公司通过银行向员工发放工资。编制会计分录如下：

借：应付职工薪酬   196 100

  贷：银行存款   196 100

【例4-14】该公司本月归集的制造费用共计200 000元，月末按生产工人的应付职工薪酬的比例分配计算（可选用应付职工薪酬或生产工时作为分配标准），记入产品的成本。计算公式如下：

制造费用分配率=制造费用总额÷产品生产工人应付职工薪酬

某种产品应负担的制造费用额=该种产品生产工人应付职工薪酬×分配率

制造费用分配率=200 000/（74 500＋82 000）=200 000/156 500=1.278 元

甲产品应负担的制造费用=74 500×1.278=95 211 元

B 产品应负担的制造费用=82 000×1.278 =104 796 元

该笔经济业务应作如下会计分录：

借：生产成本——甲产品   95 211

    ——乙产品   104 796

  贷：制造费用   200 000

【例4-15】月末，本月甲产品2 000件，乙产品5 000件全部完工并已验收合格入库，根据生产成本明细分类账结转已完工产品成本。

对于产品生产成本的归集，应按成本核算对象，编制"生产成本明细分类账"来进行，并选择一定的成本计算方法，计算各产品的总成本和单位成本。

本例中，根据甲、乙两种产品期初余额和"生产成本——甲产品"、"生产成本——乙产品"两个明细账所汇集的本月发生的各项生产费用，便可以计算两种完工产品成本。甲、乙产品"生产成本明细账"相关数据如表4-2、表4-3所示。

表4-2 生产成本明细账

产品名称：甲产品   完工产量：2 000件

2012年		凭证字号	摘 要	直接材料	直接人工	制造费用	合 计
月	日						
1	31	略	月初在产品成本	12 000	21 000	20 000	53 000
			本月生产费用	20 000	74 500	95 211	189 711
			生产费用合计	32 000	95 500	115 211	242 711
			单位成本	16	47.75	57.61	121.36
			结转完工产品总成本	-32 000	-95 500	-115 211	-242 711

表4-3 生产成本明细账

产品名称：乙产品   完工产量：5 000 件

2012 年		凭证字号	摘 要	直接材料	直接人工	制造费用	合 计
月	日						
1	31	略	月初在产品成本	30 000	28 000	31 000	89 000
			本月生产费用	50 000	82 000	104 789	236 789
			生产费用合计	80 000	110 000	135 789	325 789
			单位成本	16	22	27.16	65.16
			结转完工产品总成本	−80 000	−110 000	−135 789	−325 789

根据上列生产成本明细账，编制完工产品入库的会计分录：

借：库存商品——甲产品   242 711

          ——乙产品   325 789

   贷：生产成本——甲产品   242 711

              ——乙产品   325 789

第六节 销售过程和财务成果的核算

产品的销售过程是资金循环的第三个阶段，也是最后一个阶段，通过销售产品，实现资金的回收，资金的循环过程得以完成。该阶段会计核算的主要内容有确认企业的销售收入，与客户进行结算，同时计算产品的销售成本。在销售的过程中还会发生一些费用支出，如产品的广告费、展览费、运输费、包装费、保险费及销售人员的工资和福利等销售费用。如果企业的收入是应税收入，还应当支付相应的税费。

一、产品销售过程会计核算需要设置的账户

1. 主营业务收入

"主营业务收入"账户用来核算企业在销售商品、提供劳务及让渡资产使用权等日常活动中所产生的收入。该账户属损益类账户，贷方登记企业销售产品、提供劳务而取得的收入，借方登记销货退回数额和在期末结转入"本年利润"账户的数额；期末结转后该账户应无余额。在"主营业务收入"账户下，应按照主营业务的种类设置明细账，进行明细核算。

2. 主营业务成本

"主营业务成本"账户用于核算企业因销售商品、提供劳务或让渡资产使用权等日常活动而发生的实际成本。该账户属损益类账户，借方登记已销售产品、提供劳务的实际成本数；贷方登记应冲减的销售成本和期末转入"本年利润"账户的已销售产品成本的结转数；结转后该账户应无余额。"主营业务成本"账户下应按照主营业务的种类设置明细账，进行明细核算。

3. 应收账款

"应收账款"账户用于核算企业因销售商品、提供劳务等，应向购货单位收取的款项。该账户属资产类账户，借方登记企业因销售商品、提供劳务而发生的应收账款，贷方登记企业已经收回的应收账款，期末余额在借方，表示企业尚未收回的应收账款，期末余额在贷方表示企业预收的账款。应收账款是伴随企业的销售行为发生而形成的一项债权。因此，应收账

款的确认与收入的确认密切相关。通常在确认收入的同时，确认应收账款。该账户按不同的购货或接受劳务的单位设置明细账户进行明细核算。不单独设置"预收账款"科目的企业，预收的账款也在"应收账款"科目核算。

4. 应收票据

"应收票据"账户用于核算企业持有的、尚未到期兑现的商业汇票。商业汇票是出票人签发的，委托付款人在指定日期无条件支付确定的金额给收款人或持有人的票据，也是一种可以由持票人自由转让给他人的债权凭证。该账户属资产类账户，借方登记企业因销售商品、提供劳务等收到开出承兑的商业汇票的票面金额及应计利息，贷方登记到期收回，票据转让、贴现及到期收不回转出等的票面金额和应计利息，期末余额在借方表示企业持有的商业汇票的票面价值和应计利息。

5. 预收账款

"预收账款"账户核算企业按照合同规定或交易双方之约定，而向购买单位或接受劳务的单位在未发出商品或提供劳务时预收的款项。企业的交易是有风险的，特别是在与不熟悉的客户进行交易或认为客户的信用状况不佳时，存在拒付的风险，企业往往采取先款后货的交易方式。该账户属负债类账户，贷方登记企业向购货单位预收的款项，借方登记企业实际发出产品的价税款及退回的余额，期末余额在贷方，表示企业向购货单位预收的款项，若期末余额在借方，表示对方单位应补足的款项。该账户应按购货单位名称设置明细账，进行明细分类核算。在预收款项业务不多的企业可以将预收的款项直接记入"应收账款"的贷方，不单独设置本科目，在使用本科目时，要注意与"应收账款"科目的关系，预收账款与应收账款的共同点是：两者都是企业因销售商品、产品、提供劳务等，应向购物单位或接受劳务单位收取的款项。不同点：预收账款是收款在先，出货或提供劳务在后；而应收账款是出货或提供劳务在先，收款在后，预收账款是负债性质，应收账款是资产性质。

6. 销售费用

"销售费用"账户用于核算企业在销售产品和提供劳务过程中发生的费用，包括由企业负担的包装费、运输费、广告费、装卸费、保险费、委托代销手续费、展览费、租赁费和销售服务费、销售部门人员工资、职工福利费、差旅费、办公费、折旧费、修理费、物料消耗、低值易耗品摊销及其他经费等。该账户属损益类账户，借方登记企业在销售产品过程中发出的各项费用；贷方登记期末转入"本年利润"账户借方的本期营业费用，结转后该账户应无余额。该账户应按费用项目设置明细分类账，进行明细分类核算。

7. 营业税金及附加

"营业税金及附加"账户用来核算企业日常主要经营活动应负担的税金及附加，包括营业税、消费税、城市维护建设税、资源税、土地增值税和教育费附加及地方教育费附加等。该账户属损益类账户，借方登记企业按规定计算的应交纳的税金及附加；贷方登记期末转入"本年利润"账户的数额；结转后该账户应无余额。

二、产品销售过程的会计核算

产品销售过程会计核算的主要内容有：产品销售收入的核算、产品销售成本和销售费用的核算、销售税金的核算等，下面举例说明。

【例4-16】甲公司向乙公司销售A产品100件，每件售价100元，价款10 000元，开具增值税专用发票，价税合计11 700元，款项尚未收到。

甲公司应编制会计分录如下：

借：应收账款——乙公司　　　　　　　　　　　　　　　　　11 700
　　贷：主营业务收入——A 产品　　　　　　　　　　　　　　　10 000
　　　　应交税费——应交增值税（销项税额）　　　　　　　　　1 700

数日后收到乙公司汇款 11 700 元，会计分录如下：

借：银行存款　　　　　　　　　　　　　　　　　　　　　　11 700
　　贷：应收账款——乙公司　　　　　　　　　　　　　　　　11 700

【例 4-17】甲公司向丁公司销售 A 产品 200 件，每件售价 100 元，价款 20 000 元，增值税率 17%，价税合计 23 400 元，收到丁公司签发的商业承兑汇票一张。

甲公司编制会计分录如下：

借：应收票据——丁公司　　　　　　　　　　　　　　　　　23 400
　　贷：主营业务收入——A 产品　　　　　　　　　　　　　　20 000
　　　　应交税费——应交增值税（销项税额）　　　　　　　　　3 400

【例 4-18】甲公司收到丙公司购买 A 产品预付的货款 20 000 元，已存入银行。

会计分录为：

借：银行存款　　　　　　　　　　　　　　　　　　　　　　20 000
　　贷：预收账款——丙公司　　　　　　　　　　　　　　　　20 000

【例 4-19】按合同向预付货款的丙公司发出 A 产品 200 件，每件售价 100 元，增值税税率 17%，价税合计 23 400 元。

甲公司编制会计分录如下：

借：预收账款——丙公司　　　　　　　　　　　　　　　　　23 400
　　贷：主营业务收入——B 产品　　　　　　　　　　　　　　20 000
　　　　应交税费——应交增值税（销项税额）　　　　　　　　　3 400

【例 4-20】甲公司收到丙公司补付货款 3 400 元。

编制会计分录如下：

借：银行存款　　　　　　　　　　　　　　　　　　　　　　3 400
　　贷：预收账款——飞天公司　　　　　　　　　　　　　　　3 400

【例 4-21】以现金支付广告费 500 元。

编制会计分录为：

借：销售费用——广告费　　　　　　　　　　　　　　　　　500
　　贷：库存现金　　　　　　　　　　　　　　　　　　　　500

【例 4-22】甲公司以银行存款缴纳增值税 8 000 元。

编制会计分录为：

借：应交税费——应交增值税（已交税金）　　　　　　　　　8 000
　　贷：银行存款　　　　　　　　　　　　　　　　　　　　8 000

【例 4-23】结转本月销售 A 产品的生产成本 30 000 元。

编制会计分录如下：

借：主营业务成本——A 产品　　　　　　　　　　　　　　　30 000
　　贷：库存商品——A 产品　　　　　　　　　　　　　　　　30 000

第七节 利润形成和分配的核算

利润反映了企业在一段时期内的经营成果，它体现了一个企业资金使用的效率。工业企业的盈利情况不仅仅取决于产品的销售收入和销售成本，还应当考虑企业的其他业务的盈利（或亏损）状况、营业外的收支、投资收益及发生的期间费用，这些也是计算企业利润应考虑的因素。

一、利润的计算

1. 主营业务利润

主营业务利润＝主营业务收入－主营业务成本－主营业务税金及附加

主营业务利润又称基本业务利润，是主营业务收入减去主营业务成本和主营业务税金及附加得来的。由于主营业务利润还未减去销售费用、管理费用、财务费用等期间费用，尚不能完整反映公司主营业务的盈利状况，只是受主营业务成本和税金，销售单价、销量变动的影响。不过，大多数情况下，主营业务利润都是营业利润的主要构成。对于把握公司盈利能力更有用的指标是主营业务利润率。通过对公司的主营业务利润率纵向对比可以看出公司盈利的变动趋势；通过与同行业其他企业主营业务利润率的横向对比，可以看出公司的相对盈利能力。通常情况下，企业的主营业务利润应是其利润总额的最主要的组成部分，其比重应是最高的，其他业务利润、投资收益和营业外收支相对来讲比重不应很高。

2. 营业利润

营业利润＝营业收入－营业成本－营业税金及附加－销售费用－管理费用－财务费用－
　　资产减值损失＋公允价值变动收益（－公允价值变动损失）＋投资收益
　　（－投资损失）

营业利润是企业利润的主要来源。它是指企业在销售商品、提供劳务等日常活动中所产生的利润。其内容为主营业务利润和其他业务利润扣除期间费用之后的余额。

3. 利润总额

利润总额＝营业利润＋营业外收支净额

4. 净利润

净利润＝利润总额－所得税费用

企业在一定时期实现的利润总额，交纳企业所得税后余下的部分为净利润。企业的利润在弥补以前年度的亏损和提取法定盈余公积金后，就可以向投资者分配。

请注意

财务成果形成及其分配的核算的内容，主要包括财务成果汇总也即利润实现的核算和财务成果分配的核算两个方面。其主要任务是：正确核算企业财务成果，并按规定进行利润分配。

二、利润形成与分配过程需要设置的会计账户

1. 营业外收入

"营业外收入"账户用于核算与企业生产经营活动没有直接关系的各种收入。营业外收入并不是由企业经营资金耗费所产生的，不需要企业付出代价，实际上是一种纯收入，不可能

也不需要与有关费用进行配比。营业外收入主要包括非流动资产处置利得、非货币性资产交换利得、债务重组利得、政府补助、盘盈利得等。在会计核算上，应当严格区分营业外收入与营业收入的界限。该账户属损益类账户，贷方登记本期发生的各项营业外收入；借方登记期末转入"本年利润"账户贷方的营业外收入；结转后期末应无余额。

2. 营业外支出

"营业外支出"账户用于核算不属于企业生产经营费用，与企业生产经营活动没有直接的关系，但应从企业实现的利润总额中扣除的支出，包括固定资产盘亏、报废、毁损和出售的净损失、非季节性和非修理性期间的停工损失、非常损失、公益救济性的捐赠、赔偿金、违约金等。该账户属损益类账户，借方登记本期发生的各项营业外支出；贷方登记期末转入"本年利润"账户借方的营业外支出数额，结转后期末应无余额。

3. 其他业务收入

"其他业务收入"账户用来核算企业主营业务收入以外的所有通过销售商品、提供劳务收入及让渡资产使用权等日常活动中所形成的经济利益的流入。如材料物资及包装物销售、无形资产转让、固定资产出租、包装物出租、运输、废旧物资出售收入等。其他业务收入是企业从事除主营业务以外的其他业务活动所取得的收入，具有不经常发生，每笔业务金额一般较小，占收入的比重较低等特点。该账户属损益类账户，贷方登记企业已实现的其他业务收入；借方登记期末转入"本年利润"账户贷方的其他业务收入；结转后期末账户应无余额。

4. 其他业务支出

"其他业务支出"账户核算企业除主营业务成本以外的其他销售或其他业务所发生的支出，包括销售材料、提供劳务等而发生的相关成本费用，以及相关税金及附加等。为了总括反映和监督企业的其他业务支出情况，企业应设置"其他业务支出"账户。该账户属损益类账户，借方登记发生的其他业务支出数额，贷方登记期末转入"本年利润"账户的数额，经结转后该账户期末无余额。企业发生其他业务支出时，应借记"其他业务支出"账户，贷记"原材料"、"包装物"、"累计折旧"、"生产成本"、"应付工资"、"应付福利费"、"银行存款"等有关账户；期末结转其他业务支出时，应按该账户余额，借记"本年利润"账户，贷记"其他业务支出"账户。

5. 投资收益

"投资收益"账户核算企业根据长期股权投资准则确认的投资收益或投资损失。该账户是损益类账户，贷方登记取得的投资收益或期末投资净损失的转出数；借方登记投资损失和期末投资净收益的转出数，期末结转后该账户应无余额。

6. 所得税费用

"所得税费用"账户核算企业负担的所得税，该账户属损益类账户，借方登记所得税费用的发生数；贷方登记期末转入"本年利润"账户借方的所得税额；结转后该账户期末应无余额。

7. 本年利润

"本年利润"账户用来核算企业利润（或亏损）总额的形成。该账户属所有者权益类账户，贷方登记"主营业务收入"、"其他业务收入"、"投资收益"、"营业外收入"等账户的转入数；借方登记"主营业务成本"、"营业费用"、"主营业务税金及附加"、"其他业务支出"、"管理费用"、"财务费用"、"营业外支出"、"所得税"等账户的转入数；若期末余额在贷方，表示企业实现的净利润，若期末余额在借方，则表示企业发生的亏损。年末时，应将所结算的本年实现的净利润（或亏损）转入"利润分配"账户，年末结转后本账户应无余额。

8. 利润分配

"利润分配"账户用来核算企业的利润分配情况。该账户是所有者权益类账户，借方登记按规定实际分配的利润数，或年终时从"本年利润"账户的贷方转来的全年亏损总额；贷方登记年终时从"本年利润"账户借方转来的全年实现的净利润总额；年终贷方余额表示历年积存的未分配利润，如为借方余额，则表示历年积存的未弥补亏损。该账户应当分别按"提取法定盈余公积"、"提取任意盈余公积"、"应付现金股利或利润"、"转作股本的股利"、"盈余公积补亏"和"未分配利润"等设置明细账，进行明细核算。

9. 应付股利

"应付股利"账户核算企业分配的现金股利或利润，企业应根据股东大会或类似机构通过的利润分配方案，按应支付的现金股利或利润，借记"利润分配"科目，贷记本科目。期末余额在贷方，反映企业尚未支付的现金股利或利润。

10. 盈余公积

"盈余公积"账户核算公司按照规定从净利润中提取的各种积累资金。一般盈余公积分为两种：一是法定盈余公积，公司的法定盈余公积按照税后利润的 10% 提取，法定盈余公积累计额已达注册资本 50% 时可以不再提取；二是任意盈余公积，任意盈余公积主要是公司按照股东大会的决议提取。该账户是所有者权益类账户，贷方登记企业提取的盈余公积金，借方登记盈余公积弥补亏损或转增资本数；期末余额在贷方，表示企业盈余公积金的实际结存数。

二、利润形成与分配过程的会计核算

（一）利润形成的核算

企业当期实现的净利润（或发生的净亏损）通过"本年利润"科目核算。企业期末结转利润时，应将各损益类科目的金额转入本科目，结平各损益类科目。结转后本科目的贷方余额为当期实现的净利润；借方余额为当期发生的净亏损。

【例 4-24】甲公司 2011 年有关损益类科目的年末余额如表 4-4 所示。

表 4-4　甲公司 2011 年有关损益类科目的年末余额　　　　单位：元

科目名称	结账前余额
主营业务收入	400 000（贷）
其他业务收入	30 000 （贷）
投资收益	30 000（贷）
营业外收入	5 000（贷）
主营业务成本	210 000（借）
其他业务成本	20 000（借）
营业税金及附加	5 000（借）
销售费用	28 000（借）
管理费用	40 000（借）
财务费用	50 000（借）
营业外支出	4 000（借）

结转各项收入、利得，编制会计分录为：

借：主营业务收入	400 000	
其他业务收入	30 000	
投资收益	30 000	
营业外收入	5 000	
贷：本年利润		465 000

（2）结转各项费用、损失，编制会计分录为：

借：本年利润	357 000	
贷：主营业务成本		210 000
其他业务成本		20 000
营业税金及附加		5 000
销售费用		28 000
管理费用		40 000
财务费用		50 000
营业外支出		4 000

经过上述结转后，"本年利润"科目的贷方发生额合计 465 000 元减去借方发生额合计 357 000 元即为税前会计利润 108 000 元。

（二）所得税的核算

企业当期应交所得税的计算公式为：

应纳税额＝应纳税所得额×所得税税率

沿用例 4-25，假设不存在纳税调整事项，应纳税所得额等于税前会计利润。

应交所得税＝108 000×25%＝27 000 元

编制会计分录为：

借：所得税费用	27 000	
贷：应交税费——应交所得税		27 000

结转所得税费用

借：本年利润	27 000	
贷：所得税费用		27 000

（三）利润分配的核算

沿用例 4-26，假定甲公司按当年净利润的 10% 提取法定盈余公积，按当年净利润的 10% 提取任意盈余公积，并决定向投资者分配利润 50 000 元。相关会计分录如下：

将"本年利润"科目年末余额 81 000 元转入"利润分配——未分配利润"科目，编制会计分录为：

借：本年利润	81 000	
贷：利润分配——未分配利润		81 000

提取法定盈余公积、任意盈余公积的会计分录：

借：利润分配——未分配利润	16 200	
贷：盈余公积——法定盈余公积		8 100
——任意盈余公积		8 100

向投资者支付分配的利润的会计分录

借：应付利润或应付股利   50 000

    贷：银行存款或库存现金   50 000

本 章 小 结

　　工业企业的主要经济业务有资金的筹集与退出、固定资产与无形资产、原材料的供应、生产、销售、财务成果的计算与分配等。对这些经济业务事项进行核算，必须合理地设置与使用各种账户，正确的使用借贷记账法。其中，供应过程、生产过程、销售过程相关业务的核算是重点内容，企业利润的计算与分配的会计处理是难点。

 **本 章 习 题**

一、单项选择题

1. 下列各项属于企业主营业务收入的是（　　）。

    A. 出租固定资产取得的收入   B. 出售固定资产取得的收入

    C. 转让无形资产使用权的使用费收入   D. 劳务收入

2. 购进材料过程中发生的增值税应计入（　　）。

    A. "在途物资"账户的借方

    B. "应交税费——应交增值税"账户的贷方

    C. "应交税费——应交增值税"账户的借方

    D. "原材料"账户的借方

3. 企业收到投资方以库存现金投入的资本，实际投入的金额超过其在注册资本中所占份额的部分，应记入（　　）账户。

    A. 实收资本   B. 资本公积   C. 盈余公积   D. 投资收益

4. 未分配利润账户的借方余额表示（　　）。

    A. 本期实现的净利润   B. 本期发生的净亏损

    C. 尚未分配的利润   D. 尚未弥补的亏损

5. 企业无论从何种途径取得的材料，入库时都要通过（　　）核算。

    A. 在途物资科目   B. 应付票据科目   C. 原材料科目   D. 应付账款科目

6. 企业取得的罚款，应计入（　　）。

    A. 主营业务收入   B. 营业外收入   C. 其他业务收入   D. 补贴收入

7. 企业生产发生的间接费用应先在"制造费用"科目归集，期末再按一定的标准和方法分配记入（　　）科目。

    A. 管理费用   B. 生产成本   C. 本年利润   D. 库存商品

二、多项选择题

1. 固定资产处置会计处理中，最终的损益应作为（　　）处理。

    A. 资本公积   B. 营业外收入

    C. 其他业务收入   D. 营业外支出

2. 下列费用应计入管理费用的有（　　　）。

　　A. 厂部管理人员的工资　　　　　　　　B. 车间管理人员的工资

　　C. 厂部房屋的折旧费　　　　　　　　　D. 厂部的办公费

3. 下列各项中属于制造费用的有（　　　）。

　　A. 生产工人的工资及福利费

　　B. 车间管理人员的工资

　　C. 企业管理部门房屋折旧费

　　D. 生产单位为组织和管理生产所发生的机器设备折旧费

4. 下列业务中，可以确认收入的有（　　　）。

　　A. 销售商品　　　　　　　　　　　　　B. 提供劳务

　　C. 出租固定资产资产　　　　　　　　　D. 出售固定资产

5. 下列各项属于其他业务收入的有（　　　）。

　　A. 固定资产出售收入　　　　　　　　　B. 技术转让收入

　　C. 包装物出租收入　　　　　　　　　　D. 材料销售收入

6. 下列各项中，属于企业应付职工薪酬的有（　　　）。

　　A. 工会经费　　　　　　　　　　　　　B. 企业医务人员的工资

　　C. 住房公积金　　　　　　　　　　　　D. 辞退福利

7. 工业企业在经营活动中，需要在"销售费用"账户中核算的有（　　　）。

　　A. 广告费　　　　　　　　　　　　　　B. 展览费

　　C. 专设销售机构的人员工资　　　　　　D. 专设销售机构的房屋租金

8. 企业计提短期借款利息时，可能涉及的会计科目有（　　　）。

　　A. 短期借款　　　B. 应付利息　　　C. 财务费用　　　D. 销售费用

9. 企业的期间费用包括（　　　）。

　　A. 制造费用　　　B. 管理费用　　　C. 财务费用　　　D. 销售费用

10. 产品成本项目一般包括（　　　）。

　　A. 制造费用　　　B. 管理费用　　　C. 直接材料　　　D. 直接人工

三、判断题

1. 企业以前年度亏损未弥补完，应该照提法定盈余公积和任意盈余公积。　　（　　）

2. 企业的罚款支出、捐赠支出、出售无形资产净损失都是通过营业外支出核算。

（　　）

3. 管理费用是企业行政管理部门为组织和管理生产经营活动而发生的各项费用，包括行政人员的工资和福利费、办公费、广告宣传费、借款利息等。　　　　　　　　（　　）

4. 预付款项情况不多的企业，可以不设置预付账款科目，将预付的款项计入到应收账款的贷方核算。　　　　　　　　　　　　　　　　　　　　　　　　　　　　（　　）

5. 生产车间设备的折旧费、水电费应该作为间接费用记入到制造费用科目中。（　　）

6. 企业向银行或其他金融机构借入的各种款项所发生的利息均应计入财务费用。

（　　）

第五章 会计凭证

☑【本章提要】

　　任何会计信息都需要会计凭证来记录和反映。单位的经济业务一经发生或完成，就必须取得和填制会计凭证，会计凭证的记录应如实、合法地反映经济活动情况。本章重点阐述：① 会计凭证的意义和种类；② 原始凭证的填制和审核；③ 记账凭证的填制和审核；④ 会计凭证的传递和保管。

☑【学习目标】

　　1. 了解会计凭证的概念、意义、种类及其基本内容；

　　2. 掌握原始凭证的填制及审核方法；

　　3. 熟练掌握记账凭证的填制与审核方法；

　　4. 了解会计凭证的传递程序；

　　5. 能正确、规范填写各种原始凭证，并按客观、合理、合法的原则与要求对原始凭证进行审核；

　　6. 能熟练运用借贷记账法编制与审核记账凭证。

☑【重点】

　　原始凭证的填制和审核；记账凭证的填制和审核。

☑【难点】

　　原始凭证的填制；记账凭证的编制。

▉ 情景导入

　　王丽是某单位的一名员工，一次去外地出差时不小心将住宿单据和车船票都丢了，回到单位后想报一账，却没有凭据。

 想一想

　　这种情况下，王丽应该怎么办呢？单位财会人员需要怎样处理？

第一节　会计凭证的意义和种类

一、会计凭证的概念

（一）会计凭证的含义

会计凭证就是用来记录经济业务，明确经济责任，并据以登记账簿的书面证明文件，是重要的会计资料。填制和审核会计凭证是会计核算工作的始起点，也是会计核算的一种重要方法。

（二）会计凭证的作用

填制会计凭证是一项基础性的工作，对会计核算过程、会计信息质量等起至关重要的作用。企业每天都不断地发生各种各样的经济业务，如现金的收付、物资的收发，往来款项的结算，等等，为了保证会计信息的真实可靠，对每一项交易或事项，都必须由办理该项交易或事项的有关人员取得或填制会计凭证。例如，购买商品或原材料要由供货方开出发票；商品或材料入库要有入库单；发出商品或材料要有出库单。会计凭证要详细载明经济业务的日期、内容、数量和金额等，相关人员要签字或盖章，以明确有关单位或人员的责任。一切会计凭证都应由专人进行合理性、合法性审核，只有经过审核的真实、合理、合法的凭证才能作为记账依据，才能保证账簿记录、财务会计报告所反映的会计信息真实、完整。

因此，会计凭证在会计核算中具有重要意义，具体表现在以下几个方面。

1. 提供会计信息

任何一项经济业务发生后都必须由经办业务的有关人员按规定的程序和要求，及时的取得和填制会计凭证，如实写明经济业务的内容，确认应记入的账户名称、方向和金额，对经济业务的基本情况进行记录，并作为经济活动的信息载体，及时的传递到有关部门。通过会计凭证将经济业务的执行、完成情况如实的反映出来，提供真实准确的会计信息。

2. 作为登记账簿的依据

任何单位每发生一项经济业务，如现金的收付、财产物资的进出，以及往来款项的结算等，都必须通过填制会计凭证来如实记录经济业务的内容、数量和金额。经过审核无误的会计凭证，才能作为登记入账的依据。通过会计凭证的填制、审核，按一定方法对会计凭证进行整理、分类、汇总，为会计记账提供真实、可靠的依据。

3. 明确经济责任

任何会计凭证除了记录经济业务的基本内容外，同时要由有关的经办人员在凭证上签字、盖章，尤其是货币资金的收付，财产物资的购入、储存、领用等经营活动，都可以通过填制和审核会计凭证来检查和监督各责任人的责任，增强办事人员的责任感，防止舞弊行为发生。

4. 监督经济活动，控制经济运行

通过审核会计凭证，可以查明每一项经济业务是否符合国家有关法律法规及国家统一会计制度的规定，是否符合业务经营、财务收支的方针和计划、预算的规定，是否存在贪污挪用、铺张浪费行为等。监督经济业务的发生、发展，控制经济业务的有效实施，是发挥会计管理职能的重要内容

二、会计凭证的种类

企业发生的经济业务内容复杂丰富，用以记录、监督经济业务的会计凭证也必然是五花八门、名目繁多。为了更好的掌握会计凭证，需要对会计凭证进行科学分类。会计凭证按照填制的程序和用途不同可分为原始凭证和记账凭证两种。

原始凭证是在经济业务发生或完成时，由经济业务的当事者取得或填制的，载明经济业务具体情况和发生及完成情况，明确经济责任的一种原始书面凭证，也叫原始单据。它是填制记账凭证或登记账簿的原始依据，是重要的会计核算资料。

记账凭证，俗称传票，是对经济业务按其性质加以归类，确定会计分录，并据以登记会计

账簿的凭证。《会计基础工作规范》第五十条规定："会计机构、会计人员要根据审核无误的原始凭证填制记账凭证"。记账凭证是由会计人员根据审核无误的原始凭证，对经济业务按其性质加以归类，确定会计分录后所填制的，作为登记会计账簿直接依据的一种会计凭证。

原始凭证与记账凭证的关系主要表现在以下几个方面。

1. 原始凭证与记账凭证的联系

原始凭证与记账凭证都是会计凭证，记账凭证是根据原始凭证填制的，没有原始凭证一般不能填制记账凭证。

2. 原始凭证与记账凭证的区别

（1）填制人员不同：原始凭证大多是由经办人员填制，记账凭证一律由本单位的会计人员编制。

（2）填制依据不同：原始凭证是根据已经发生或完成的经济业务填制，记账凭证是根据审核后的原始凭证填制。

（3）法律效力不同：原始凭证能够证明经济业务已经发生或已经完成，具有法律效力；而记账凭证不具有证明功能，更不具有法律效力。

（4）发挥作用不同：原始凭证时填制记账凭证的依据，记账凭证时登记会计账簿的依据。

（一）原始凭证

按照《会计法》的要求，一切经济业务发生时都必须如实填制原始凭证，用以记录和证明经济业务的发生或完成情况。凡是不能证明经济业务发生和完成情况的各种书面证明，如"购料申请单"、"购销合同"、"银行对账单"等，均不能作为原始凭证据以记账。会计人员对不真实、不合法的原始凭证，不予受理；对记载不准确、不完整的原始凭证，应予以退回，要求更正或补充。

1. 原始凭证的种类

1）原始凭证按其取得的来源不同分类

原始凭证按其取得的来源不同可以划分为外来原始凭证和自制原始凭证。

（1）外来原始凭证。是指在经济业务发生或完成时，从其他单位或个人取得的原始凭证。如购买材料时取得的增值税专用发票，银行收款通知单，职工出差所取得的车船票、机票、住宿费单据，等等。表5-1～表5-5均为外来原始凭证。

表5-1　中国建设银行进账单（收账通知）

年　月　日　　　　　　　　　　　　第12号

收款人	全　称		付款人	全　称			千	百	十	万	千	百	十	元	角	分
	账　号			账　号												
	开户银行			开户银行												
人民币（大写）																
票据种类：		票据张数：　　张			收款人开户											
单位主管　　会计　　复核　　记账					银行盖章											

表5-2 中国建设银行**托收承付**凭证（回单）

委托时间 年 月 日　　　　　　　　　　　　　　　　第 号

付款人	全　称		收款人	全　　称	
	账　号			账　号	
	开户银行			开户银行	

托收金额	人民币（大写）		千	百	十	万	千	百	十	元	角	分

票据种类		
票据张数		收款人开户银行盖章
单位主管　会计　复核　记账		

单位主管：　　　　　　会计：　　　　　　复核：　　　　　　记账：

表5-3 增值税专用发票

开票日期：　年 月 日　　　　　　　　　　　　　　№

第二联 发票联 购货方记账

购货单位	名　称		纳税人登记号							
	地址电话		开户银行及账号							

货物或应税劳务名称	计量单位	数量	单价	金　额									税率/%	税　额								
				百	十	万	千	百	十	元	角	分		百	十	万	千	百	十	元	角	分
合　计																						
价税合计（大写）		小写　¥_____																				
备　注																						
销货单位	名　称		纳税人登记号																			
	地址电话		开户银行及账号																			

销货单位（章）：　　　　收款人：　　　　　　复核：　　　　　　开票人：

表5-4 ××省统一销售发票

客户名称：　　　　　　　　年 月 日　　　　　　　　　　　№

第二联 报销凭证

商品名称	规格	单位	数量	单价	金　额							
小写金额合计												
大写金额			拾　万　仟　佰　拾　元　角　分									

开票单位（章）：　　　　　　　　　　　　开票人：

表5–5 收 据   №×××

年 月 日

今收到_____

交 来_____

人民币（大写）_____¥_____

收款单位

盖   章

| 收款人 |
| 交款人 |

第一联：存根

（2）自制原始凭证。自制原始凭证是指由本单位内部经办经济业务的部门或人员，在办理经济业务时所填制的凭证，如收料单，领料单，产品出库单，工资结算单，收款收据，销货发票，成本计算单等。表5–6～表5–9均为自制原始凭证。

表5–6   领料单

领料单位：

用   途：   年 月 日   No

材料类别	材料名称及规格	计量单位	数　量		单价	金额
			请领	实领		

记账：   发料：   领料：

表5–7 材料入库单

年 月 日

材料名称	规格	单位	数量	单价	金额	发货单位

财务主管：   供应科长：   验收：   采购员：

表5-8 产成品入库单

编号：

交货单位：　　　　　　　　　　　　　　　　年　月　日　　　　　　　　　　　　　　　产品仓库：

产品编号	产品名称	规格	计量单位	交付数量	检验结果		实收数量	金额
					合格	不合格		

保管员：　　　　　　　　　　　　车间负责人：　　　　　　　　　　　检验人：

表5-9 借 款 单

年　月　日

借款理由			
人民币（大写）			￥_____
出差地点			
借款人		单位领导签字	
财务负责人核批			

2）原始凭证按填制手续及内容的不同分类

原始凭证按填制手续及内容的不同可以划分为一次性原始凭证、累计原始凭证和汇总原始凭证。

（1）一次性原始凭证。是指用以记录一项经济业务或同时记载若干项同类经济业务，填制手续一次完成的原始凭证。如各种外来原始凭证和大部分自制原始凭证，都是一次性原始凭证，如领料单、购货发票、收料单等。

（2）累计原始凭证。是一定时期内在一张凭证中，连续记录同类经济业务，期末按其累计数作为记账依据的原始凭证。如限额领料单，限额领料单中标明了某种材料在规定期限内的领用额度，用料单位每次领料及退料，都要由经办人员在限额领料单上逐笔记录、签章，并结出限额结余。使用这种凭证，既可以做到对领用材料的事前控制，又可减少凭证填制的手续。主要适用于大量重复发生的经济业务，如表5-10为累计原始凭证。

表5-10 限额领料单

领料部门：一车间

用途：甲产品　　　　　　　　　　　　2011年12月　　　　　　　　　　　　No　256

材料类别	材料名称	规格	计量单位	单价	领用限额	全月实领	
						数量	金额
原料	圆钢	10 mm	吨	2 000元	12	10	20 000

日期	请领		实发		限额结余
	数量	领料单位负责人签章	领料人签章	数量	发料人签章	

日期	数量	领料单位负责人签章	领料人签章	数量	发料人签章	限额结余
1月2日	3	王丽	李洁	3	刘洋	9
1月10日	3	王丽	李洁	2	刘洋	7

日期	请领			实发		限额结余
	数量	领料单位负责人签章	领料人签章	数量	发料人签章	
1月15日	5	王丽	李洁	5	刘洋	2
1月25日	3	王丽	李洁	1	刘洋	1
合计	14			11		1

（3）汇总原始凭证。实际工作中，为了集中反映某项经济业务的总括情况，并简化记账凭证的填制工作，往往将一定时间内若干记录同类性质经济业务的原始凭证汇总编制成一张原始凭证，这种凭证称为汇总原始凭证，又称原始凭证汇总表。如收料凭证汇总表，工资汇总表，领料凭证汇总表等。汇总原始凭证所汇总的内容，只能是同类经济业务，即将反映同类经济业务的各原始凭证汇总编制一张汇总原始凭证，不能汇总两类或两类以上的经济业务，如表5-11为汇总原始凭证。

表5-11　发料凭证汇总表

年　月

用途 材料	生产成本		制造费用	管理费用	合计
	A产品	B产品			
原料及主要材料					
辅助材料					
修理用备件					
燃料					
合计					

主管：　　　　　　　　　　　　审核：　　　　　　　　　　　　制表：

3）原始凭证按其格式不同分类

原始凭证按其格式不同可以划分为通用凭证和专用凭证。

（1）通用凭证。指由有关部门统一印制，在一定范围内使用的具有统一格式和使用方法的原始凭证。如某市印制的发货票、收据等。

（2）专用凭证。指由各单位自行印制，在本单位内部使用的凭证。如"领料单"、"收料单"、"折旧计算表"等。

通过以上按不同标准对原始凭证进行分类，从中可以看出它们之间是相互联系的，如"收据"对收款方来说是自制凭证，但对付款方来说是外来凭证，同时它又是一次凭证和通用凭证。

2. 原始凭证的基本内容

经济业务的内容是多种多样的，记录经济业务的原始凭证的名称、格式及内容也各不相同。但每一种原始凭证都必须客观地、真实地记录和反映经济业务的发生和完成情况，都必须明确有关单位、部门及人员的经济责任。为了保证会计记录真实可靠、内容完整、手续完备、责任明确，根据《会计基础工作规范》第四十八条规定原始凭证的内容必须具备以下几个方面。

（1）原始凭证的名称。如发票、领料单等。反映了原始凭证所记录的经济业务内容的种类，明确原始凭证的用途。

（2）填制凭证的日期。填制原始凭证的日期一般是业务发生或完成的日期。如果在业务发生或完成时，因各种原因未能及时填制原始凭证的，应以实际填制日期为准。

（3）填制凭证单位名称或者经办人员的签名或盖章。主要是据以明确经济责任。

（4）接受原始凭证单位名称，实际工作中也称为"抬头"。完整的原始凭证必须要载明接受原始凭证单位的名称。

（5）交易或事项的主要内容，如摘要、用途、计量单位、数量、单价等。

（6）交易或事项所涉及的大小写金额。

请注意

除上述基本内容外，为了满足经营管理的需要，可以增加必要的内容，如某些原始凭证上注明计划定额、合同编号等。为了加强宏观管理，各有关主管部门应当为同类经济业务设计统一的原始凭证格式。例如，由中国人民银行设计统一的银行结算凭证、由税务部门设计统一的发票，等等。此外，原始凭证一般还需要载明凭证的附件和凭证编号。

（二）记账凭证

记账凭证又称记账凭单，或分录凭单，是会计人员根据审核无误的原始凭证按照经济业务事项的内容加以归类、整理，并确定会计分录而编制的会计凭证，是登记账簿的直接依据。

在实际工作中，为了便于登记账簿，需要将来自不同的单位、种类繁多、数量庞大、格式大小不一的原始凭证加以归类、整理，填制具有统一格式的记账凭证，并将相关的原始凭证附在记账凭证后面。记账凭证是会计人员根据审核无误的原始凭证编制的。

1. 记账凭证的种类

1）记账凭证按其用途不同分类

记账凭证按其用途的不同，可分为专用记账凭证和通用记账凭证。

（1）专用记账凭证

专用记账凭证是指分类反映经济业务的记账凭证。专用凭证按其所记录的经济业务与现金和银行存款的收付有无关系，又分为收款凭证、付款凭证和转账凭证三种。收款凭证、付款凭证和转账凭证是分别用来记录货币资金收入事项、或货币资金支出事项和转账业务（与货币资金收支无关的业务）。为便于识别，各种记账凭证一般都印刷成不同颜色。在会计实务中，某项经济业务既涉及货币资金收入业务，又涉及货币资金支出业务，比如现金和银行存款之间的划转业务。为了避免记账重复，对于这类业务一般只编制付款凭证，从银行提取现金时，编制银行存款付款凭证；将现金送存银行时，只编制库存现金付款凭证。

① 收款凭证。是指用于记录货币资金增加的交易或事的记账凭证。它是由出纳人员根据审核后的库存现金和银行存款的收入业务的原始凭证编制，据以作为登记现金和银行存款等有关账簿的依据。收款凭证可分为库存现金收款凭证和银行存款收款凭证，格式如表5-12所示。

表 5–12 收款凭证

贷方科目：银行存款（库存现金）　　　　××年　月　日　　　　　　　　　　字　号

摘　要	应贷科目		记账符号	金　额								
	一级科目	二级和明细科目		百	十	万	千	百	十	元	角	分
	合计（大写）											

会计主管：　　　　记账：　　　　出纳：　　　　审核：　　　　制单：

②付款凭证。用于记录库存现金和银行存款减少业务的会计凭证，根据审核后的货币资金支出原始凭证填制而成。付款凭证可分为库存现金付款凭证和银行存款付款凭证。付款凭证是登记现金日记账、银行存款日记账及有关明细账和总账等账簿的依据，格式如表 5–13 所示。

表 5–13 付款凭证

贷方科目：银行存款（库存现金）　　　　××年　月　日　　　　　　　　　　字　号

摘　要	应贷科目		记账符号	金　额								
	一级科目	二级和明细科目		百	十	万	千	百	十	元	角	分
	合计（大写）											

会计主管：　　　　记账：　　　　出纳：　　　　审核：　　　　制单：

③转账凭证。用于记录不涉及库存现金和银行存款业务的会计凭证，根据有关转账业务的原始凭证或记账编制凭证填制而成，转账凭证是登记总分类账及有关明细分类账的依据，格式如表 5–14 所示。

表 5–14 转账凭证

　　　　　　　　　　　　　　　年　月　日　　　　　　　　　　字　号

摘　要	会计科目		过账	借方金额	贷方金额
	一级科目	二级和明细科目			

会计主管：　　　　记账：　　　　出纳：　　　　审核：　　　　制单：

（2）通用记账凭证。

通用记账凭证是指用来反映所有经济业务的记账凭证，为各类经济业务所共同使用，因此也称标准凭证，其格式一般同转账凭证的格式相同。采用通用记账凭证的单位，不再根据交易或事项的内容分别填制收款凭证、付款凭证和转账凭证。经济业务比较简单的单位，为了简化可以使用通用记账凭证，记录所发生的各种经济业务。

2）记账凭证按其包括的会计科目是否单一分类

记账凭证按其包括的会计科目是否单一，分为复式记账凭证和单式记账凭证两类。

（1）复式记账凭证。

复式记账凭证是把一项经济业务完整地填列在一张记账凭证上，即该项经济业务所涉及的所有会计科目及其发生额均在一张记账凭证中集中反映。

（2）单式记账凭证。

单式记账凭证又称单项记账凭证，是每一张记账凭证只填列经济业务事项所涉及的一个会计科目及其金额的记账凭证。填列借方科目的称为借项记账凭证，填列贷方科目的称为贷项记账凭证。

3）记账凭证按其是否经过汇总分类

记账凭证按其是否经过汇总，可以分为汇总记账凭证和非汇总记账凭证。

（1）汇总记账凭证。

汇总记账凭证是根据同类记账凭证定期加以汇总而重新编制的记账凭证，目的是为了简化登记总分类账的手续。汇总的记账凭证根据汇总方法的不同，可分为分类汇总凭证和全部汇总凭证两种。

① 分类汇总凭证。分类汇总凭证是根据一定期间的记账凭证按其种类分别汇总填制的。

② 全部汇总凭证。全部汇总凭证是根据一定期间的记账凭证全部汇总填制的。

（2）非汇总记账凭证。

非汇总记账凭证是没有经过汇总的记账凭证，前面介绍的收款凭证、付款凭证和转账凭证及通用记账凭证都是非汇总记账凭证。

2. 记账凭证的内容

（1）记账凭证的名称。如"收款凭证"、"付款凭证"、"转账凭证"或不分收、付、转业务的"记账凭证"。

（2）记账凭证的日期。日期一般应为填制记账凭证当天的日期。

（3）记账凭证的编号。给记账凭证编号是必不可少的，它可分清会计处理的先后顺序，便于记账、查账，具体编号方法下述。

（4）经济业务的内容摘要。用来说明经济业务的性质和内容，既要表述清楚，又要简明扼要。

（5）相关会计分录和记账方向。即应借应贷的会计科目和金额。

（6）所附原始凭证的张数。记账凭证必须附有原始凭证，但结账和更正错账的记账凭证除外。

（7）有关人员的签章。凡是与记账有关的人员，包括会计主管、稽核、记账和制单人员，都要在记账凭证上签字。如果是收、付款凭证，还要有出纳人员签章。这样做主要是为了便于明确有关人员责任。

第二节 原始凭证的填制和审核

一、原始凭证填制的基本要求

原始凭证是具有法律效力的证明文件，是进行会计核算的依据，必须认真填制。为了保证原始凭证能清晰地反映各项经济业务的真实情况，填制原始凭证必须符合下列基本要求。

（1）记录真实。原始凭证上填制的日期、经济业务内容、数量和金额等必须符合经济业务发生或完成的实际情况，不得弄虚作假，确保凭证内容真实可靠。

（2）内容完整。原始凭证必须按规定的格式和内容填写齐全，应该填写的项目要逐项填写，不可缺漏。应具备的内容有：凭证的名称；填制凭证的日期；填制凭证单位名称或者填制人姓名；经办人员签名或者盖章；接受凭证单位名称；经济业务内容、数量、单价和金额；由经办业务的人员签字盖章。如果内容不齐备，则不能作为经济业务的合法证明，也不能作为有效的会计凭证。

（3）手续完备。单位自制的原始凭证必须有经办业务的部门和人员签名盖章；对外开出的凭证必须加盖本单位的公章或财务专用章；从外部取得的原始凭证必须有填制单位公章或财务专用章；支付款项的原始凭证须有收款单位和收款人的收款证明；出纳人员在办理收款或付款业务后，应在原始凭证上加盖"收讫"或"付讫"的戳记，以避免重收或重付。总之，取得的原始凭证必须符合手续完备的要求，以明确经济责任，确保凭证的合法性、真实性。

（4）填制及时。所有业务的有关部门和人员，应当根据经济业务的执行与完成情况及时填写原始凭证，做到不拖延、不积压。

（5）编号连续。原始凭证要顺序连续或分类编号，在填制时要按照编号的顺序使用，跳号的凭证要加盖"作废"戳记，连同存根一起保管，不得撕毁。

（6）格式规范。原始凭证要用蓝色或黑色笔书写，凭证中的文字、数字的书写都要清晰、工整、规范，做到字迹端正、易于辨认。复写的凭证必须用双面复写纸套写；不得涂改、挖补，发现原始凭证有错误的，应当由开出单位重开或者更正，更正处应当加盖开出单位的公章；一式几联的原始凭证，应当注明各联的用途，只能以一联作为报销凭证。

二、原始凭证的审核

原始凭证种类繁多、来源各异，可能会有伪造、虚假、错误等情况发生，为了正确反映和监督各项经济业务，财务部门对取得的原始凭证，必须进行严格审核和核对，保证核算资料的真实、合法、完整。

对原始凭证进行审核，是确保会计数据质量的重要措施之一，也是会计机构、会计人员的重要职责。

（1）会计机构、会计人员必须审核原始凭证，这是法定职责。

（2）会计机构、会计人员审核原始凭证应当按照国家统一的会计制度的规定进行，也就是说，会计机构、会计人员审核原始凭证的具体程序、要求，应当由国家统一的会计制度规定，会计机构、会计人员应当据此执行。

（3）会计机构、会计人员对不真实、不合法的原始凭证，有权不予受理，并向单位负责人报告，请求查明原因，追究有关当事人的责任；对记载不准确、不完整的原始凭证予以退回，并要求经办人员按照国家统一的会计制度的规定进行更正、补充，从而既明确了会计机构、会计人员的职责和要求，也明确了单位负责人、填制或取得原始凭证的经办人员的职责和要求。

（一）原始凭证审核的内容

具体来说，原始凭证审核主要有以下几个方面。

（1）正确性审核。摘要、金额是否填写清楚，数字计算是否正确，金额大、小写是否一致等。

（2）合法性审核。即原始凭证所反映的经济业务是否符合国家颁发的有关财经法规、财会制度，有无贪污盗窃、虚报冒领、伪造凭证等违法乱纪现象，有无不经济、违反计划和标准的要求，等等。

（3）完整性审核。根据原始凭证的基本内容，逐项审核原始凭证的内容是否完整，原始凭证的各项目是否填写齐全，有关经办人员是否都已签章，是否经过主管人员审批同意等。

（二）审核后原始凭证的处理

（1）对于完全符合要求的原始凭证，应及时据以编制记账凭证并登记账簿。

（2）对于真实、合法、合理但内容不全或数字计算不正确的原始凭证，应退回给有关经办人员，由其负责将有关凭证补充完整、更正错误或重开后，再办理正式会计手续。

（3）对于弄虚作假、徇私舞弊、伪造、涂改或经济业务不真实、不合法的原始凭证，会计机构、会计人员有权拒绝受理，并向单位负责人报告。

请注意

从外单位取得的原始凭证如果丢失，应当取得原单位盖有公章的证明，并注明原来凭证的号码、金额和内容等，由经办单位会计机构负责人和单位负责人批准后，方可代做原始凭证。如果确实无法取得证明的，如火车、轮船、飞机票等凭证，应由当事人写出详细情况，由会计机构负责人和单位负责人批准后，代做原始凭证。

第三节　记账凭证的填制与审核

一、记账凭证填制的基本要求

（1）内容完整。

记账凭证各项内容必须完整，应包括以下内容。

① 记账凭证的名称。

② 记账凭证的日期。

③ 记账凭证的编号。

④ 经济业务事项的内容摘要。

⑤ 经济业务事项所涉及的会计科目及其记账方向。

⑥ 经济业务事项的金额。

⑦ 所附原始凭证的张数。

⑧ 有关人员的签章。

（2）附件齐全。

记账凭证所附的原始凭证必须完整无缺，并在记账凭证上注明原始凭证的张数，以便核对摘要及所编会计分录是否准确无误。如果一张原始凭证涉及几张记账凭证，可以把原始凭证附在一张主要的记账凭证后面，并在摘要栏内注明"本凭证附件包括××号记账凭证业务"字样，在其他记账凭证上注明"原始凭证附在××号记账凭证后面"字样。没有原始凭证，而只有复印件的，不能作为填制记账凭证的依据。

除结账和更正错误，记账凭证必须附有原始凭证并注明原始凭证的张数。计算和填写所附原始凭证的张数计算方法有以下两种。

① 按附原始凭证的自然张数计算，有几张算记账。

② 以原始凭证汇总表的作为附件，可将原始凭证汇总表张数作为记账凭证的附件张数，再把原始凭证作为原始凭证汇总表的张数处理。

对于汽车票、火车票等外形较小的原始凭证，可粘贴在"凭证粘贴单"上，作为一张原始凭证附件。但在粘贴单上应注明所粘贴原始凭证的张数和金额。

实际工作中记账凭证所附的原始凭证种类繁多，为了便于日后的装订和保管，在填制记账凭证的时候应对附件进行必要的外形加工。过宽过长的附件，应进行纵向和横向的折叠。折叠后的附件外形尺寸，不应长于或宽于记账凭证，同时还要便于翻阅；附件本身不必保留的部分可以裁掉，但不得因此影响原始凭证内容的完整；过窄过短附件，不能直接装订时，应进行必要的加工后再粘贴于特制的原始凭证粘贴纸上，然后再装订粘贴纸。

（3）编号连续。

记账凭证应根据业务发生的顺序按月连续编号，即每月都从 1 号编起，顺序编至月末。记账凭证编号的方法有以下几种。

① 将财会部门内的全部记账凭证作为一类统一编号，编为记字第××号。

② 按现金收付、银行存款收付和转账业务三类别编号，即"现字第×号"、"银字第×号"、"转字第×号"。

③ 是按现金收入、现金支出、银行存款收入、银行存款支出和转账五类进行编号，即"现收字第×号"、"银收字第×号"、"现付字第×号"、"银付字第×号"、"转字第×号"。记账凭证的编号，可以在填写记账凭证的当日填写，也可以在月末或装订凭证时填写。记账凭证无论是统一编号还是分类编号，均应分月份按自然数字顺序连续编号。通常，一张记账凭证编一个号，不得跳号、重号。一笔经济业务需填制两张以上记账凭证的，可采用分数编号法编号。例如，某一笔经济业务须编制三张转账凭证，该凭证的顺序号为第 7 号时，这三张凭证的编号应分别为"转"字第 $7\frac{1}{3}$ 号、$7\frac{2}{3}$ 号、$7\frac{3}{3}$ 号。每月最后一张记账凭证的编号旁边可加注"全"字，以免凭证散失。

（4）正确编制会计分录并保证借贷平衡。必须按会计制度统一规定的会计科目填写，不得任意简化或改动，不得只写科目编号，不写科目名称；凡有二级科目和明细科目者，必须填写齐全。应借、应贷的记账方向和账户对应关系必须清楚。

（5）摘要简明扼要，并与原始凭证内容一致，能正确反映经济业务的主要内容。

（6）只涉及现金和银行存款之间收入或付出的经济业务，应以付款业务为主，只填制付款凭证，不填制收款凭证，以免重复。

（7）记账凭证填制完经济业务事项后，如有空行，应当在金额栏自最后一笔金额数字下空行处至合计数上的空行处划线注销。

（8）错误凭证更正。

① 如果在填制记账凭证时发生错误，应当重新填制。

② 记账之前发现记账凭证有错误，应重新编制正确的记账凭证，并将错误凭证作废或撕毁。

③ 已经登记入账的记账凭证。

在当年内发现填写错误时，可以用红字填写一张与原内容相同的记账凭证，在摘要栏注明"注销某月某日某号凭证"字样，同时再用蓝字重新填制一张正确的记账凭证，注明"订正某月某日某号凭证"字样。如果会计科目没有错误，只是金额错误，如果错误的金额大于正确的金额，只需要将正确数字与错误数字之间的差额，另编一张调整的记账凭证，用红字填写，表明调减；如果错误的金额小于正确的金额，需要将正确数字与错误数字之间的差额，用蓝字另编一张调整的记账凭证，表示调增。

发现以前年度记账凭证有错误的，应当用蓝字填制一张更正的记账凭证。

（9）实行会计电算化的单位，其机制记账凭证应当符合对记账凭证的一般要求，并应认真审核，做到会计科目使用正确，数字准确无误。打印出来的机制记账凭证上，要加盖制单人员、审核人员、记账人员和会计主管人员印章或者签字，以明确责任。

（10）一张原始凭证所列的支出需要由两个以上的单位共同负担时，应当由保存该原始凭证的单位开给其他应负担单位原始凭证分割单。原始凭证分割单必须具备原始凭证的基本内容：凭证名称、填制凭证日期、填制凭证单位名称或者填制人姓名、经办人的签名或者盖章、接受凭证单位名称、经济业务内容、数量、单价、金额和费用的分摊情况等。

（11）记账凭证的日期应为凭证编制日期，而不是业务发生时间。

（12）记账凭证可以根据每一张原始凭证填制，或根据若干张同类原始凭证汇总编制，也可以根据原始凭证汇总表填制，但不得将不同内容和类别的原始凭证汇总填制一张记账凭证。

📢 请注意

记账凭证填制完成后，一般应由填制人员、审核人员、会计主管人员、记账人员分别签名盖章，以示其经济责任，防止错误和舞弊行为的发生。对于收款凭证及付款凭证，还应由出纳人员签名盖章，以证明款项已收讫或付讫。

二、记账凭证的填制方法

记账凭证的种类不同，其填制方法也各有不同，各种记账凭证的基本填制方法如下所示。

（一）专用记账凭证的填制方法

专用记账凭证按其反映的经济业务是否与货币资金有关，可以分为收款凭证、付款凭证和转账凭证。为便于识别，各种记账凭证一般印制成不同的颜色。

1. 收款凭证的填制

收款凭证是用来记录现金和银行存款等货币资金收款业务的记账凭证。是根据有关现金和银行存款收入业务的原始凭证填制的。

在借贷记账法下收款凭证左上方所填列的借方科目借方科目，填写"库存现金"或"银行存款"科目；在凭证内所反映的贷方科目，应填列与"库存现金"或"银行存款"相对应的科目；日期填写的是填制本凭证的日期；右上角填写填制收款凭证的顺序号；"摘要"栏应填写所记录的经济业务的简要内容；金额栏填列经济业务实际发生的数额；"记账"是指根据该凭证入账后要在该栏作"√"符号或注明登记入账的页数，以备查考，并防止重复记账或漏记；在凭证的右侧填写附原始凭证张数，并在出纳及制单处签名或盖章。

【例 5-1】甲公司 2012 年 1 月 8 日，收到丙公司原欠货款 10 000 元，存入银行。应填制收款凭证，如表 5-15 所示。

表 5-15 收款凭证

借方科目：银行存款　　　　　　　　　　　　　2012 年 1 月 8 日　　　　　　　　　　　　　银收字第 5 号

摘　要	贷方科目		金　额									记账符号	附凭证1张
	总账科目	明细科目	十	万	千	百	十	元	角	分			
收到乙公司前欠货款	应收账款	丙公司		1	0	0	0	0	0	0			
合　计　金　额			¥	1	0	0	0	0	0	0			

会计主管　王丽　　　　记账　刘丹　　　　出纳　刘佳　　　　制单　李华　　　　审核　杨娜

2. 付款凭证的填制方法

付款凭证是用来记录现金和银行存款等货币资金付款业务的记账凭证，它是根据现金和银行存款付款业务的原始凭证填制的。

在借贷记账法下，付款凭证的设证科目是贷方科目，在付款凭证左上方所列的贷方科目，应是"库存现金"或"银行存款"科目。在凭证内所反映的借方科目，应填列与"库存现金"或"银行存款"相对应的科目；金额栏填列经济业务实际发生的数额；在凭证的右侧填写所附原始凭证的张数。实际工作中，出纳人员应根据审核批准的付款凭证付款，并作为记录货币资金支出的依据。出纳人员根据付款凭证付款时，要在凭证上加盖"现金付讫"戳记，以免重付。

注：现金与银行存款之间的划转业务只编制付款凭证。如从银行提取现金只编制银行存款付款凭证；将现金存入银行则只编制现金付款凭证。

【例 5-2】2012 年 1 月 8 日，甲公司采购员张三预借差旅费 1 000 元，以现金支付。应填制如下付款凭证，如表 5-16 所示。

表 5-16 付款凭证

贷方科目：库存现金　　　　　　　　　　　　　2012 年 1 月 8 日　　　　　　　　　　　　　现付字第 3 号

摘　要	贷方科目		金　额									记账符号	附凭证1张
	总账科目	明细科目	十	万	千	百	十	元	角	分			
张三出差预借差旅费	其他应收款	张三			1	0	0	0	0	0			
合　计　金　额				¥	0	0	0	0	0	0			

会计主管　王丽　　　　记账　刘丹　　　　出纳　刘佳　　　　制单　李华　　　　审核　杨娜

【**例 5-3**】2012 年 1 月 10 日，甲公司从银行提取现金 3 000 元备用。应填制一张银行存款付款凭证，如表 5-17 所示。

表 5-17 付款凭证

贷方科目：银行存款 　　　　　　　　2012 年 1 月 10 日 　　　　　　　　银付字第 10 号

摘　要	贷 方 科 目		金　额								记账符号	附凭证1张
	总账科目	明细科目	十	万	千	百	十	元	角	分		
从银行提取现金	库存现金				3	0	0	0	0	0		
合　计　金　额					¥	3	0	0	0	0	0	

会计主管 **王丽** 　　　记账 **刘丹** 　　　出纳 **刘佳** 　　　制单 **李华** 　　　审核 **杨娜**

3. 转账凭证的填制方法

转账凭证是用来记录与现金、银行存款等货币资金收付款业务无关的转账业务的凭证，根据有关转账业务的原始凭证填制而成。

转账凭证的填制方法与收付款凭证有不同之处，是将经济业务所涉及的会计科目全部填列在凭证内，借方科目在先，贷方科目在后，将各会计科目所记应借应贷的金额填列在"借方金额"或"贷方金额"栏内。"借方金额"栏合计数与"贷方金额"栏合计数应相等。制单人应在填制凭证后签名盖章，并在凭证的右侧填写所附原始凭证的张数。

【**例 5-4**】2012 年 1 月 15 日，车间领用价值为 5 000 元的 A 材料，其中生产甲产品领用 3 000 元，车间一般耗用 2 000 元，填制的转账凭证如表 5-18 所示。

表 5-18 转账凭证

2012 年 1 月 15 日 　　　　　　　　转字第 57 号

摘　要	总账科目	明细科目	借 方 金 额								贷 方 金 额								记账符号	附凭证2张
			十	万	千	百	十	元	角	分	十	万	千	百	十	元	角	分		
生产领用 A 材料	生产成本	甲产品			3	0	0	0	0	0										
	制造费用	材料费			2	0	0	0	0	0										
	原材料	甲材料											5	0	0	0	0	0		
合　计　金　额			¥	5	0	0	0	0	0		¥	5	0	0	0	0	0			

会计主管 **王丽** 　　　记账 **刘丹** 　　　出纳 **刘佳** 　　　制单 **李华** 　　　审核 **杨娜**

（二）通用记账凭证的填制方法

通用记账凭证是记录各种经济业务的凭证。采用通用记账凭证的单位，不再填制专用记账凭证。通用记账凭证的格式与转账凭证相同，其填制方法也与转账凭证一致。

三、记账凭证的审核

记账凭证是登记账簿的直接依据，为了保证账簿记录的正确性，提供准确无误的会计信息，记账凭证编制以后，必须由专人进行审核。记账凭证审核的基本内容包括以下几项。

（1）记账凭证是否附有原始凭证，记账凭证的内容是否与所附原始凭证的内容一致等。

（2）项目是否齐全。审核记账凭证各项目的填写是否齐全，如日期、凭证编号、摘要、金额、所附原始凭证张数及有关人员签章等。

（3）金额是否正确。审核记账凭证所记录的金额与原始凭证的有关金额是否一致、计算是否正确，记账凭证汇总表的金额与记账凭证的金额合计是否相符等。

（4）科目是否正确。记账凭证中所列的应借应贷的会计科目是否正确，二级或明细科目是否齐全；账户对应关系是否清晰，有关人员是否签章。

（5）书写是否规范。审核记账凭证中的文字是否工整、数字是否清晰，是否按规定进行更正等。

在审核中若发现记账凭证填制有错误，应查明原因，并按规定的方法及时加以更正或重填。只有经审核无误的记账凭证，才能作为登记账簿的依据。

第四节　会计凭证的传递和保管

会计凭证的传递，是指各种会计凭证从填制开始记账到归档保管为止的全部过程，在单位内部各有关部门及人员之间的传递程序、传递时间和传递路线。

一、会计凭证传递

（一）会计凭证传递的作用

为了能够利用会计凭证，及时反映各项经济业务，提供会计信息，发挥会计监督的作用，必须正确、及时地进行会计凭证的传递。会计凭证传递程序是企业管理规章制度重要的组成部分，传递程序的科学与否，说明该企业管理的科学程序，其作用主要包括以下几个方面。

1. 有利于完善经济责任制度

经济业务的发生或完成及记录，是由若干责任人共同负责，分工完成的。会计凭证作为记录经济业务、明确经济责任的书面证明，体现了经济责任制度的执行情况。单位会计制度可以通过会计凭证传递程序和传递时间的规定，进一步完善经济责任制度，使各项业务的处理顺利进行。

2. 有利于及时进行会计记录

从经济业务的发生到账簿登记有一定的时间间隔，通过会计凭证的传递，使会计部门尽早了解经济业务发生和完成情况，并通过会计部门内部的凭证传递，及时记录经济业务，进行会计核算。

（二）会计凭证的传递

在制定会计凭证传递程序和方法时，应当注意考虑下列三个问题。

（1）要根据经济业务的特点，企业内部机构的设置和人员分工的情况，以及经营管理上的需要，恰当地规定各种会计凭证的联次和所流经的必要环节，做到既要使各有关部门和人员能利用凭证了解经济业务情况，并按照规定手续进行处理和审核，提高工作效率。

（2）要根据有关部门和人员对经济业务办理必要手续（如计量、检验、审核、登记等）的需要，确定凭证在各个环节停留的时间，以便合理确定办理经济业务的最佳时间，及时反映、记录经济业务的发生和完成情况。

（3）建立凭证交接的签收制度。

二、会计凭证的保管

会计凭证的保管是指会计凭证记账后的整理、装订和归档存查。会计凭证是重要的会计档案和经济资料，是记账的依据，每个单位都要建立保管制度，妥善保管。

（一）会计凭证的日常保管

（1）各种会计凭证要分门别类、按照编号顺序整理连同所附原始凭证，装订成册，防止散失。

（2）会计凭证封面应注明单位名称、所属年度、月份、凭证种类、凭证张数、起止号数、会计主管人员、装订人员等有关事项，会计主管人员和保管人员应在封面上签章。

（3）会计凭证应加贴封条，防止抽换凭证。

（4）原始凭证较多时可单独装订，但应在凭证封面注明所属记账凭证的日期、编号和种类，同时在所属的记账凭证上应注明"附件另订"及原始凭证的名称和编号，以便查阅。

（5）严格遵守会计凭证的保管期限要求，期满前不得任意销毁。

（二）会计凭证的归档

装订成册的会计凭证，年度终了，应交财会档案室登记归档。保管人员应当按照会计档案管理的要求，对装订成册的会计凭证按年份月顺序排列，以便查阅。

作为会计档案，会计凭证不得外借，其他单位如因特殊原因需要使用原始凭证时，经本单位领导批准可以复制。向外单位提供的会计凭证复制件，应在备查簿中登记，由提供人和收取人共同签章。

三、会计凭证的销毁

根据《会计档案管理办法》的规定，会计凭证的保管期限一般是 15 年，涉及外事及对私改造的有关会计凭证，长期保管。未满保管期限的会计凭证不得任意销毁，按规定可以销毁的会计凭证，销毁时应办理如下手续。

（1）由本单位档案机构会同会计机构提出销毁意见，编制销毁清册，列明所销毁的会计凭证的名称、卷号、册数、起止年度、档案编号、应保管期限、已保管期限和销毁的时间，等等。

（2）由单位负责人在销毁清册上签署意见。

（3）销毁时，应由档案机构和会计机构共同派员监督。

（4）监销人员在会计凭证销毁前，应当按照销毁清册所列的内容清点核对所要销毁的会计凭证；销毁后，应当在销毁清册上签名盖章，并将监销情况报告本单位负责人。

本 章 小 结

填制会计凭证是一项基础性的工作，对会计核算过程、会计信息质量等起至关重要的作用。任何会计信息都需要会计凭证来记录和反映。会计凭证按照填制的程序和用途不同，一般可分为原始凭证和记账凭证两种。

填制原始凭证，要由填制人员将各项原始凭证要素按规定方法填写齐全，办妥签章手续，明确经济责任。财务部门对取得的原始凭证，必须进行严格审核和核对，保证核算资料的真实、合法、完整。只有经过审查无误的凭证，方可作为编制记账凭证和登记账簿的依据。

记账凭证作为登记会计账簿直接依据的一种会计凭证。填制与审核记账凭证是会计核算的方法之一。记账凭证按其使用范围分可为通用记账凭证和专用记账凭证。专用记账凭证按其所记录的经济业务是否与货币资金收付有关又可分为收款凭证、付款凭证和转账凭证三种。记账凭证的填写必须符合要求：依据正确、内容完整、分类正确、顺序编号等，填制好的记账凭证还需进行认真审核，确定无误后才能据以登账。为了提高会计核算资料的及时性，加强责任管理，实行会计监督，必须正确合理的组织会计凭证的传递。会计凭证是单位重要的档案，应按规定进行保管，不得随意出借、销毁。

本 章 习 题

一、单项选择题

1. 下列原始凭证属于外来原始凭证的是（　　）。

    A. 入库单　　　　　　B. 出库单　　　　　C. 银行收账通知单　　D. 领料汇总表

2. "工资结算汇总表"是一种（　　）。

    A. 一次凭证　　　　　B. 累计凭证　　　　　C. 汇总凭证　　　　　D. 复式凭证

3. 原始凭证是由（　　）取得或填制的。

    A. 总账会计　　　　　　　　　　　　　　　B. 业务经办单位或人员

    C. 会计主管　　　　　　　　　　　　　　　D. 出纳人员

4. 销售产品收到商业汇票一张，应该填制（　　）。

    A. 银收字记账凭证　　　　　　　　　　　　B. 现付字记账凭证

    C. 转账凭证　　　　　　　　　　　　　　　D. 单式凭证

5. 下列不能作为会计核算的原始凭证的是（　　）。

    A. 发货票　　　　　　B. 合同书　　　　　C. 入库单　　　　　　D. 领料单

6. 货币资金之间的划转业务只编制（　　）。

    A. 付款凭证　　　　　B. 收款凭证　　　　　C. 转账凭证　　　　　D. 记账凭证

7. 原始凭证是在（　　）时取得的。

    A. 经济业务发生　　　B. 填制记账凭证　　　C. 登记总账　　　　　D. 登记明细账

8. （　　）是会计工作的起点和关键。

    A. 填制和审核会计凭证　　　　　　　　　　B. 编制会计分录

    C. 登记会计账簿　　　　　　　　　　　　　D. 编制会计报表

9. 下列不属于原始凭证的是（　　）。

    A. 销货发票　　　　　　　　　　　　　　　B. 差旅费报销单

    C. 现金收据　　　　　　　　　　　　　　　D. 银存款余额调节表

10. 下列属于汇总原始凭证（或原始凭证汇总表）的有（　　）。

    A. 销货发票　　　　　　　　　　　　　　　B. 领料单

    C. 限额领料单　　　　　　　　　　　　　　D. 发料凭证汇总表

二、多项选择题

1. 会计凭证按其填制的程序和用途的不同，可分为（　　）。

    A. 原始凭证　　　　　B. 记账凭证　　　　　C. 一次凭证　　　　　D. 积累凭证

2. 记账凭证按其反映经济业务内容的不同，可分为（　　）。

    A. 一次凭证　　　　　B. 付款凭证　　　　　C. 收款凭证　　　　　D. 转账凭证

3. "收料单"是（　　）。

    A. 外来原始凭证　　　B. 自制原始凭证　　　C. 一次凭证　　　　　D. 累计凭证

4. "限额领料单"是（　　）。

    A. 外来原始凭证　　　B. 自制原始凭证　　　C. 一次凭证　　　　　D. 累计凭证

5. 原始凭证应具备的基本内容有（　　）。

    A. 原始凭证的名称和填制日期　　　　　B. 接受凭证单位名称

    C. 经济业务的内容　　　　　　　　　　D. 数量、单价和大小写金额

6. 收款凭证中"借方科目"可能涉及的账户有（　　）。

    A. 现金　　　　　　　B. 银行存款　　　　　C. 应付账款　　　　　D. 应收账款

7. 记账凭证必须具备的基本内容有（　　）。

    A. 记账凭证的名称　　　　　　　　　　B. 填制日期和编号

    C. 经济业务的简要说明　　　　　　　　D. 会计分录

8. 对记账凭证审核的要求有（　　）。

    A. 内容是否真实　　　B. 书写是否正确　　　C. 科目是否正确　　　D. 金额是否正确

9. 下列经济业务中，应填制转账凭证的是（　　）。

    A. 国家以厂房对企业投资　　　　　　　B. 外商以货币资金对企业投资

    C. 购买材料未付款　　　　　　　　　　D. 销售商品收到商业汇票一张

10. 下列经济业务中，应填制付款凭证的是（　　）。

    A. 提现金备用　　　　　　　　　　　　B. 购买材料预付定金

    C. 购买材料未付款　　　　　　　　　　D. 以存款支付前欠某单位账款

三、判断题

1. 任何会计凭证都必须经过有关人员的严格审核，确认无误后，才能作为记账的依据。

           （　　）

2. 原始凭证和记账凭证都是具有法律效力的证明文件。　　　　　　　　（　　）

3. 采用累计原始凭证可以减少凭证的数量和记账的次数。　　　　　　　（　　）

4. 一张累计凭证可连续记录所发生的经济业务。　　　　　　　　　　　（　　）

5. 记账凭证的编制依据是审核无误的原始凭证。　　　　　　　　　　　（　　）

6. 会计凭证的保管期满以后，企业可自行进行处理。　　　　　　　　　（　　）

7. 原始凭证所要求填列的项目必须逐项填列齐全，不得遗漏和省略，年、月、日要按照经济业务发生的实际日期填写。　　　　　　　　　　　　　　　　　（　　）

8. 原始凭证上面可以不需写明填制日期和接受凭证的单位名称。　　　　（　　）

9. 原始凭证必须按规定的格式和内容逐项填写齐全，同时必须由经办业务的部门和人员签字盖章。　　　　　　　　　　　　　　　　　　　　　　　　　（　　）

10. 有关现金、银行存款收支业务的凭证，如果填写错误，不能在凭证上更改，应加盖作废戳记，重新填写，以免错收错付。　　　　　　　　　　　　　　　（　　）

本 章 实 训

一、练习原始凭证的填制

甲公司为增值税一般纳税人，纳税人登记号 56245986021，开户银行：建设银行大河办事处，账号 265489111。地址：新华街 36 号。

2012 年 1 月，该公司发生下列业务，要求正确填制原始凭证。

1. 1 月 6 日，该公司出纳员王凌开出现金支票一张 1 000 元，从银行提取现金，以备零用，如表 5-19、表 5-20 所示。

表 5-19　现金支票存根

建设银行**现金支票存根**
支票号码　　2012231
科　目
对方科目
出票日期
收款人：
金　额：
用　途：
单位主管　　　　会计

表 5-20　现金支票

中国建设银行　现金支票　2012231

本支票付款期限十天

出票日期（大写）　年　月　日　付款行名称：建行大河办事处

收款人：　　　　　　　　　出票人账号：265489111

人民币（大写）	千	百	十	万	千	百	十	元	角	分

用途＿＿＿＿＿　　　　　　科目（借）

上列款项请从　　　　　　　对方科目（贷）

我账户内支付　　　　　　　付讫日期　年　月　日

出票人签章　　　　　　　　出纳　　复核　　记账

2. 1 月 7 号，销售 A 产品 100 台给东宁公司（地址：明月街 85 号；纳税人登记号 123456789；开户行及账号：工商银行明月街办事处，987654321），每台 2 000 元，共计价款 200 000 元，增值税 34 000 元。填制增值税专用发票，如表 5-21 所示。

表 5-21 河北省增值税专用发票

开票日期： 年 月 日   No 005625

购货单位	名 称					纳税人登记号														
	地址 电话					开户银行及账号														

商品或劳务名称	计量单位	数量	单价	金 额										税率%	税 额									
				千	百	十	万	千	百	十	元	角	分		千	百	十	万	千	百	十	元	角	分
合 计																								
价税合计（大写）																								

销货单位	名 称		纳税登记号	
	地址 电话		开户银行及账号	

收款人   开票单位：   结算方式：

3. 1月18日，收到市家电商场（账号：2145698363，开户行：建行十二支行）货款 34 500.00 元的转账支票一账，填制银行进账单存入该货款（进账单一式三联，其他各联略），如表 5-22 所示。

表 5-22 中国建设银行进账单（收账通知）

年 月 日   第 12 号

收款人	全 称		付款人	全 称											
	账 号			账 号											
	开户银行	建设银行大河办事处		开户银行											
人民币（大写）					千	百	十	万	千	百	十	元	角	分
票据种类：		票据张数： 张		收款人开户银行盖章											
单位主管 会计 复核 记账															

4. 1月23日，业务员陈红报销差旅费 1 180 元（起至日期 1月13日至 1月19日）。其中，火车票 2 张，金额 380 元（长沙到杭州的往返车票，每张 190 元），市内交通补助每天 10 元，共 80 元，住宿单据 4 张，金额 400 元，公出补助每天 60 元，共 420 元。陈红原借款 2 000 元，余款退回，由出纳员开出收据一张，如表 5-23、表 5-24 所示。

表 5-23   差旅费报销单

单位：   年 月 日

出差人				共 人		事 由						
出发时间			到达时间			火车票	车船飞机票	市内车费	住宿费	公出补助			其他	合计金额

月	日	地点	月	日	地点					天数	标准	金额		
		合 计												

合计人民币（大写）

单位领导	部门负责人	复核	报销人

表 5-24   收据

年 月 日

今 收 到				报销凭证
人民币（大写）		小写：		
事由：			现金	
			支票	
收款单位		财务主管	收款人	

5. 1 月 25 日，从大发公司购入的钢材（8 mm 线材）已验收入库：20 吨，单价每吨 1 500 元。填制材料入库单，如表 5-25 所示。

表 5-25   材料入库单

年 月 日

材料名称	规格	单位	数量	单价	金额	发货单位

财务主管：   供应科长：   验收：   采购员：

6. 1 月 31 日，材料核算员根据本月领料凭证编制本月发料凭证汇总表，如表 5-26～表 5-29 所示。

表 5-26　领料单

领料单位：生产车间

用　途：A产品　　　　　　2012 年 1 月 5 日　　　　　　No 23689

材料类别	材料名称及规格	计量单位	数　量		单价	金额
			请领	实领		
原料	圆钢　10 mm	吨	2	2	2 500	5 000

记账：张明　　　　　　　　　发料：陈洋　　　　　　　　　领料：刘东

表 5-27　领料单

领料单位：生产车间

用　途：机床维修　　　　　2012 年 1 月 10 日　　　　　No 23691

材料类别	材料名称及规格	计量单 位	数　量		单价	金额
			请领	实领		
辅助材料	铁皮	m²	4	4	200	800

记账：张丽　　　　　　　　　发料：贾芳　　　　　　　　　领料：张强

表 5-28　领料单

领料单位：管理部门

用　途：线路维修　　　　　2012 年 1 月 11 日　　　　　No 23694

材料类别	材料名称及规格	计量单位	数　量		单价	金额
			请领	实领		
辅助材料	电线	m	50	50	20	1 000

记账：张丽　　　　　　　　　发料：贾芳　　　　　　　　　领料：王立

表 5-29　发料凭证汇总表

年　月

用途 材料	生产产品耗用		车间一般耗用	行管部门耗用	合计
	A产品	B产品			
原料及主要材料					
辅助材料					
修理用备件					

续表

材料＼用途	生产产品耗用		车间一般耗用	行管部门耗用	合计
	A 产品	B 产品			
燃料					
合计					

主管　　　　　　　　　　　审核　　　　　　　　　　　制表

二、练习记账凭证的填制

1. 向诚信工厂购进 A 材料一批，货款 5 000 元和运杂费 200 元，已过银行存款支付，材料已验收入库，增值税率 17%。

2. 通过银行向华星公司预付材料货款 2 000 元。

3. 收到投资者追加投资 50 000 元存入银行。

4. 采购员陈大预借差旅费 500 元，以现金付讫。

5. 领用 A 材料一批，其中生产甲产品耗用 30 000 元，管理部门一般耗用 5 000 元。

6. 从银行提现金 20 000 元，备发工资。

7. 以现金 20 000 元发放职工工资。

8. 向 ST 红光公司销售甲产品一批，货款 100 000 元，增值税 17 000 元尚未收到。

9. 收到天元公司预付的货款 70 000 元，存入银行。

10. 采购员王冬回到公司报销差旅费 400 元，余款以现金交回。

11. 签发现金支票 200 元，支付行政管理部门办公费用。

12. 通过银行预付生产用房租金 3 000 元。

13. 以银行存款 450 元支付产品销售广告费。

14. 购货单位存入包装物押金，收到现金 20 元。

15. 以现金 400 元支付职工退休金。

16. 结算本月职工工资，其中生产甲产品工人工资 14 000 元，企管人员工资 6 000 元。

17. 计提生产用固定资折旧 3 000 元，行政管理部门用固定资产折旧 800 元。

18. 按规定预提固定资产修理费，其中车间修理费 600 元，管理部门修理费 400 元。

19. 摊销本月房屋租金 1 000 元。

20. 结转本月完工产品成本 20 000 元。

21. 结转已售产品生产成本 6 000 元。

22. 经批准将无法支付的应付账款 3 000 元转作营业外收入。

23. 计算本月应交所得税 6 000 元。

24. 结转各收支账户于"本年利润"。

25. 提取盈余公积金 5 000 元。

第六章　会 计 账 簿

☑【本章提要】

　　设置和登记账簿是会计核算工作的重要环节，在经济管理中具有重要作用。会计凭证提供的信息比较零散，不能满足经营管理的需要。为了全面了解单位在一定时期内发生的经济业务，取得经营管理所需要的会计信息，就必须设置和登记账簿。本章重点阐述：① 会计账簿的意义和种类；② 会计账簿的设置和登记；③ 结账和对账；④ 错账的查找和更正；⑤ 会计账簿的更换和保管。

☑【学习目标】

　　1. 了解登记账簿的一般要求；
　　2. 熟悉各种账簿的基本格式；
　　3. 熟练掌握各种账簿的登记方法与要求；
　　4. 能够正确、规范的登记各种总账、日记账、明细账。

☑【重点】

　　会计账簿的登记；错账的查找与更正。

☑【难点】

　　各种账簿的登记；错账的更正。

◤ 案例导入

　　新城公司的业务经理小王准备制订明年的销售计划，需要会计资料。小王请单位财会人员刘丹帮忙查询，提供所需信息。刘丹找出账簿开始查阅，由于账簿记录清晰、准确、完整，很快就找到了业务经理小王所需的信息。

想一想

　　会计账簿都有哪些种类？如何正确的使用会计账簿？

第一节　会计账簿的含义和种类

一、设置会计账簿的意义

（一）会计账簿的含义

　　会计账簿，简称账簿，是指由一定格式账页组成的，以经过审核的会计凭证为依据，全面、系统、连续地记录一定时期各项经济业务的簿籍。

各单位应当按照国家统一会计制度的规定和会计行业的需要设置会计账簿。

（二）设置和登记账簿的意义

设置和登记账簿，是对会计信息进行加工整理的一种专门方法，是编制会计报表的基础，是连接会计凭证和会计报表的中间环节，在会计核算中具有重要意义。

（1）为经营管理提供系统、完整的会计核算资料。

（2）是编制会计报表的主要依据，财务报表编制的是否正确及时，与会计账簿设置与登记质量有关。

（3）是进行会计分析的主要依据，利用账簿提供的核算资料，可以开展会计分析，评价企业经营成果的好坏。

设置和登记账簿是编制会计报表的重要基础，是连接会计凭证与会计报表的中间环节。

二、会计账簿的分类

由于各个单位的经济业务和经营管理的要求不同，账簿的种类也有所不同。为了便于了解和运用会计账簿，可以从不同角度对其进行分类。

（一）按用途的不同分类

按用途的不同，会计账簿可分为序时账簿、分类账簿和备查账簿。

1. 序时账簿

序时账簿也称日记账，它是指按照交易或事项发生时间的先后顺序逐日逐笔登记的账簿。序时账簿按其记录内容的不同，又可分为普通日记账和特种日记账。

（1）普通日记账是指用来逐日逐笔记录全部交易或事项的序时账簿，又称分录日记账或分录簿。

（2）特种日记账是指用来逐日逐笔记录某一类交易的序时账簿。例如，库存现金日记账、银行存款日记账等，具体格式如表6-1所示。目前，在实际工作中为了加强货币资金的管理，每个单位必须设置库存现金日记账和银行存款日记账。

表6-1　现金（银行存款）日记账

第　页

年		凭证		摘　要	结算凭证		收入		支出		结存
月	日	字	号		种类	号数	应贷科目	合计	应借科目	合计	
				本期发生额及期末余额							

2. 分类账簿

分类账簿是指对发生的全部交易或事项按照总分类账户和明细分类账户进行分类分别登记的账簿。分类账簿按其反映内容的详细程度不同，又可分为总分类账簿和明细分类账簿。

（1）总分类账簿，也称总分类账，简称总账，是根据总分类科目设置的，用来分类登记一定时期内全部交易或事项，提供总括核算资料的分类账簿，具体格式如表6-2所示。总账对明细账具有统驭和控制作用。

表 6-2 总分类账

会计科目：_____ 　　　　　　　　　　　　　　　　　　　　　　　　　　　　　第 页

年		凭证		摘　要	借方金额	贷方金额	借或贷	余额
月	日	字	号					
				本期发生额及期末余额				

（2）明细分类账簿，也称明细分类账，简称明细账，是根据总账科目所属明细会计科目设置的，用来登记某一类交易或事项，提供比较详细核算资料的分类账簿，具体格式如表 6-3所示。明细账是对总账的补充和具体化。在实际工作中，每个会计主体都可以根据经营管理的需要，为不同的总账账户设置所属的明细账。

表 6-3 应付账款明细账

明细科目：_____ 　　　　　　　　　　　　　　　　　　　　　　　　　　　　　第 页

年		凭证		摘　要	借方金额	贷方金额	借或贷	余额
月	日	字	号					
				本期发生额及期末余额				

3. 备查账簿

备查账簿也称辅助账簿，是指对在日记账和分类账中未记录或记录不全的交易或事项进行补充登记的账簿。它不是根据会计凭证登记的账簿；同时它也没有固定的格式，是为某些交易或事项的经营决策提供必要的参考资料，如经营租赁方式租入的固定资产登记簿、委托加工材料登记簿等。备查账簿不一定每个单位都设置，而是各单位根据实际需要来确定的。

（二）按格式的不同分类

按格式的不同，会计账簿可分为三栏式账簿、多栏式账簿和数量金额式账簿。

1. 三栏式账簿

三栏式账簿是指设有借方（或收入）栏、贷方（或支出）栏和余额（或结存）栏的账簿。日记账、总分类账及资本、债权、债务明细账多采用三栏式账簿。

2. 多栏式账簿

多栏式账簿是指在账簿的借方栏和贷方栏按需要分设若干专栏的账簿。可以是借方设多栏、贷方设多栏，也可以是借贷方各分设多栏。生产成本、销售费用、管理费用、财务费用等明细账等多采用多栏式账簿，具体格式如表 6-4～表 6-6 所示。

表 6–4　（账簿名称）

年		凭证		摘　要	借方（项目）				贷方	余额
月	日	字	号					合计		
				本期发生额及期末余额						

表 6–5　（账簿名称）

年		凭证		摘　要	借方	贷方（项目）			余额
月	日	字	号					合计	
				本期发生及期末余额					

表 6–6　（账簿名称）

年		凭证		摘　要	借方			贷方			余额
月	日	字	号				合计			合计	
				本期发生额及期末余额							

3. 数量金额式账簿

数量金额式账簿是指采用在借方（收入）栏、贷方（发出）栏和余额（结存）栏的基础上，需要反映数量与金额的账簿，具体格式如表 6–7 所示。一般具有实物形态的财产物资采用此类明细账，如原材料明细账、库存商品等明细账。

表 6–7　原材料明细分类账

类别：×× 　　　　名称、规格：　　　　计量单位：　　　　仓库：　　　　第　页

年		凭证		摘　要	收入			支出			结余		
月	日	字	号		数量	单价	金额	数量	单价	金额	数量	单价	金额
				本期发生额及期末余额									

（三）按外形的不同分类

按外形的不同，会计账簿可分为订本式账簿、活页式账簿和卡片式账簿。

1. 订本式账簿

订本式账簿简称订本账，是指在账簿尚未使用前就把一定数量的账页顺序编号并固定装订成册的账簿。

优点：订本账可以避免账页散失和防止抽换账页，确保账簿资料的完整。

缺点：在同一时间只能由一人登账，不便分工记账；账页不能增减，需要预留账页。

总分类账、库存现金日记账和银行存款日记账大都采用订本账。

2. 活页式账簿

活页式账簿简称活页账，是指年度内账页不固定、采用活页形式组成的账簿。

优点：可以随时加入空白账页，便于记账人员的分工记账。

缺点：账页容易散失、被抽换。

活页账在会计年度终了时，应及时装订成册，妥善保管。明细账多采用活页账。

3. 卡片式账簿

卡片式账簿简称卡片账，是指由若干具有相同格式的卡片组成的账簿，实际上也是一种活页账。卡片账的卡片通常装在卡片箱内，不用装订成册。在卡片账使用时，为防止散失和抽换，应顺序编号，并由有关人员在卡片上签章。卡片账随时可取可用，但卡片容易丢失。会计实务中，卡片账一般适用于固定资产明细账、低值易耗品明细账等账簿。

第二节　会计账簿的设置和登记

一、会计账簿的设置

（一）会计账簿设置的原则

设置和登记账簿是会计核算的一种基本方法和重要环节。由于各企事业单位的交易或事项的性质、特点不同，对账簿设置的要求也存在差异。为了全面、系统、连续地登记经济业务，各单位应根据自己的交易或事项的特点和经营管理的需要，设置一定种类和数量的账簿。

设置账簿的基本原则包括以下几个方面。

1. 合法性原则

设置账簿应符合国家会计法律制度的规定，这样才能保证会计核算的规范性及会计信息的合规性。由于各单位的经济活动各有特点，业务规模和会计人员配备又不尽相同，所以在设置账簿时，凡是国家有统一规定和要求的，会计主体必须遵照执行，《会计法》、《会计基础工作规范》等规定，各单位发生的各项经济业务应当在依法设置的会计账簿上统一登记、核算，不得违反规定私设账簿。《会计基础工作规范》的规定：会计主体应当设置总账、明细账、日记账和其他辅助性账簿；现金日记账和银行存款日记账必须采用订本式账簿。

2. 实用性原则

设置账簿应当充分考虑经济业务的特点和管理的需要，要全面、系统地反映经济业务的交易情况，为管理提供总括的核算资料和明细的核算资料。会计主体在符合国家统一规定和要求的前提下，应当根据自身规模的大小、经济业务的繁简、业务量的多少及会计人员的构成等实际情况，从满足管理和决策需要的目标出发，合理、规范的设置会计账簿。

📢 请注意

一般来说，经济业务复杂、规模大的企业，账簿可以设置细一些、层次可以多一点；对于业务简单、规模小的企业，可以相应简略一些。但是设置账簿必须以保证提供准确而全面的会计信息和满足经营管理需要为前提。设置账簿既要有利于会计部门内部的合理分工，又要能协调统一，充分发挥整体效应，提高会计工作的效率和质量。

（二）会计账簿的内容

1. 账簿的基本内容

由于账簿种类较多，格式不同，提供核算资料的详细程度不一样。但就各种主要账簿而言，其基本内容是一致的，一般具备以下基本内容。

（1）封面。写明账簿名称和记账单位名称。

（2）扉页。填明账簿启用日期、截止日期、册次、页数、账簿启用经管人员一览表和签章、会计主管签章、账户目录等。

（3）账页。账页的基本内容包括：① 账户的名称，包括一级科目、二级科目或明细科目；② 记账日期栏；③ 凭证种类和号数栏；④ 摘要栏；⑤ 金额栏；⑥ 总页次和分户页次。

2. 账簿的启用和登记规则

账簿是重要的会计档案，为了保证账簿记录的合法性和完整性，明确记账责任，启用账簿时，应在账簿扉页填写账簿启用表和经管人员一览表。会计人员变换工作岗位时，应办理交接手续，注明交接日期和交接人员名单，并由双方和监交人员签章。"账簿启用表及经管人员一览表"的格式如表6-8所示。

新年度开始时，除了个别明细账，如固定资产卡片账以外，一般都要启用新账簿。启用时应注意把上年余额填到新账簿有关账页的第一行。

对于总账来讲，为了登账和查阅方便，一般要编写账户目录或者科目索引，标明每个账户所在的页码，其具体格式如表6-9所示。

表 6-8　账簿启用表

单位名称								印花税票粘贴处
账簿名称								
账簿编号	字第　　　号第　　　册共　　　册							
账簿页数	本账簿共计　　　页							
启用日期	年　　月　　日至　年　　月　　日							
经管人员		接　管			移　交		会计负责人	单位公章
姓名	盖章	年	月	日	年	月	日	姓　名	盖　章

表 6-9 **账户目录**

账页起页	总账科目	明细科目	账页起页	总账科目	明细科目

年度结束前，一定要在账簿上按规定粘贴印花税票，并且划线注销印花税票。在使用缴款书缴纳印花税时，按规定让税务局在账簿上盖章证明。

二、账簿的登记规则

（一）登记账簿的一般规则

（1）会计人员应根据审核无误的会计凭证及时地登记会计账簿。

（2）各单位根据所选用的会计核算形式来确定登记总账的依据和具体时间。

（3）对于各种明细账，可逐日逐笔进行登记，也可定期（三天或五天）登记。但债权债务类和财产物资类明细账应当每天进行登记。

（4）现金和银行存款日记账，应当根据办理完毕的收付款凭证，逐笔顺序登记，至少每天登记一次。

（二）登记账簿的具体要求

（1）登记账簿时，必须用蓝（黑）色墨水钢笔书写，除了银行复写账簿外不得使用圆珠笔，也不能用铅笔。

红色墨水记账可以在下列情况使用。

① 按照红字冲账的记账凭证，冲销错误记录。

② 在不设借贷等栏的多栏式账页中，登记减少数。

③ 在三栏式账户的余额栏前如未印明余额方向，在余额栏中登记负数余额。

④ 会计制度中规定用红字登记的其他记录。

（2）应当将会计凭证的日期、编号、业务摘要、金额和其他有关资料逐项记入账内。同时要在记账凭证上签章并注明已经登账的标记（如打∨等），以避免重登或漏登。

（3）应按账户页次顺序连续登记，不得跳行、隔页。如果发生跳行、隔页现象，应在空行、空页处用红色墨水划对角线注销，注明"此页作废"或"此行作废"字样，并由记账人员签名或盖章。

（4）登记账簿时，要保持清晰整洁，记账的文字或数字都要端正、清楚、书写规范，要靠近底线书写，不要写满格，一般占格的1/2，以便留有改错的空间。严禁刮擦、挖补、涂改或用药水消除字迹，应采用正确的错账更正规则进行更正。

（5）登记账簿时，应按会计凭证上的分录所指借、贷方向登记，不要记错借、贷方向。凡需结出余额的账户，要定期结算余额。在结出余额后，应在"借"或"贷"栏内写明"借"或"贷"字样，表示借方余额或贷方余额；没有余额的账户，应在借贷栏内写"平"字以表示该账户已经结平，同时在金额栏"元"位上用"0"表示。

（6）各账户在一张账页登记完毕结转下页时，应当结出本页合计数和余额，写在本页最后一行和下页第一行有关栏内，并在本页最后一行的"摘要"栏内注明"转次页"字样，在下一页第一行的"摘要"栏内注明"承前页"字样。也可以将本页发生额合计数及余额只写在下页第一行有关栏内，并在摘要栏内注明"承前页"字样。对"转次页"的本页合计数如何计算，一般分三种情况。

① 需要结出本月发生额的账户，结计"转次页"的本页合计数应当为自本月初起至本页末止的发生额合计数。

② 需要结计本年累计发生额的账户，结计"转次页"的本页合计数应当为自年初起至本页末止的累计数。

③ 既不需要结计本月发生额也不需要结计本年累积发生额的账户，可只将每页末的余额结转次页。如债权、债务结算类账户和财产物资类账户等。

（7）订本式账簿，一般都编有账页的顺序号，不得任意撕毁。活页式账簿的账页在启用后，除经会计主管人员同意外，也不得随便调换。

（8）实行会计电算化的单位，总账和明细账应当定期打印。

三、会计账簿的设置与登记

（一）日记账的设置与登记

1. 特种日记账的设置与登记

1）库存现金日记账的格式与登记方法

库存现金日记账是用来逐日逐笔登记库存现金的收入、支出和结存情况的特种日记账。它由出纳人员根据现金收款凭证和现金付款凭证，逐日逐笔顺序进行登记。

现金日记账一般采用三栏式格式，基本结构为"收入（借方）"、"支出（贷方）"和"结余"三栏，其格式如表 6-10 所示。

（1）现金日记账中的"年"、"月"、"日"、"凭证字号"、"摘要"、"对方科目"等栏均按现金收款凭证和现金付款凭证逐日逐笔序时登记。

（2）"收入（借方）"栏，根据现金收款凭证登记。从银行提取现金的业务，只编制银行付款凭证，不再填制现金收款凭证，应根据银行存款付款凭证登记现金日记账的收入栏。

（3）"支出（贷方）"栏，根据现金付款凭证登记。

（4）每日终了，应分别计算当日现金收入和现金支出的合计数及本日余额，并将现金日记账上的余额与库存现金实有数核对，借以检查每日现金收入、支出及结余情况，做到"日清月结"。现金余额的计算公式为：

上日余额＋本日收入–本日支出=本日余额

现金日记账也可采用多栏式，即在收入和支出两栏中分别按照对方科目设置若干栏目。

表 6-10　库存现金日记账

| 年 | | 凭证 | | 摘　要 | 对应科目 | 收入 | 支出 | 结存 |
月	日	字	号					
10	1			期初余额				2 500
	3			预借差旅费	其他应收款		800	
	3			收回欠款	应收账款	1 000		
	3			本日合计		1 000	800	2 700
				本期发生额及期末余额				

2）银行存款日记账的格式与登记方法

银行存款日记账用来逐日逐笔登记银行存款的收入、支出和结存情况的特种日记账。它是由出纳人员根据银行存款收款凭证、银行存款付款凭证和现金付款凭证按经济业务发生时间的先后顺序，逐日逐笔进行登记的序时账簿。

银行存款日记账应按企业在银行开立的账户和币种分别设置，每个银行账户设置一本银行存款日记账。银行存款日记账必须采用定本账簿，账页格式也有三栏式和多栏式两种。一般采用三栏式格式，基本结构为"收入（借方）"、"支出（贷方）"和"结余"三栏。其格式与现金日记账基本相同，如表6-11所示。多栏式银行存款日记账在收入和付出两栏中分别按照对方科目设置若干栏目。

（1）银行存款日记账中的"年"、"月"、"日"、"凭证号数"、"摘要"、"对方科目"等栏均按银行存款收、付款凭证逐日逐笔顺序登记。

（2）"收入（借方）"栏，根据银行存款收款凭证登记，将现金存入银行的业务，只编制现金付款凭证，由此引起的银行存款的收入数，根据现金付款凭证登记银行存款日记账的收入栏。

（3）"支出（贷方）"栏，根据银行存款付款凭证登记。

（4）"结算凭证种类与号数"栏，用来登记办理每一笔银行存款收付业务的结算凭证种类、号数，以便与银行对账，以及反映银行存款收付所采用的结算方式。

（5）每日终了，应分别计算当日银行存款收入和支出的合计数，并结算出账面结余数，定期与银行对账单核对。

表6-11 银行存款日记账

2012年		凭证		摘　　要	对应科目	结算凭证		对应科目	收入	支出	结存
月	日	字	号			种类	号数				
10	1			期初余额							10 000
	3			支付保险费	管理费用	转支	1001			8 000	
	3			销售商品	主营业务收入	转支	1004		6 000		
	3			本日合计					6 000	8 000	8 000
				本期发生额及期末余额							

2．普通日记账

普通日记账。这种日记账用来记录全部经济业务的发生、完成情况的日记账，也称分录日记账。它的特点是设有借方和贷方两个金额栏，所以又称为两栏式日记账。这种日记账以日常发生的经济业务所取得的原始凭证为依据，直接序时进行登记，可以起到试算平衡的作用，但是不便于分工记账，而且不能将经济业务分类归集，过账的工作量大。普通日记账多用于西方会计实务中，我国会计实务中较少采用，如表6-12所示。

表 6–12　普通日记账

年		摘　要	会计科目	借方金额	贷方金额	过账符号（√）
月	日					

（二）总分类账簿的设置与登记

总分类账也称总账，是根据总分类科目开设，用来记录全部经济业务的簿籍。总分类账簿是编制财务报表的重要依据，一般采用三栏式账页格式，如表 6–13 表示，由于总分类账能全面地、总括地反映和记录经济业务引起的资金运动和财务收支情况，并为编制财务报表提供数据。因此，任何单位都必须设置总分类账。

总分类账一般采用订本式账簿形式，按照会计科目的编码顺序分别开设账户，并为每个账户预留若干账页。由于总分类账只进行货币度量的核算，因此最常用的格式是三栏式，在账页中设置借方、贷方和余额三栏。总分类账中可以设置对应科目栏也可以不设置对应科目栏。

表 6–13　总分类账

会计科目：银行存款　　　　　　　　　　　　　　　　　　　　　　　　　　　　第　页

2012 年		凭证		摘　要	借方	贷方	借或贷	余额
月	日	字	号					
8	1			期初余额			借	2 000
8	10	付	1	现金存入银行	3 000		借	5 000
8	12	付	2	发放工资		1 000	借	4 000
8	31			本期发生额及期末余额				

有些单位的总分类账也可以采用多栏式。

总分类账的登记方法取决于企业采用的账务处理程序，由于账务处理程序的不同而不同，可根据记账凭证直接登记，也可根据汇总记账凭证登记，还可根据科目汇总表登记。

（三）明细分类账的设置和登记

明细分类账简称明细账，是根据总分类科目所属的明细科目开设的，分类地登记经济业务具体内容，以提供明细资料的账簿。各种明细账分别按二级科目或明细科目开设账户，并为每个账户预留若干账页，用来分类、连续记录有关资产、负债、所有者权益、收入、费用、利润等详细资料。设置和运用明细分类账，有利于加强对各会计要素的管理和使用，并为编制财务报表提供必要的资料。因此，各单位在设置总分类账的基础上，还要根据经营管理的需要，对部分总账科目设置相应的明细账，以形成既能提供经济活动总括情况，又能提供详细数据的账簿体系。

明细分类账一般采用活页式账簿，也有的采用卡片式账簿。其格式主要有三栏式明细分类账、多栏式明细分类账和数量金额式明细分类账。

1. 三栏式明细分类账

三栏式明细分类账是在账页内只设"借方"、"贷方"、"余额"三个金额栏的明细账。它适用于只需要进行金额核算而不需要进行数量核算的账户，如应收账款、短期投资、长期投资、应付账款、实收资本等账户的明细分类账，如表6-14所示。账页格式及登记方法与上述总分类账基本相同。

表6-14 应收账款明细账

明细科目：×公司   第 页

2012年		凭证		摘　要	借　方	贷　方	借或贷	余额
月	日	字	号					
8	1			期初余额			借	10 00
8	10	转	5	销售产品，货款尚未收到	50 00		借	6 000
8	21	银收	16	收到上月所欠货款		2 000	借	4 000
8	31			本期发生额及期末余额	5 000	2 000	借	4 000

2. 多栏式明细分类账

多栏式明细分类账是根据经营管理的需要和经济业务的特点，在一张账页的借方、贷方金额栏内，按照某一总账科目所属的各分设若干专栏。

请注意

这种格式适用于只进行金额核算，不进行数量核算，而且管理上需要了解其构成内容的成本、费用、收入等账户的明细分类核算，如管理费用、生产成本、制造费用等账户的明细分类账。

多栏式明细分类账按记录的经济内容，可以借方设多栏，贷方设多栏和借贷方均设多栏。如"生产成本"明细账往往只设借方，不设贷方，如出现反向发生额，用红字登记。以生产成本明细账为例，其格式如表6-15所示。

表6-15 生产成本明细账

产品品种：甲产品   第 页

2012年		凭证		摘　要	借方（成本项目）					余额
月	日	字	号		直接材料	直接人工	其他费用	制造费用	合计	
5	1			月初余额	23 000	7 000	6 120	2 000	38 120	38 120
5	8	转	5	领用材料	6 000				6 000	44 120
5	31	转	27	工资		1 000			1 000	45 120
5	31	转	28	福利费			140		140	45 260
5	31	转	29	提取折旧			700		700	45 960
5	31	转	9	分配制造费用				2 000	2 000	47 960
5	31			完工产品	20 000	6 000	5 000	3 000	34 000	12 960
5	31			本月合计	9 000	2 000	960	1 000	12 960	12 960

3. 数量金额式明细分类账

数量金额式明细分类账是在账页的"收入（借方）"、"发出（贷方）"和"结存"三大栏中再分别设置"数量"、"单价"、"金额"三小栏的明细账。这种明细账适用于既要进行金额核算，又要进行数量核算的各种财产物资账户，如原材料、库存商品等账户的明细分类账。它能提供各种实物存货的收入、发出、结存等数量和金额资料，便于业务的核算和操作，格式如表 6–16 所示。

表 6–16　原材料明细分类账

类别：×× 　　　　　　　　　　　　　　　　　　　　　　　　　　　　　　　　仓库：4 号库

名称：甲材料　　　　　　　　　　　　　　编号：×× 　　　　　　　　　　　计量单位：kg

2012 年		凭证		摘要	收入			支出			结余		
月	日	字	号		数量	单价	金额	数量	单价	金额	数量	单价	金额
1	1			期初余额							600	10	6 000
1	6	转	5	购入	2 00	10	2 000				8 00	10	8 000
1	8	转	6	生产领用				200	10	2 000	6 00	10	6 000
1	31			本期发生额及期末余额	2 00	10	2 000	200	10	2 000	6 00	10	6 000

不同类型经济业务的明细分类账，可以根据各单位业务量的大小和管理需要，依据记账凭证、原始凭证或汇总原始凭证登记。登记时，既可以根据这些凭证逐日逐笔登记，也可以定期汇总登记。财产物资、债权债务的明细分类账一般应逐日逐笔登记。

（四）备查账簿的格式与登记方法

备查账可以为某些经济业务的内容提供必要的补充资料，它一般没有固定格式，各单位可以根据实际工资的需要来设置，如"租入固定资产登记簿"等。备查账的记录不列入本单位的会计报告。

四、总分类账户和明细分类账户的平行登记

总分类账户是所属的明细分类账户的综合，对所属明细分类账户起统驭作用。明细分类账户是有关总分类账户的补充，对有关总分类账户起着详细说明的作用。总分类账户和明细分类账户必须平行登记。所谓平行登记是指经济业务发生后，根据同一会计凭证，在同一会计期间内，一方面在总账中进行登记，另一方面计入总账所属的明细账中。

平行登记的要点有如下几个方面。

（1）登记的会计时间相同。即对发生的每一笔经济业务，根据会计凭证一方面在有关的总分类账户中进行总括登记；另一方面要在同一会计期间记入该总分类账户所属的明细分类账户（没有明细分类账户的除外）。

（2）登记的方向相同。即将经济业务记入某一总分类账户及其所属的明细分类账户时，必须记在相同方向，即总分类账户记借方，其所属明细账户也记借方；总分类账户记贷方，其所属明细账户也记贷方。

（3）登记的金额相同。即入总分类账户的金额与记入其所属明细分类账户的金额合计数必须相等。总账金额和其所属明细账金额之间的关系：

总账本期发生额=所属明细账本期发生额之和

$$总账期初余额=所属明细账期初余额之和$$
$$总账本期借方发生额=所属明细账本期借方发生额之和$$
$$总账本期贷方发生额=所属明细账本期贷方发生额之和$$
$$总账期末余额=所属明细账期末余额之和$$

【例6-1】甲公司2012年1月1日"原材料"总分类账户及其所属明细分类账户的有关资料如下。

"原材料"总分类账户有借方余额20 000元，其所属明细分类账户余额如表6-17所示。

表6-17　"原材料"明细分类账户余额

名称	数量（kg）	单价（元/kg）	金额（元）
甲材料	500	30	15 000
乙材料	200	25	5 000
合计			20 000

甲公司2012年1月份发生的有关经济业务如下。

① 1月2日，向新华公司购入甲材料300 kg，30元/kg，计9 000元，货款未付。

② 1月15日，向前进公司购入乙材料100 kg，25元/kg，计2 500元，货款未付。

③ 1月16日，生产产品领用甲材料200 kg，30元/kg，计6 000元；领用乙材料100 kg，25元/kg，计2 500元。共计8 500元。

根据以上经济业务编制会计分类如下（不考虑增值税）：

① 借：原材料——甲材料　　　　　　　　　　　　　9 000
　　　贷：应付账款——新华公司　　　　　　　　　　　　9 000
② 借：原材料——乙材料　　　　　　　　　　　　　2 500
　　　贷：应付账款——前进公司　　　　　　　　　　　　2 500
③ 借：生产成本　　　　　　　　　　　　　　　　　8 500
　　　贷：原材料——甲材料　　　　　　　　　　　　　　6 000
　　　　　原材料——乙材料　　　　　　　　　　　　　　2 500

根据上述会计分录，按照平行登记方法在"原材料"和"应付账款"两个总分类账户及其所属的明细分类账户中进行登记，登记结果如表6-18～表6-20所示。

表6-18　总分类账

账户名称：原材料

2012年		凭证	摘　要	借方	贷方	借或贷	余额
月	日	字号					
1	1		期初余额			借	20 000
	2	①	购进原材料	9 000		借	29 000
	15	②	购进原材料	2 500		借	31 500
	16	③	生产领料		8 500	借	23 000
1	31		本月发生额及期末余额	11 500	8 500	借	23 000

表 6-19　原材料明细分类账

明细科目：甲材料 　　　　　　　　　　　　　　　　　　　　　　　　　　　　　　　计量单位：kg

| 2012年 | | 凭证 | 摘　要 | 借　方 | | | 贷　方 | | | 结　存 | | |
月	日	字号		数量	单价	金额	数量	单价	金额	数量	单价	金额
1	1		期初余额							500	30	15 000
	2	①	购进原材料	300	30	9 000				800	0	24 000
	16	④	生产领料				200	30	6 000	600	30	18 000
1	31		本期发生额及期末余额	300	30	9 000	200	30	6 000	600	30	18 000

表 6-20　原材料明细分类账

明细科目：乙材料 　　　　　　　　　　　　　　　　　　　　　　　　　　　　　　　计量单位：kg

| 2012年 | | 凭证 | 摘　要 | 借　方 | | | 贷　方 | | | 结　存 | | |
月	日	字号		数量	单价	金额	数量	单价	金额	数量	单价	金额
1	1		期初余额							200	25	5 000
	15	③	购进原材料	100	25	2 500				300	25	7 500
	16	④	生产领料				100	25	2 500	200	25	5 000
1	31		本月发生额及期末余额	100	25	2 500	100	25	2 500	200	25	5 000

第三节　对账和结账

一、对账

（一）对账的概念及其意义

1. 对账的概念

对账就是核对账目，即在经济业务入账以后，于平时或月末、季末、年末结账之前，对各种账簿记录所进行的核对。实际工作中，由于记账时出现差错或者计量器具的不准造成账实不符，这就需要核对账目。通过对账，可以及时发现和纠正记账及计算的差错，保证各种账簿记录的完整和正确，做到账证相符、账账相符、账实相符，如实反映经济活动情况，并为会计报表的编制提供真实可靠的资料。

2. 对账的意义

（1）能够全面、系统地反映企业一定时期内发生的全部经济活动所引起的会计要素的增减变动情况及其结果。

（2）可以合理地确定企业在各会计期间的净收益，便于企业合理地进行利润计算和分配。

（3）有利于企业定期编制会计报表，结账工作的质量，直接影响着会计报表的质量。

（二）对账的内容和方法

《中华人民共和国会计法》第十七条规定："各单位应当定期将会计账簿与实物、款项及有关资料相互核对，保证会计账簿记录与实物及款项的实有数字相符、会计账簿记录与会计凭证的有关内容相符、会计账簿之间相对应的记录相符、会计账簿记录与会计报表的有关内容相符。"据此，对账的内容主要包括账证核对，账账核对，账实核对，账表相符。

1. 账证核对

账证核对指各种账簿的记录与其有关的记账凭证及其所附的原始凭证相核对。账证核对通常是在日常核算中进行的，以使错账能及时发现并得到更正，保证账簿记录和实际记录相符。核对的内容主要是账簿记录的时间、凭证字号、内容、记账方向、数量、金额等是否与据以记账的会计凭证完全一致。如果在期末发现账账不符时，为查找原因，也需要账证核对。

2. 账账核对

账账核对指对各种账簿之间的有关数据进行核对，主要包括以下几个方面的内容。

（1）总分类账户各账户期末借方余额合计数与各账户期末贷方余额合计数相核对。

（2）总分类账户各账户的本期借方发生额合计数与贷方发生额合计数核对相符。

（3）总分类账户各账户的本期的借、贷方发生额和期末余额与其所属的各明细账的本期借、贷方发生额合计数和期末余额合计数核对相符。

（4）总账与日记账之间的核对。

（5）会计部门与财产物资保管或使用部门财产物资明细账核对相符。

3. 账实核对

账实核对指将各种财产物资的账面余额与实存数额进行核对，主要包括以下几个方面的内容。

（1）库存现金日记账的账面余额与库存现金实际库存数核对。

（2）银行存款日记账的余额与银行对账单相核对。

（3）各种应收、应付款项明细账余额与有关债权、债务单位的账目相核对。

（4）各种材料物资明细账账面余额与材料物资的实际库存数相核对。

4. 账表相符

账表相符是指会计账簿记录与会计报表有关内容核对相符的简称。由于会计报表是根据会计账簿记录及有关资料编制的，两者之间存在着相对应的关系。因此，通过检查会计报表各项目的数据与会计账簿有关数据是否一致，确保会计信息的质量。保证账表相符，同样也是会计核算的基本要求。

二、结账

结账就是在会计期末计算并结出本期发生额和期末余额，并将期末余额结转下期或者转入下年新账。

会计分期一般有按月、季、半年、年之分。结账在各会计期末进行，所以，分为月结、季结、半年结和年结。年度结账日为公历年度每年的 12 月 31 日；月度、季度、半年度结账日分别为公历年度每月、每季、每半年的最后一天。

（一）结账前的准备工作

在结账前，先进行对账，保证账证相符，账账相符，账实相符和账表相符，妥善处理应收、应付及暂收、暂付款的清偿事宜，力争减少呆账和坏账损失的发生。在确认当期发生的经济业务，调整账项及有关转账业务全部登记入账后，即可进行结账。

（二）结账的具体方法

在会计实务中，一般采用划线结账的方法进行结账。

（1）结账时，应当结出每个账户的期末余额。

（2）月结时，在最后一笔记录下面划一道通栏红线，表示本月结束。现金、银行存款日记账和需要按月结计发生额的收入、费用等明细账，应在摘要栏"本月合计"（没有余额时在"借或贷"一栏内写上"平"，在"余额栏"写上"0"符号。），之后在月结下面再划一通栏红线，表示月结完成。季结、年结方法同上，所不同的是摘要栏内写出"季结、年结"；季结下面划单红线，年结下面划双红线。

（3）年度终了，将账户的余额结转到下一年度，在"摘要栏"内注明"结转下年"，在"结转下年"行下划两条通栏红线，在下一会计年度新账的摘要栏内写明"上年结转"，并将余额填入余额栏。结转下年既不需要编制记账凭证，也不必以相反的方向记入下一行（"结转下年"行）的发生额栏内，使本年有余额的账户余额为零。

（4）对于不需要按月结计本期发生额的账户（如各项应收款明细账和各项财产物资明细账等），每次记账以后，都要随时结出余额，每月最后一笔余额即为月末余额。月末结账时，只需要在最后一笔经济业务记录之下划一单红线，不需要再结计一次余额。

（5）需要结计本年累计发生额的某些明细账户，如产品销售收入、成本明细账等，每月结账时，应在"本月合计"行下结计自年初起至本月末止的累计发生额，登记在月份发生额下面，在摘要栏内注明"本年累计"字样，并在下面再划一单红线。12月末的"本年累计"就是全年累计发生额，并在全年累计发生额下划双红线。

（6）总账账户平时只需结计月末余额。年终结账时，为了反映全年各项资产、负债及所有者权益增减变动的情况，要将所有总账账户结计全年发生额和年末余额，在摘要栏内注明"本年合计"字样，并在合计数下划一双红线。

（7）需要结计本月发生额的某些账户，如果本月只发生一笔经济业务，由于这笔记录的金额就是本月发生额，结账时，只要在此行记录下划一单红线，表示与下月的发生额分开就可以了，不需另结出"本月合计"数。

结账方法举例如表6-21所示。

表6-21 总分类账

会计科目：固定资产

2012年		凭证		摘　要	借方	贷方	借或贷	余额
月	日	种类	编号					
1	1			年初余额	:	:	借	500 000
					:	:	:	:
1	31							
1	31			1月份发生额及余额	12 000		借	512 000
2	1			月初余额	:	:	:	:
					:	:	:	:
2	28							
2	28			2月份发生额及余额	50 000	30 000	借	532 000
3	1				:	:	:	:
					:	:	:	:
					:	:	:	:
12	31			12月份发生额及余额				
12	31			第四季度发生额及余额				
12	31			本年发生额及余额	62 000	30 000	借	532 000

注：---表示单红线，=表示双红线，━ 表示省略线。

第四节　错账的查找与更正

一、错账的查找

（一）错账及其发生原因

错账是指在账务处理过程中，由于会计凭证填制错误或登账时发生笔误而导致账簿记录差错。

（1）漏记，该记录的经济业务没有记录。

（2）重记，已经记录的经济业务又记一次。

（3）方向记反，借贷方向记反，该计入借方的记入贷方，该计入贷方的记入了借方。

（4）账户用错，记账时记入了错误的账户。

（5）金额错误。

（6）其他原因出现的错账。

在会计实务中，尽管财会人员对原始凭证与记账凭证都进行过数次复核，登记账簿时又谨慎认真，但每日都需要处理信息，难免会出现账簿记录错误。

（二）错张的查找方法

查找和更正错账是会计实务中经常出现的特殊业务，是财会人员必须掌握的基本技能之一。

1. 全面查找

全面查找包括正查法和逆查法。

1）正查法

正查法就是对发现记错账月份的所有经济业务，按其发生的先后顺序逐笔进行查找。从制单开始，到记账、结账、试算平衡，"从头到尾"进行普遍详查。

2）逆查法

逆查法与正查法的查找顺序正相反，采用"从尾到头"进行普遍详查。

2. 个别查找

个别查找的方法是指针对错账具体情况采用不同的查找方法。

1）重记或漏记账户查找

在登记账簿时，将记账凭证的双方重记或漏记，或者只登记一方，重记或只记另一方。其查找方法一般采用"差额法"，即根据错账差额查找重记或漏记账目的方法，查找账簿中的全部金额有无与差额相同的数字，检查其是否漏记或重记。

2）记反账户方向的查找方法

记反方向，指应该记到增加方的数字，记入了减少方，或者相反。由于记账方向的错误，就会使账户的一方合计数加大，另一方合计数减少，这就使变动前后双方都产生了差数。这个差数就是数字的"2"倍。因此，把这个差用"2"除，所得的商就是记错方向的数字。这种错账可以采用"除2法"查找。

3）记账笔误的查找方法

（1）数字错位的查找方法。数字错位，就是把数字的位数记错，多记一位数或少记一位数，导致多记金额或少记金额，错账金额能被9整除（多记或少记二位时，是99的倍数；多记或少记三位时，是 999 的倍数等），则商为记错位的数字。然后，在账内查找此数，将商放大 10 倍或缩小 10 倍。这种错账可以用"除九法"来判明和查找。例如，将 100 记成 1 000，多记了 900 能被 9 整除。

（2）数字颠倒的查找方法。数字颠倒就是把数字中的前后两个数字书写颠倒。例如，把 37 写成 73，将颠倒的两位数之间的差额 36 除以"9"，商为"4"，就是记颠倒后两位数字的差额。

（3）写错或写掉角、分尾数的查找方法。就是在记账过程中，把带有角、分的尾数丢掉或写错，查找方法需要与原始凭证逐一核对。

二、错账的更正

如果账簿记录发生错误，不能刮擦、挖补或者用化学药水进行涂改，应当根据错误的具体情况，按照规定的会计方法进行更正。常见的更正方法有以下三种。

1. 划线更正法

划线更正法，又称红线更正法。

如果账簿记录有错误，且尚未结账，而其所依据的记账凭证没有错误，应采用划线更正法。将错误的文字或数字用一条红色横线全部予以注销，在划线文字或数字的上方用蓝字将正确的文字或数字填写在同一行的上方位置，并由更正人员在更正处签章。错误的数字，应全部划线更正，不能只划掉其中个别错别数字。

2. 红字更正法

红字更正法，又称红字冲销法。它是指记账凭证的会计科目或金额发生错误，且已入账，应用红字更正法更正，主要适用于以下两种情况。

（1）根据记账凭证记账以后，发现记账凭证中的应借、应贷会计科目或记账方向有错误，而账簿记录与记账凭证是相吻合的。首先用红字金额填制一张与原错误记账凭证内容完全一致的记账凭证，在摘要栏内注明"冲销某月某日的 x 凭证的错误"；并据以用红字登记入账，以冲销原错误记录；在摘要栏内注明"订正某门某口的 x 凭证"；然后，再用蓝字填制一张正确的记账凭证，并据以用蓝字登记入账。

【例 6-2】某企业购入材料 50 000 元，用银行存款支付编制付款凭证，并根据登记入账。

根据原始凭证编制会计分录为：

借：管理费用   50 000
  贷：银行存款   50 000

更正时，先用红字金额填制一张与原付款凭证一样的付款凭证，并据以用红字登记入账，以冲销原有的账簿记录。

借：管理费用 | 50 000 |
  贷：银行存款 | 50 000 |

然后，再用蓝字或黑字填制一张正确的付款凭证。

借：原材料   50 000
  贷：银行存款   50 000

根据上述正确的会计凭证登记入账，原有的错误即可得到更正。

（2）根据记账凭证记账以后，发现记账凭证中应借、应贷会计科目和记账方向都正确，只是所记金额大于应记金额并据以登记账簿。将多记的金额用红字填制一张与原错误记账凭证的会计科目、记账方向相同的记账凭证，并据以用红字登记入账，以冲销多记金额，求得正确的金额。

不得以蓝字金额填制与原错误记账凭证记账方向相反的记账凭证去冲销原错误记录或错误金额，因为蓝字记账凭证反方向记录的会计分录反映某类经济业务，而不能反映更正错账的内容。

【例6-3】1月7日从银行提取现金300元。在填制记账凭证时，误将金额填写成3 000元，并据以登记入账。原记账凭证上的会计分录为：

借：库存现金　　　　　　　　　　　　　　　　　　　　　　3 000

　　贷：银行存款　　　　　　　　　　　　　　　　　　　　　　3 000

更正时，用红字金额2 700元填制如下凭证，并据以用红字金额登记入账。

借：库存现金　　　　　　　　　　　　　　　　　　　　　　2 700

　　贷：银行存款　　　　　　　　　　　　　　　　　　　　　　2 700

3. 补充登记法

补充登记法，也称蓝字补记法。

记账以后，发现记账凭证中应借、应贷会计科目和记账方向都正确，只是所记金额小于应记金额。将少记金额用蓝字填制一张与原错误记账凭证科目名称和方向一致的记账凭证，并用蓝字据以登记入账，以补足少记的金额。

对于上述错账更正时需要编制的记账凭证，其摘要内容应填写"更正某字某号记账凭证"字样，而不应再填写原内容。

【例6-4】某企业销售产品一批，计10 000元，贷款尚未收到，金额误记为1 000元，即记账凭证少记9 000元。误编分录为：

（1）借：应收账款　　　　　　　　　　　　　　　　　　　　1 000

　　　　贷：产品销售收入　　　　　　　　　　　　　　　　　　1 000

登记入账后发现该错误，对这一错误，可以将少记的金额9 000元，再编制一张记账凭证并登账，以更正少记金额的错误。

（2）借：应收账款　　　　　　　　　　　　　　　　　　　　9 000

　　　　贷：产品销售收入　　　　　　　　　　　　　　　　　　9 000

请注意

由于形成差错的性质不同，发现的时间有先有后，所以采用的更正方法也有所不同。应根据不同的错账情况，分别采用划线更正法、红字冲销法和补充登记法等不同方法加以更正。

三种更正错账方法的对比说明如表6-22所示。

表6-22　更正错账方法对比说明

错误类型	更正方法	更正步骤
凭证正确 登账时文字 或数值错误	划线更正法	① 在需要更正的文字或数字上划红线（全部划掉，不能只划一部分）； ② 在红字上方书写正确的文字或数字； ③ 更正人在更正处盖章。

续表

错误类型		更正方法	更正步骤
凭证错误导致记账错误	会计科目或借贷方向错	红字更正法	用红字填制一张与错误凭证内容相同的红字凭证并登账；再用蓝字填制一张正确凭证并据此登账
	金额错，所记金额大于应记金额	红字更正法	将多记金额用红字填制一张与原凭证相同的凭证并登账
	金额错，所记小于应记	补充登记法	将少记金额填制一张与原凭证相同的蓝字凭证并据以登账

第五节　会计账簿的更换和保管

一、账簿的更换

（1）为了便于账簿的使用和管理，一般情况下，每个会计年度开始时，应按会计制度的规定，更换总分类账、现金日记账和银行存款日记账和大部分明细账。

（2）对于在年度内业务发生量较少，账簿变动不大的部分明细账，如固定资产明细账和固定资产卡片账，可以连续使用，不必每年更换。

（3）有些财产物资明细账和债权、债务明细账，由于种类、规格和往来单位较多，更换新账，重抄一遍余额的工作量较大，因此，可以跨年度使用，不必每年更换一次。

账簿更换一般是将上年度各账户的余额直接抄入新账簿各账户的第一行，并在摘要栏内注明"上年结转"或"年初余额"字样，无需编制记账凭证。

二、会计账簿的保管

会计账簿是非常重要的经济档案，应妥善保管。对会计账簿的保管既是会计人员应尽的职责，又是会计工作的重要组成部分。

（一）会计账簿的日常管理

（1）明确分工，专人管理，谁负责登记，谁负责管理。

（2）非经管人员未经允许不得翻阅查看会计账簿。

（3）会计账簿除需要与外单位核对账目外，一律不准携带外出。

（二）会计账簿的归档保管

新会计年度对更换下来的旧账簿应进行整理、分类，对有些缺少手续的账簿，应补办必要的手续，然后装订成册，并编制目录，办理移交手续，按期归档保管。

1. 活页账簿的装订

一般按账户分类装订成册，一个账户装订一册或数册；某些账户账页较少，也可以几个账户合并装订成一册；应将装订线用纸封口并由经办、装订及会计主管人员在封口处签章；旧账装订完毕后，交由会计档案保管人员造册归档。将全部账簿按册数顺序或保管期限统一编写"会计账簿归档登记表"。

2. 账簿的保管期限

账簿应按照规定期限保管。各账簿的保管期限分别为：日记账一般为15年，其中现金日记账和银行存款日记账为25年；固定资产卡片在固定资产报废清理后应继续保存5年；总分类账、明细分类账和辅助账簿应保存15年；涉及外事和其他重要的会计账簿应永久保存。保管期满，要按照会计档案管理办法的规定，由财会部门和档案部门共同鉴定，报经批准后进行处理。

请注意

合并、撤销单位的会计账簿，要根据不同情况，分别移交给并入单位、上级主管部门指定的其他单位接受保管，并由交接双方在移交清册上签名盖章。

本 章 小 结

登记账簿是会计核算的专门方法之一，登记时必须按规定的规则和方法进行。账簿可以按照不同的标准进行分类。可分为序时账簿、分类账簿和备查账簿；订本账簿、活页账簿和卡片账簿；三栏式账簿、数量金额式账簿和多栏式账簿。

现金日记账与银行存款日记账采用三栏式格式，由出纳员根据审核无误的收、付款凭证按经济业务发生的时间先后顺序逐日逐笔登记。

总分类账一般采用订本式账簿形式，常用的格式是三栏式。总分类账的登记，可以根据记账凭证逐笔登记，也可以通过一定的方式分次或按月一次汇总成汇总记账凭证或科目汇总表，然后据以登记。总分类账登记的依据和方法，取决于企业采用的账务处理程序。

明细账按其所反映经济业务的特点，以及财产物资管理的不同可以采取多种格式，一般有三栏式明细账、数量金额式明细账、多栏式明细账等几种，登记方法也随之不尽相同。

 **本 章 习 题**

一、单项选择题

1. 登记账簿的依据是（　　　）。

   A. 经济合同   B. 会计分录   C. 记账凭证   D. 有关文件

2. 下列账户的明细账采用三栏式账页的是（　　　）。

   A. 管理费用   B. 销售费用   C. 库存商品   D. 应收账款

3. 一般情况下，不需要根据记账凭证登记的账簿是（　　　）。

   A. 总分类账   B. 明细分类账   C. 日记账   D. 备查账

4. 从银行提取库存现金，登记库存现金日记账的依据是（　　　）。

   A. 库存现金收款凭证   B. 银行存款付款凭证

   C. 银行存款收款凭证   D. 备查账

5. 生产成本明细账一般采用（　　）明细账。

   A. 三栏式   B. 多栏式   C. 数量金额式   D. 任意格式

6. 原材料等财产物资明细账一般适用（　　）明细账。

   A. 数量金额式   B. 多栏式   C. 三栏式   D. 任意格式

7. 若记账凭证上的会计科目和应借应贷方向未错，但所记金额大于应记金额，并据以登记入账，应采用的更正方法是（　　　）。

   A. 划线更正法   B. 红字更正法

   C. 补充登记法   D. 编制相反分录冲减

8. 会计人员在结账前发现，根据记账凭证登记入账时误将 600 元写成 6 000 元，而记账凭证无误，应采用的更正方法是（　　）。

    A. 补充登记法　　　　　B. 划线更正法　　　　　C. 红字更正法　　　　　D. 横线登记法

9. 我国现行采用的现金日记账和银行存款日记账属于（　　）。

    A. 普通日记账　　　　　B. 特种日记账　　　　　C. 分录日记账　　　　　D. 转账日记账

10. 新年度开始启用新账时，可以继续使用不必更换新账的是（　　）。

    A. 总分类账　　　　　　　　　　　　B. 银行存款日记账

    C. 固定资产卡片　　　　　　　　　　D. 管理费用明细账

二、多项选择题

1. 下列属于序时账的有（　　）。

    A. 普通日记账　　　　　　　　　　　B. 银行存款日记账

    C. 明细分类账　　　　　　　　　　　D. 库存现金日记账

2. 下列明细账中可以采用三栏式账页的有（　　）。

    A. 应收账款明细账　　　　　　　　　B. 原材料明细账

    C. 材料采购明细账　　　　　　　　　D. 现金日记账

3. 登记明细分类账的依据可以是（　　）。

    A. 原始凭证　　　　　B. 汇总原始凭证　　　　　C. 记账凭证　　　　　D. 经济合同

4. 数量金额式明细分类账的账页格式一般适用于（　　）。

    A. 库存商品明细账　　　　　　　　　B. 应交税金明细账

    C. 应付账款明细款　　　　　　　　　D. 原材料明细账

5. 登记现金日记账收入栏的依据有（　　）。

    A. 累计凭证　　　　　　　　　　　　B. 现金收款凭证

    C. 转账凭证　　　　　　　　　　　　D. 银行存款付款凭证

6. 普通日记账的缺点有（　　）。

    A. 记账时不便于分工合作

    B. 不便于了解企业一定时期发生的所有经济业务全貌

    C. 不便于进行试算平衡

    D. 不便于了解某一特定账户的发生额及余额的变化情况

7. 登记银行存款日记账收入栏的依据有（　　）。

    A. 银行存款收款凭证　　　　　　　　B. 现金付款凭证

    C. 转账凭证　　　　　　　　　　　　D. 累计凭证

8. 下列应设置备查账簿登记的事项有（　　）。

    A. 固定资产卡片　　　　　　　　　　B. 本单位已采购的材料

    C. 临时租入的固定资产　　　　　　　D. 本单位受托加工材料

9. 任何会计主体都必须设置的账簿有（　　）。

    A. 日记账　　　　　B. 备查账　　　　　C. 总分类账　　　　　D. 明细分类账

10. 账簿按其外表形式分，可以分为（　　）。

    A. 三栏式　　　　　B. 订本式　　　　　C. 卡片式　　　　　D. 活页式

11. 下列适用多栏式明细账的是（　　）。

　　　A. 生产成本　　　　B. 制造费用　　　　C. 材料采购　　　　D. 应付账款

12. 在账簿记录中，红笔只能用于（　　　）。

　　　A. 错误更正　　　　B. 冲账　　　　　　C. 结账　　　　　　D. 登账

13. 登记银行存款日记账的依据为（　　　）。

　　　A. 银行存款收款凭证　　　　　　　　　B. 银行存款付款凭证

　　　C. 库存现金收款凭证　　　　　　　　　D. 库存现金付款凭证

14. 账簿记录发生错误时，应根据错账的具体情况，按规定的方法进行更正，不得（　　　）。

　　　A. 涂改　　　　　　　　　　　　　　　B. 挖补

　　　C. 用退色药水消除字迹　　　　　　　　D. 撕去错页重新抄写

15. 会计账簿按其用途的不同，可以分为（　　　）。

　　　A. 序时账簿　　　　　　　　　　　　　B. 分类账簿

　　　C. 备查账簿　　　　　　　　　　　　　D. 数量金额式账簿

三、判断题

1. 现金日记账和银行存款日记账的外表形式必须采用订本式账簿。　　　　　　（　　　）

2. 记账以后，发现记账凭证中应借应贷科目错误，应采用红字更正法更正。　（　　　）

3. 采用普通日记账时，可根据经济业务直接登记，然后再将普通日记账过入分类账。因此，设置普通日记账时一般可不再填制记账凭证。　　　　　　　　　　　　　（　　　）

4. 任何单位都必须设置总分类账。　　　　　　　　　　　　　　　　　　　（　　　）

5. 所有总分类账的外表形式都必须采用订本式。　　　　　　　　　　　　　（　　　）

6. 记账以后，发现记账凭证和账簿记录中应借应贷的会计科目无误，只是金额有错误，且所错记的金额小于应记的正确金额，可采用红字更正法更正。　　　　　　　（　　　）

7. 为了保证现金日记账的安全和完整，现金日记账无论采用三栏式还是多栏式，外表形式都必须使用订本账。　　　　　　　　　　　　　　　　　　　　　　　　（　　　）

8. 为保持账簿记录的持久性，防止涂改，记账时必须使用蓝黑墨水或碳素墨水，并用钢笔书写，不得使用铅笔或圆珠笔书写。　　　　　　　　　　　　　　　　　（　　　）

9. 账簿按其用途不同，可分为订本式账簿、活页式账簿和卡片式账簿。　　　（　　　）

10. 会计账簿是连接会计凭证与会计报表的中间环节，在会计核算中具有承前启后的作用，是编制会计报表的基础。　　　　　　　　　　　　　　　　　　　　　　（　　　）

本 章 实 训

一、错账更正

广州丽华公司在账证核对中，发现下列错误，要求按有关错账更正规则进行更正。

1. 从银行提取库存现金 16 000 元，备发工资。

记账凭证为：借：库存现金　　　　　　　　　　　　　　16 000

　　　　　　　　　贷：银行存款　　　　　　　　　　　　　　　　16 000

账簿误记录为 1 600 元。

2. 预付红光公司购货款 25 000 元。

记账凭证误为：借：预收账款　　　　　　　　　　　　　　25 000

　　　　　　　　　　　贷：银行存款　　　　　　　　　　　　　　　　　25 000

3. 以银行存款支付公司行政部门用房的租金 2 300 元。

记账凭证误为：借：管理费用　　　　　　　　　　　　　　　　　3 200

　　　　　　　　贷：银行存款　　　　　　　　　　　　　　　　　3 200

4. 开出现金支票 1 张，支付公司购货运杂费 540 元。

记账凭证为：借：材料采购　　　　　　　　　　　　　　　　　450

　　　　　　　贷：银行存款　　　　　　　　　　　　　　　　　450

二、账簿登记

某企业 2012 年 3 月份发生下列几笔有关经济业务：

1. 5 日，验收入库甲材料（规格 TY）60 件，单价：5.20 元。财会部门根据验收单编制了第 1 号转账凭证。

2. 10 日，仓库发出甲材料（规格 TY）50 件，财会根据发料单编制了第 2 号转账凭证。

3. 24 日，验收入库甲材料（规格 TY）20 件，单价：4.80 元。财会部门根据验收单编制了第 3 号转账凭证。

4. 27 日，仓库发出甲材料（规格 TY）40 件，财会部门根据发料单编制了第 4 号转账凭证。

根据以上业务登记原材料明细账。

第七章 财产清查

☑【本章提要】

为了保证账簿记录的真实性,掌握各项财产物资的真实情况,保证财产物资的安全完整,必须对各项财产物资定期或不定期地进行盘点核对,出现账实不符的要及时调整账簿记录,并查明原因,按规定进行账务处理。本章重点阐述:① 财产清查的含义、种类;② 财产物资的盘存制度;③ 财产清查的方法;④ 财产清查结果的会计处理。

☑【学习目标】

1. 了解财产清查的意义和种类;
2. 掌握财产清查的方法与财产清查结果的账务处理;
3. 能采用恰当的方法对企业的各项财产物资进行清查。

☑【重点】

货币资金、存货、固定资产和往来款项的清查方法。

☑【难点】

银行存款余额调节表的编制方法;财产清查结果的账务处理方法。

■ 案例导入

2008 年 5 月 12 号 14 时 28 分 04 秒,四川汶川发生了 8 级大地震。地震后,灾区损失严重,很多企业的厂房、设备遭到严重毁损。灾后,企业在政府和全国各族人民的援助下开展企业重建。

 想一想

在企业重建前要先进行什么工作呢?是不是需要把企业所有的财产物资都清查一遍,以掌握企业的实有资产数额,调整账簿记录,做到账实相符?

第一节 财产清查的意义和种类

一、财产清查的意义

财产清查,就是根据有关账簿记录,对企业的货币资金、实物资产和往来款项的盘点和核对,确定其实存数,将实存数与账面结存数进行核对,借以查明账实是否相符的一种专门方法。

（一）财产清查的原因

每一个单位日常发生的各项经济业务，都需要通过填制和审核会计凭证、登记账簿、试算平衡和对账等一系列会计处理方法来保证账簿记录正确，真实地反映各项财产的增减变动情况。从理论上说，在核算过程中如果严格遵循规范的程序和方法进行记录和核算，会计账簿记载的各项财产的增减结存情况和实际的各项财产的收发结存情况应当完全一致。但在实际工作中，各项财产的账面数额与实际结存数额常常出现不相符的情况，进而影响到会计核算资料的正确与真实，造成账实不符的原因主要有以下几个方面。

（1）财产物资在运输或保管中发生自然损耗，如霉烂、破损等。

（2）计量器具不准确，造成财产物资在收发时出现差错，而使原始凭证填列的数字与实际情况不符。

（3）财产物资在保管中，由于自然灾害或非常事件造成的损失，如火灾、水灾等。

（4）会计人员在记账时出现差错。

（5）保管人员在收发中发生计算或登记的差错。

（6）由于企业管理不善，或者有关工作人员玩忽职守，而造成的财产物资的破损、变质、短缺等损失。

（7）由于不法分子贪污、盗窃和营私舞弊等造成的财产物资的损失。

（8）其他原因造成的账实记录不相符。

上述情况的发生，往往会造成某些财产物资的实存数与账存数不符，因此企业必须进行财产清查。按照我国《会计法》的规定，各单位必须建立财产清查制度。

（二）财产清查的意义

定期或不定期地对企业各项财产物资进行清查有着重要意义。

（1）保证会计核算资料的真实准确。通过财产清查，可以查明各项财产物资的实存数，并与账存数进行核对，确定账存数与实存数是否相符。对确认的财产盘亏、盘盈，并进一步查明发生差异的原因和责任，并采取措施及时进行账面调整，确实做到账实相符，保证会计资料的准确和真实，为编制报表提供真实、客观的数据资料。

（2）保护各项财产物资的安全、完整。通过财产清查，可以查明各项财产物资是否有霉烂变质、损坏丢失或者被非法挪用、贪污盗窃等情况，以便及时进行调查与处理，改善对财产物质的管理，保护财产物质的安全与完整。

（3）提高企业经营管理水平。挖掘财产物资的潜力，加速资金周转。通过财产清查，可以查明单位内部对各项财产物资的收发、保管、报废等手续制度的执行情况，发现存在问题，根据不同情况，分别采取不同措施；对积压、呆滞的物资应及时作适当处理，挖掘内部物资潜力，提高经营管理水平。

（4）有利于财经法规和财经纪律的执行。通过财产清查，可以查明单位是否切实遵守财经纪律和各项结算制度、往来款项的结算情况，是否有挪用、贪污、盗窃等舞弊行为，以便及时查处，促使各单位自觉遵守各项财经法规和财经纪律，建立健全各项规章制度。

二、财产清查的分类

财产清查可以按不同的标准分类，主要的分类方法有以下几个方面。

（一）按照清查对象的范围分类

按照清查对象的范围可分为全面清查和局部清查。

1. 全面清查

全面清查就是对全部财产进行盘点和核对，全面清查的对象包括以下几个方面。

（1）现金、银行存款等各项货币资金。

（2）材料、在产品、库存商品等存货是否有积压物资。

（3）债权、债务，包括应收账款，应付账款等是否存在，与债务、债权单位的金额是否一致。

（4）固定资产，房屋建筑物、机器设备等各项固定资产的实存数量与账面数量是否一致。

（5）各种股票、债券等对外投资等是否存在。

（6）需要清查核实的其他内容。

由于全部清查的范围广，内容多，需要的人员多，一般需要进行全面清查的情况有以下几种。

（1）年终决算之前，编制年度会计报表之前，确保年度会计信息的真实可靠。

（2）产权发生重大变化，如企业撤销、合并或改变其隶属关系。

（3）开展清产核资或进行资产评估。

（4）单位主要负责人调离工作，需要进行全部清查，以分清责任。

2. 局部清查

局部清查也称重点清查。就是根据企业管理的需要，对某一部分财产物资进行盘点和核对。一般情况下是对流动性较大的财产和一些贵重物资进行清查。如库存现金，每日盘点一次，做到日清月结；银行存款，出纳人员每月同银行核对一次；贵重物资，每月至少清查盘点一次；各种往来款项，每个会计年度至少与对方核对一至两次；流动性较大或容易损耗的各种存货，应有计划的每月轮流进行盘点或重点抽查。

（二）按照清查时间分类

按照清查的时间分为定期清查和不定期清查。

1. 定期清查

定期清查就是指根据管理制度和预先计划规定的时间对各项财产进行的清查。通常在年末、季末或月末结账时进行。其特点是事先有计划、有安排。定期清查既可以是全面清查，也可以是局部清查。定期清查一般在下列情况时采用。

（1）现金要进行每日账实核对。

（2）每月结账时，要对银行存款日记账进行对账等。

在一般情况下，年末进行全面清查，季末、月末进行局部清查。

2. 不定期清查

不定期清查就是根据需要对各项财产进行的临时清查，也叫临时清查。企业事先无计划、无安排，而是根据实际工作的需要随时展开清查工作，所以又称临时清查。不定期清查一般在下列情况下采用。

（1）财产物资发生非常灾害和意外损失时。

（2）更换出纳员和财产物质保管员，在办理移交时。

（3）上级有关部门进行会计检查时。

（4）其他原因。

不定期清查一般是局部清查。

第二节 财产物资的盘存制度

财产清查的重要环节是盘点财产物资，确定本单位的各项财产实存数额与账存数额是否相符。由于财产物资盘存制度针对的主要是实物资产中的存货，因而，也被称为存货盘存制度。在实际工作中，存货的盘存制度有永续盘存制和实地盘存制两种。

一、永续盘存制

永续盘存制又称账面盘存制，是平时就要逐笔或逐日地登记存货收入数、发出数，并随时结出账面余额的一种管理制度。平时对各项财产物资的增加数和减少数，都要根据会计凭证连续记入有关账簿，并且随时结出账面余额。采用这种方法，存货期末账面结存数的确定方法为：

期末存货账面余额=期初存货账面余额+本期存货增加额−本期存货减少额

应当注意的是，采用永续盘存制时，对存货仍需进行实地盘点，至少每年实地盘点一次，做到账实相符。由于该方法可以对存货的增加和减少及时进行登记，随时能结出期末余额，加强了对财产物资的监督和管理。永续盘存制的主要不足之处是需要投入较多的人力、费用，工作量较大。在实际工作中，除了一些特殊的财产物资外，一般都应该采用永续盘存制。

二、实地盘存制

实地盘存制也称定期盘存制，"以存计销制"或"以存计耗制"。是指在平时只登记存货的增加数，不登记减少数，也不结计账面余额，期末通过实地盘点来确定存货的结存数，并据以倒挤出本期存货减少数的一种管理方法。其计算公式为：

本期存货发出成本=账面期初存货余额+本期购进存货成本−期末实际结存存货成本

采用这一方法，即平时对存货有关科目只记借方，不记贷方，每一会计期末，通过实地盘点确定存货数量，据以计算期末存货成本，然后计算出本期耗用或销售存货的成本，再记入有关存货科目的贷，有：

期末存货实际结存额=期末存货盘点数量×存货单价

这种方法不需要每天记录销售（或耗用）和结存数量，核算工作较为简单。但是由于财产物资明细账的登记与实物的收发不完全同步进行，核算不严密，账簿记录不完整。本期减少数是利用倒挤的方法计算出来的，难以发现管理中存在的问题，会将人为的差错、损失、短缺或毁损等都作为本期正常耗费核算。同时，也不能随时了解财产物资的增减变动和结存情况，不便于管理。因此，这种方法一般用于自然损耗较大、数量不稳定的鲜活商品，在制造业企业中，很少采用这种存货盘存制度。

永续盘存制与实地盘存制的比较表现在以下几个方面。

永续盘存制的优点是有利于加强对财产物资的管理，可以随时了解财产物资收入、发出和结存状况。通过账簿记录中的账面结存数，结合不定期的实地盘点，将实际盘存数和账面数相核对，可以查明溢余或短缺的原因；通过账簿记录还可以随时反映出财产物资过多或不足，以便及时合理地组织货源，加速资金周转。永续盘存制的缺点是核算工作量大，需要投入较多的人力物力。

实地盘存制的主要优点是简化了日常核算工作。缺点：① 加大了期末工作量；② 不能随时反映财产物资收入、发出和结存状况，不便于管理人员掌握情况；③ 容易掩盖物资管理中存在的自然和人为损失；④ 只能期末盘点时结转发出成本，而不能随时结转。所以，实地盘存制的实用性较差。

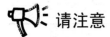 **请注意**

企业可根据财产物资的类别和管理要求，对有些财产物资实行永续盘存制，对另一些实行实地盘存制，但不管采用哪种方法，前后各期应保持一致。

第三节 财产清查的方法

一、财产清查的方法

企业单位的财产物质种类繁多，作用不同，在清查中应分别采取不同的方法。清查方法一般包括以下几个方面。

（一）实物财产的清查方法

实物财产的清查主要指对企业存货和固定资产等的清查，既要查数量，又要查质量。其清查方法包括以下几个方面。

1. 实地盘点法

实地盘点法是指对各项实物通过逐一清点数量或通过计量器具来确定实物资产实存数量的一种方法。这种方法适用范围广，大部分财产物质的清点都采用这种方法，如清点一下有多少台机床、用秤称量库存中有多少吨钢材等。

2. 技术推算法

技术推算法是指通过技术推算来确定财产物资实有数的一种方法。对有些价值低、数量大的财产物资而又不便于逐一盘点的实物资产，如露天堆放的原煤、沙石等，可以在抽样盘点的基础上进行技术推算，从而确定其实存数量。

在进行清查时，相关人员必须到场，如进行实物资产的盘点时，其保管员必须在场。清查时清查人员需要做好记录；清查结束，清查人员应该根据财产物资的清查记录，编制"盘存单"，并由清查人员、财产物资保管人员及有关责任人当场签字盖章。"盘存单"是记录各项实物资产的实存数量，反映财产清查工作结果的原始凭证。

实物资产盘点完毕，如果某些资产盘存单记录的实存数与账存数不符，应编制"实存账存对比表"。"实存账存对比表"是用以确定实物资产盘盈盘亏的数据和原因，调整账簿记录的原始凭证。

"盘存单"、"实存账存对比表"分别如表 7-1 和表 7-2 所示。

表 7-1　盘存单

单位名称：　　　　　　　　　　　　盘点时间：

财产类别：　　　　　　　　　　　　存放地点：　　　　　　　　　　　编号

编号	名称	规格型号	计量单位	数量	单价	金额	备注

盘点人签章：　　　　　　　　　　　保管员签章：

表7–2　实存账存对比表

单位名称　　　　　　　　　　　　　　　　　　年　月　日

编号	类别名称	计价单位	单价	实存		账存		账实对比				备注
				数量	金额	数量	金额	盘盈		盘亏		
								数量	金额	数量	金额	

单位负责人签章　　　　　　　　　　　　　　　　　　盘点人签章

（二）资产的清查

1. 固定资产的清查

为了保护企业固定资产的安全完整，充分挖掘企业现有固定资产的生产潜力，企业应定期不定期地对固定资产进行清查，应至少每年清查一次。固定资产清查一般在年终决算以前组织专人进行，以保证年终决算的正确性。

1）固定资产清查的方法

对固定资产清查主要采用实地盘点法，是把固定资产卡片与固定资产实物进行核对。

2）固定资产清查使用的凭证是"固定资产清查表"

"固定资产清查表"主要是由盘点人员记录固定资产清查盘点的详细情况，由清查小组编制，盘点人员盖章，格式如表7–3所示。

表7–3　固定资产清查表

固定资产卡片	固定资产编号	固定资产名称	规格型号	计量单位	账面数量	实点数量	盘盈	盘亏	说明

"固定资产清查盘点报告表"主要用于详细记录盘亏、盘盈固定资产的编号、名称、原价或重置价值、累计折旧、估计已提折旧、净值以及盘盈、盘亏原因等信息，是固定资产清查账务处理的依据，格式如表7–4所示。

表7–4　固定资产清查盘点报告表

编号	名称	规格型号	计量单位	账面		实点		盘盈			盘亏			原因
				数量	原值	数量	原值	数量	原值	估计折旧	数量	原值	已提折旧	

2. 货币资金的清查

货币资金，一般包括库存现金、银行存款和其他货币资金。这里主要介绍库存现金的清查和银行存款的清查。

1）库存现金的清查

库存现金的清查一般采用实地盘点法确定其实存数，再将其同现金日记账的账面余额核对，查明账实是否相符，确定盈亏情况。

库存现金的盘点，应由清查人员会同现金出纳人员共同进行。为了明确责任，盘点前，出纳人员应先将现金收、付款凭证全部登记入账，并结出余额；在盘点现金时，出纳人员必须在场，现金应逐张清点，盘点完毕，根据盘点结果填列现金盘点报告表。

盘点时，除查明账实是否相符外，还要查明有无违反现金管理制度的规定，有无以"白条"抵库，也就是不能用不具有法律效力的借条、收据等抵充库存现金；现金库存是否超过银行核定的限额，有无坐支现金；有无"公款私存"等。盘点完毕，应根据盘点结果和库存现金日记账余额编制"库存现金盘点报告表"，并由盘点人员和出纳人员当场签名或盖章，其格式如表7-5所示。

表7-5　现金盘点报告表

单位名称：　　　　　　　　　　　　　年　月　日

实存金额	账存金额	对比结果		备注
		盘盈	盘亏	

负责人签章：　　　　　　　　　盘点人签章：　　　　　　　　　出纳员签章：

📢 请注意

"库存现金盘点报告表"兼有"盘存单"和"账存实存对比表"的作用，既是反映现金实存数和调整账簿记录的重要原始凭证，也是分析账实发生差异原因，明确经济责任的依据。

2）银行存款的清查

银行存款的清查，采用对账单法，即将开户银行转来的对账单与本单位的银行存款日记账逐笔进行核对，以查明银行存款日记账的记录是否真实可靠。

在与银行对账之前，应先检查本单位的银行存款日记账的正确性与完整性，然后再将其与银行对账单逐日、逐笔核对，以查明两者是否相符。

实际工作中，企业的银行存款日记账的余额与开户行转来的对账单的余额往往不一致。这种不一致的原因，一是双方记账可能有差错，如错账漏账等，这是不正常的，应及时查明更正；二是存在未达账项。

所谓未达账项是指由于企业与开户银行之间对于同一项业务记账时间不一致，而发生的一方登记入账，而另一方尚未入账的款项。

未达账项有如下四种情况：

（1）企业已收而银行未收；

（2）企业已付而银行未付；

（3）银行已收而企业未收；

（4）银行已付而企业未付。

任何一种情况出现的未达账项，都有可能导致银行对账单余额与银行存款日记账余额不同。故因此，在与银行核对账目时，必须注意有无未达账项。企业应根据核对后发现的未达账项，编制"银行存款余额调节表"。"银行存款余额调节表"的编制方法是：在企业与开户行双方账面余额基础上，补记对方已入账、本单位未入账的未达账项，得出调整后的余额。公式如下：

企业银行存款日记账余额＋银行已收入账企业未收入账款项－银行已付入账企业未付入账款项=银行对账单余额＋企业已收入账银行未收入账款项－企业已付入账银行未付入账款项

经过调整后的存款余额也是企业当时可以支用的银行存款实有额。

值得注意的是，由于未达账项不是错账、漏账，因此，不须根据调节表做任何账务处理，双方账面仍保持原有的余额，待收到有关凭证之后（即由未达账项变成已达账项），再同正常业务一样进行处理。

【例7-1】某企业2012年1月31日，接到其开户行银行对账单，银行对账单余额为：431 712元，企业银行存款日记账余额为415 140元。经核对找出如下未达账项：

（1）企业将销售收入的银行支票10 904元送开户行，银行尚未入账；

（2）企业因购买原材料，签发银行支票，其金额为6 540元，银行尚未入账；

（3）银行代企业收到一笔应收款32 712元，企业尚未收到入账通知；

（4）银行收取企业办理结算的手续费和电报费共11 776元，企业尚未收到付款通知。

根据以上资料编制银行存款余额调节表如表7-6所示。

表7-6 银行存款余额调节表

2012年1月31日   单位：万元

项　目	金　额	项　目	金　额
企业银行存款日记账余额	415 140	银行对账单余额	431 712
加：银行已收入账企业尚未入账	32 712	加：企业已收银行未收	10 904
减：银行已付入账企业尚未入账	11 776	减：企业已付银行未付	6 540
调节后余额	436 076	调节后余额	436 076

编制"银行存款余额调节表"的目的，只是为了检查账簿记录的正确性，并不是要更改账簿记录，对于银行已经入账而本单位尚未入账的业务和本单位已经入账而银行尚未入账的业务，均不做账务处理，待业务凭证到达后，再作处理。需要特别注意的是，如果发现长期搁置的未达账项，有可能是错账，应及时查明原因予以解决。

3）往来款项的清查

往来款项的清查就是对各种应收、应付及暂收款项等各项债权债务进行的核对。

往来款项的清查方法与银行存款清查方法一致，也是通过与对方单位核对账目来进行清查。一般采用"函证核对法"，即通过函电往来核对账目，进行查账。清查单位应在其各种往来款项记录准确的基础上，按每个往来单位编制"往来款项对账单"送往各往来单位进行核对。对账单一般一式两联，其中一联作为回单。对方经过核对相符后，在回联单上加盖公章退回，标明已核对；如果数字不符，应将不符的情况在回单上注明，进一步查明原因，再行核对，直到相符为止。

"往来款项对账单"的格式和内容如图 7-1 所示。

_____单位：

你单位 20××年 3 月 2 日购入我单位甲产品 200 件，已付货款 6 000 元，尚有 5 000 元货款未付，请核对后将回联单寄回。

核查单位：（盖章）

20××年 12 月 18 日

沿此虚线裁开，将以下回联单寄回!

- -

往来款项对账单（回联）

_____核查单位：

你单位寄送的"往来款项对账单"已经收到，经核对相符无误。

××单位（盖章）

20××年 12 月 25 日

图 7-1 往来款项对账单

在收到对方回单后，可编制"往来款项清查表"，如表 7-7 所示。

表 7-7 往来款项清查表

明细分类账户		清查结果		核对不符原因分析			备注
名称	余额	核对相符金额	核对不符金额	未达账项金额	有争议款项金额	其他	

清查人员签章： 经管人员签章：

第四节 财产清查结果的会计处理

一、财产清查的两种结果及账务处理程序

（一）财产清查的结果

财产清查后会出现两种情况，如下所示。

（1）实存数与账存数一致，即账实相符，这种情况不需进行账务处理。

（2）实存数与账存数存在差异。

实存数与账存数不符的情况有以下几种情况。

① 盘亏，即实存数小于账存数。

② 盘盈，即实存数大于账存数。

③ 毁损，即虽然实存数等于账存数，但是实存的财产物资，由于某种原因如质量问题等，不能达到标准、不能正常使用等。

（二）财产清查的账务处理程序

企业通过财产清查发现的问题，不论是盘盈、盘亏还是毁损，应当按照国家有关财务制度的规定进行账务处理。财产清查结果的账务处理工作主要包括以下两个环节。

第一步，将清查核实后的盘盈盘亏情况，做成书面材料，然后上报有关部门办理报批手续。同时，根据"账存实存对比表"、"盘盈盘亏报告表"、"现金盘点报告表"编制记账凭证，调整账簿记录，做到账实相符，并将盘盈、盘亏数额记入"待处理财产损溢"账户（注：盘盈固定资产不通过此科目，而是作为前期差错记入"以前年度损益"科目）。

第二步，报批后，根据审批意见，转销盘盈、盘亏或毁损。编制记账凭证，登记有关账簿，对于有赔偿的，要积极索赔，同时转销盘盈、盘亏或毁损，核销"待处理财产损溢"账户。

为了反映和监督各单位在财产清查过程中查明的各种财产的盈亏或毁损及其报经批准后的转销数额，应设置"待处理财产损溢"账户。该账户属于双重性质账户，其借方登记各项财产的盘亏或毁损数额和报经批准后转销的各项财产物资的盘盈数额，贷方登记各项财产的盘盈数额和报经批准后转销的各项财产物资的盘亏或毁损数额。处理前，如果有借方余额，则表示尚未处理的财产净损失；如果有贷方余额，则表示尚未处理的财产净溢余，期末处理后，该账户应无余额。"待处理财产损溢"账户结构示意表如表7-8所示。

表7-8　待处理财产损溢

借　　方	贷　　方
发生额：发生的待处理财产盘亏或毁损；批准转销的待处理财产盘盈数	发生额：发生的待处理财产盘盈数；　批准转销的待处理财产盘亏毁损数
结余数：尚未批准处理的盘亏和毁损数与盘盈数的差额	结余数：尚未批准处理的盘盈数与盘亏和毁损数的差额

为了详细反映财产盘盈、盘亏及转销情况，在该账户下应设"待处理财产损溢——待处理固定资产损溢"和"待处理财产损溢——待处理流动资产损溢"两个二级明细分类账户，以进行明细分类核算。

应收账款例外，应收账款确认为坏账损失时，可以不通过"待处理财产损溢"账户，报经批准后直接入账。

一、财产清查结果的账务处理

（一）现金清查结果的账务处理

1. 现金短缺时的会计处理

发生现金短缺时，账务处理为：

借：待处理财产损溢——待处理流动资产损溢

　　贷：库存现金

待查明原因后，作如下处理：

1）应由责任人赔偿的部分

借：其他应收款——应收现金短缺款（某某）

　　　　贷：待处理财产损溢——待处理流动资产损溢

2）应由保险公司赔偿的部分

借：其他应收款——应收保险赔款

　　　　贷：待处理财产损溢——待遇处理流动资产损溢

3）如属于无法查明的其他原因，应作为管理费用处理

借：管理费用

　　　　贷：待处理财产损溢——待处理流动资产损溢

【例7-2】甲公司在库存现金清查中发现短缺500元。经查，属于出纳员张丹的责任，应由出纳员赔偿。

　　在批准前，根据"库存现金盘点报告表"编制会计分录为：

借：待处理财产损溢——待处理流动资产损溢　　　　　　　　　　　500

　　贷：库存现金　　　　　　　　　　　　　　　　　　　　　　　　　　500

　　经批准后，作会计分录为：

借：其他应收款——张丹　　　　　　　　　　　　　　　　　　　　500

　　贷：待处理财产损溢——待处理流动资产损溢　　　　　　　　　　　500

2. 现金溢余的会计处理

　　如果发生现金溢余，会计处理为：

借：库存现金

　　贷：待处理财产损溢——待处理流动资产损溢

　　待查明原因时，作以下处理：

1）属于应支付给有关人员或单位的

借：待处理财产损溢——待处理流动资产损溢

　　贷：其他应付款——应付现金溢余（某个人或单位）账户

2）属于无法查明原因的现金溢余，经批准后

借：待处理财产损溢——待处理流动资产损溢

　　贷：营业外收入

【例7-3】甲公司12月份进行库存现金清查，清查中发现多余现金300元。经反复核查，未查明原因，报经批准转作营业外收入处理。

　　在批准前，根据"库存现金盘点报告表"编制会计分录为：

借：库存现金　　　　　　　　　　　　　　　　　　　　　　　　300

　　贷：待处理财产损溢——待处理流动资产损溢　　　　　　　　　　　300

　　经批准后，作会计分录为：

借：待处理财产损溢——待处理流动资产损溢　　　　　　　　　　300

　　贷：营业外收入——现金溢余　　　　　　　　　　　　　　　　　　300

（二）存货清查结果的账务处理

1. 存货盘盈的会计处理

　　企业发生存货盘盈时，报经批准前

借：有关存货科目

　　贷：待处理财产损溢

报经批准后

借：待处理财产损溢

　　贷：管理费用

【例7-4】某企业在财产清查中，盘盈材料一批，价值3 000元。

1）报批前（发现时）

借：原材料　　　　　　　　　　　　　　　　　　　　　　　3 000

　　贷：待处理财产损溢　　　　　　　　　　　　　　　　　　　　　3 000

2）批准后

借：待处理财产损溢　　　　　　　　　　　　　　　　　　　3 000

　　贷：管理费用　　　　　　　　　　　　　　　　　　　　　　　3 000

2. 存货盘亏及毁损的会计处理

企业发生存货盘亏及毁损时的处理情况。

1）报经批准的前

借：待处理财产损溢

　　贷：有关存货科目

2）报经批准后的会计处理

借：原材料（入库的残料价值）

　　其他应收款（应由保险公司和过失人支付的赔款）

　　管理费用（扣除残料价值和应由保险公司、过失人赔款后的净损失，一般经营损失的部分）

　　营业外支出（扣除残料价值和应由保险公司、过失人赔款后的净损失，非常损失的部分）

　　贷：待处理财产损溢

【例7-5】某企业在财产清查中，盘亏材料40 000元，其中25 000元属于非常损失，15 000元属于自然损耗。

1）报批前

借：待处理财产损溢　　　　　　　　　　　　　　　　　　40 000

　　贷：原材料　　　　　　　　　　　　　　　　　　　　　　　40 000

2）批准后

借：管理费用　　　　　　　　　　　　　　　　　　　　　15 000

　　营业外支出　　　　　　　　　　　　　　　　　　　　25 000

　　贷：待处理财产损溢　　　　　　　　　　　　　　　　　　　40 000

（三）固定资产清查结果的账务处理

1. 固定资产盘盈的会计处理

对于盘盈的固定资产，一般情况下是由于企业前期记账差错而产生的，因此，应当在"以前年度损益调整"账户反映。

借：固定资产（净值）

　　累计折旧（估计折旧）

　　贷：以前年度损益调整（重置价值）

【例7-6】企业在财产清查中，发现账外设备一台，估计原价10 000元，七成新。

借：固定资产 10 000

　　贷：累计折旧 3 000

　　　　以前年度损益调整 7 000

2. 固定资产盘亏的会计处理

企业发生固定资产盘亏时，

　　借：待处理财产损溢——待处理固定资产损溢

（盘亏固定资产的账面价值）

　　累计折旧（已提折旧）

　　　　贷：固定资产（固定资产的原价）

盘亏的固定资产报经批准转销时，

　　借：营业外支出——固定资产

　　　　贷：待处理财产损溢——待处理固定资产损溢

【例7-7】企业在财产清查中，发现短缺设备一台，账面原价50 000元，已提折旧20 000元。

1）报批前

借：待处理财产损溢 30 000

　　累计折旧 20 000

　　贷：固定资产 50 000

2）批准后

借：营业外支出 30 000

　　贷：待处理财产损溢 30 000

（四）往来款项清查结果的账务处理

1. 应收账款清查结果的账务处理

在应收账款清查过程中，对不符的款项进行分类，并根据具体情况作相应处理。对有争议的款项，进一步协调处理；对未达账项，等凭证到达再作处理；对无法收回的款项，即坏账，经批准予以转销。坏账损失的转销在批准前不做账务处理，即不需通过"待处理财产损益"账户进行核算。

2. 应付账款清查结果的账务处理

在应付账款清查过程中，对不符的款项进行分类，并根据具体情况作相应处理。对有争议的款项，进一步协调处理；对未达账项，等凭证到达再作处理；对由于债权单位撤销或不存在等原因造成的长期应付而无法支付的款项，经批准转作"营业外收入"，不通过"待处理财产损益"账户进行核算。

【例7-8】公司在财产清查中，将无法支付的应付账款10 000元经批准予以转销。

借：应付账款 10 000

　　贷：营业外收入 10 000

本 章 小 结

　　财产清查，既是一种专门的会计核算方法，又是一项会计监督活动。这种方法根据有关账簿记录，对企业的财产进行盘点和核对，确定账存数与实存数是否相符的一种方法。财产清查可以按照不同的标准进行分类，可分为全面清查和局部清查、定期清查和不定期清查。确定各项财产物资实存数额与账存数额的关系，取决于采用的日常核算方法，即永续盘存制和实地盘存制。财产清查前要做好准备工作清查时根据清查对象的特点，采用相应的方法：现金的清查方法是实地盘点法；银行存款的清查方法是核对银行对账单；往来款项的清查方法是与对方单位核对账目；实物的清查方法是实地盘点法。财产清查结束，应填制"盘存单"、"账存实存对比表"等原始凭证。清查结果的账务处理分为两个步骤：一是根据各种盘存表编制记账凭证，调整账簿记录，做到账实相符；二是根据上级的批准意见，结转有关账户。账务处理时需要设置"待处理财产损溢账户"。

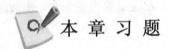 本 章 习 题

一、单项选择题

1. 企业在遭受自然灾害后，对其受损的财产物资进行的清查，属于（　　　）。

　　A. 局部清查和定期清查　　　　　　　B. 全面清查和定期清查

　　C. 局部清查和不定期清查　　　　　　D. 全面清查和不定期清查

2. 对库存现金的清查应采用的方法是（　　　）。

　　A. 实地盘点法　　　　　　　　　　　B. 检查现金日记账

　　C. 倒挤法　　　　　　　　　　　　　D. 抽查库存现金

3. 对应收账款进行清查时，应采用的方法是（　　　）。

　　A. 与记账凭证核对　　　　　　　　　B. 函证法

　　C. 实地盘点法　　　　　　　　　　　D. 技术推算法

4. 财产清查是对（　　）进行盘点和核对，确定其实存数，并查明其账存数与实存数是否相符的一种专门方法。

　　A. 存货　　　　　　B. 固定资产　　　　C. 货币资金　　　　D. 各项财产

5. 银行存款清查的方法是（　　　）。

　　A. 定期盘存法　　　　　　　　　　　B. 和往来单位核对账目的方法

　　C. 实地盘存法　　　　　　　　　　　D. 与银行核对账目的方法

6. 往来款项的清查方法是（　　　）。

　　A. 实地盘点法　　　　　　　　　　　B. 发函询证法

　　C. 技术推算　　　　　　　　　　　　D. 抽查法

二、多项选择题

1. 在财产清查的过程中，应编制并据以调整账面记录的原始凭证有（　　　　）。

　　A. 库存现金盘点报告单　　　　　　　B. 银行存款余额调节表

　　C. 财产物资清查盘存单　　　　　　　D. 财产清查盈亏明细表

2. 下列项目中，属于不定期并且全面清查的是（　　）。

    A. 单位合并、撤销或改变隶属关系　　　　B. 年终决算之前

    C. 企业股份制改制前　　　　　　　　　　D. 单位主要领导调离时

3. 造成账实不符的原因主要有（　　）。

    A. 财产物资的自然损耗、收发计量错误　　B. 会计账簿漏记、重记、错记

    C. 财产物资的毁损、被盗　　　　　　　　D. 未达账项

4. 财产清查的内容包括（　　）。

    A. 货币资金　　　　B. 财产物资　　　　C. 应收、应付款项　　D. 对外投资

5. 在银行存款对账中，未达账项包括（　　）。

    A. 银行已收款入账企业未收款入账　　　　B. 企业未付款入账银行已付款入账

    C. 企业未付款入账银行也未付款入账　　　D. 银行已收款入账企业也收款入账

三、判断题

1. 在企业撤销或合并时，要对企业的部分财产进行重点清查。　　　　　　　　（　　）

2. 未达账项只在企业与开户银行之间发生，企业与其他单位之间不会发生未达账项。

    　　　　　　　　　　　　　　　　　　　　　　　　　　　　　　　　　（　　）

3. 通过财产清查，可以挖掘财产物资的潜力，有效利用财产物资，加速资金周转。

    　　　　　　　　　　　　　　　　　　　　　　　　　　　　　　　　　（　　）

4. 未达账项是指企业与银行之间由于记账的时间不一致，而发生的一方已登记入账，另一方漏记的项目。　　　　　　　　　　　　　　　　　　　　　　　　　　　　　　（　　）

5. 对因债权人特殊原因确定无法支付的应付账款，应记入营业外收入账户。（　　）

第八章　财务会计报告

☑【本章提要】

　　财务会计报告是指单位根据经过审核的会计账簿记录和有关资料编制并对外提供的反映单位某一特定日期财务状况和某一会计期间经营成果、现金流量的文件。本章重点阐述：① 财务会计报告的概念、种类、结构等；② 资产负债表、利润表、现金流量表的概念、格式及编制原理。

☑【学习目标】

　　1. 明确财务会计报告的概念和内容、了解财务会计报告的种类、结构及作用；

　　2. 理解财务报表的意义；

　　3. 掌握资产负债表、利润表、现金流量表的概念、格式及编制方法。

☑【重点】

　　财务会计报告的概念、种类；资产负债表及利润表的作用和编制方法。

☑【难点】

　　资产负债表的作用和编制方法。

▉ 情景导入

　　一般专业的投资者投资股市，通常会在分析研究各上市公司财务会计报告的基础上再结合其他情况选择股票。他们认为财务报表中财务数据能够反映一个公司的很多信息。

 想一想

　　什么是财务会计报告？财务会计报告能提供哪些信息？这些信息反映了上市公司的什么情况？

第一节　财务会计报告概述

一、财务会计报告的概念和作用

　　反映在会计凭证和会计账簿中的会计资料比较分散，不够集中和概括，不便于会计信息使用者理解和利用。因此，有必要定期对日常会计核算资料进行加工处理和分类，编制财务会计报告，以总括、综合、清晰、简明地反映单位的财务状况和经营成果等会计信息。

　　（一）财务会计报告的概念

　　财务会计报告是指单位根据经过审核的会计账簿记录和有关资料，编制并对外提供的反映单位某一特定日期财务状况和某一会计期间经营成果、现金流量的书面文件。包括财务报表和其他应当在财务报告中披露的相关信息和资料。财务报表是对企业财务状况、经营成果和现金流量的结构性表述。财务报表至少应当包括资产负债表、利润表、现金流量表、所有者权益（或股东权益，下同）变动表、附注。

（二）财务会计报告的作用

单位编制财务会计报告的主要目的，是为投资者、债权人、政府及相关机构、单位管理人员、社会公众等财务会计报告的使用者进行决策提供会计信息。其主要作用表现在以下几个方面。

（1）对企业本身。企业利用财务报表，可以全面了解企业自身的财务状况及其变动情况、各项主要经济指标的计划完成情况。同时为企业的管理部门评价经营业绩，制订发展规划和战略决策提供有关信息。

（2）对投资者。作为投资者，最关心的是投资风险和投资报酬。利用财务报表分析企业获利能力，预测企业的发展前景，据以作出正确的投资决策。

（3）主管部门及国民经济宏观管理部门。利用财务报表了解国有资产的使用变动情况，考核保值增值指标的完成情况，了解各部门各地区的经济发展情况，进行宏观调控和制订科学的国民经济发展计划，促进整个国民经济的稳定持续发展。

（4）对债权人。利用财务报表了解企事业的生产经营能力，信贷资金的运用方向、效益，考核企业信贷纪律的遵守情况，分析企业信贷资金的偿还能力，以确定信贷政策。

（5）对政府行政部门。利用财务报表检查企业是否及时足额地完成各项应交税金及其他应交款的上交任务，检查企业是否遵守国家的各项法律、法规、政策、制度，以保证国家的财政收入及时地缴入国库。

二、财务报表的种类

（一）按照财务报表反映的内容不同分类

按照财务报表反映的内容不同，可分为静态报表和动态报表。

静态报表，是指综合反映企业某一特定日期资产、负债和所有者权益状况的报表，如资产负债表。

动态报表，是指综合反映企业在一定会计期间经营成果或现金流量情况的报表，如利润表或现金流量表。

（二）按照编制财务报表的期间不同分类

按照编制财务报表的期间不同，可分为中期会计报表和年度会计报表。

中期会计报表，是指以短于一个完整的会计年度的报告期间为基础编制的财务报表，包括月报、季报和半年报。

年度会计报表，是以一个完整的会计年度为报告期总括反映企业年终财务状况和经营成果的报表。

年度、半年度财务会计报告应当包括以下内容。

（1）会计报表，包括资产负债表、利润表、现金流量表及相关附表。

（2）会计报表附注。

（3）财务情况说明书。季度、月度财务会计报告通常仅指会计报表，会计报表至少应当包括资产负债表和利润表。

（三）按照编制财务报表的主体不同分类

按照编制财务报表的主体不同，分为个别会计报表和合并会计报表。

个别会计报表，是实行独立核算的单位，根据本单位的账簿记录和其他有关资料编制的只反映企业自身的财务报表。

合并会计报表，是以母公司和子公司组成的企业集团为一会计主体，以母公司和子公司单独编制的个别会计报表为基础，由母公司编制的综合反映企业集团财务状况、经营成果及现金流量情况的报表。

三、财务报表的编制要求

为了使财务报表能够最大限度地满足会计信息使用者的需要，单位编制的财务报表应当真实、完整、准确、编报及时，符合国家统一会计制度的有关规定。

（一）数据真实

财务报表中的各项数据必须真实可靠，如实地反映企业的财务状况、经营成果和现金流量。这是对会计信息质量的基本要求。

（二）内容完整

财务报表应当反映企业经济活动的全貌，全面反映企业的财务状况和经营成果，才能满足各方面对会计信息的需要。凡是国家要求提供的财务报表，各企业必须全部编制并报送，不得漏编和漏报。凡是国家统一要求披露的信息，都必须披露。

（三）计算准确

日常的会计核算及编制财务报表，涉及大量的数字计算，只有准确的计算，才能保证数字的真实可靠。这就要求编制财务报表必须以核对无误后的账簿记录和其他有关资料为依据，不能使用估计或推算的数据，更不能以任何方式弄虚作假，玩数字游戏或隐瞒谎报。

（四）报送及时

及时性是信息的重要特征，财务报表信息只有及时地传递给信息使用者，才能为使用者的决策提供依据。否则，即使是真实可靠和内容完整的财务报告，由于编制和报送不及时，对报告使用者来说，就大大降低了会计信息的使用价值。

（五）手续完备

企业对外提供的财务报表应加具封面、装订成册、加盖公章。财务报表封面上应当注明：企业名称、企业统一代码、组织形式、地址、报表所属年度或者月份、报出日期，并由企业负责人和主管会计工作的负责人、会计机构负责人（会计主管人员）签名并盖章；设置总会计师的企业，还应当由总会计师签名并盖章。

请注意

由于编制财务报表的直接依据是会计账簿，所有报表的数据都来源于会计账簿，因此，为保证财务报表数据的正确性，编制报表之前必须做好对账和结账工作，做到账证相符、账账相符、账实相符以保证报表数据的真实准确。

第二节　资产负债表

一、资产负债表的概念及作用

（一）资产负债表的概念

资产负债表是反映企业在某一特定日期财务状况的会计报表。它是根据"资产=负债＋所有者权益"这一会计恒等式，按照一定的标准和顺序把企业一定日期的资产、负债和所有者权益适当排列，并对企业日常核算所形成的数据进行分析、整理后编制而成的，可以反映企业资产、负债和所有者权益的全貌，是一张静态会计报表。

（二）资产负债表的作用

资产负债表的作用主要体现在以下几个方面。

（1）资产负债表可以反映企业某一特定日期所拥有或控制的经济资源及这些经济资源的分布和结构，分析企业资产的构成及其状况。

（2）资产负债表可以反映企业某一特定日期资金的来源构成，包括企业所承担的债务总额及其结构、所有者在企业中拥有的权益及其结构；分析企业目前与未来需要支付的债务数额，分析企业债务的偿还能力，了解企业现有的投资者在企业总资产中所占的份额。

（3）通过资产负债表可以了解企业的财务状况，尤其是企业的偿债能力和财务弹性，若把前后期的资产负债表加以对比分析，还可以看出企业资金结构的变化情况及财务状况的发展趋势。

二、资产负债表的格式

资产负债表的结构式主要有两种：账户式和报告式。我国资产负债表按照账户式反映，左方列示资产各项目，右方列示负债和所有者权益各项目，左方资产各项合计数等于右方负债及所有者权益各项合计数，左右两方永远保持平衡关系。同时，资产负债表还提供年初数、年末数的比较资料，用以反映企业财务状况的变化情况。

资产负债表在形式上分为表头、表身和表尾三部分。表头包括报表名称、编制单位、编制日期和金额单位四个要素；表身是资产负债表的主体部分，包括资产、负债和所有者权益各项目的金额；表尾主要包括会计报表附注等文字说明。

我国《企业会计制度》中所规定的资产负债表的格式如表 8-1 所示。

表 8-1　资产负债表

会企 01 表

编制单位：　　　　　　　　　　年　月　日　　　　　　　　　　单位：元

资　　产	期末余额	年初余额	负债和所有者权益	期末余额	年初余额
流动资产：			**流动负债：**		
货币资金			短期借款		
交易性金融资产			交易性金融负债		
应收票据			应付票据		
应收账款			应付账款		

资　产	期末余额	年初余额	负债和所有者权益	期末余额	年初余额
预付款项			预收款项		
应收利息			应付职工薪酬		
应收股利			应交税费		
其他应收款			应付利息		
存货			应付股利		
一年内到期的非流动资产			其他应付款		
其他流动资产			一年内到期的非流动负债		
流动资产合计			**其他流动负债**		
非流动资产：			**流动负债合计**		
可供出售金融资产			非流动负债：		
持有至到期投资			长期借款		
长期应收款			应付债券		
长期股权投资			长期应付款		
投资性房地产			专项应付款		
固定资产			预计负债		
在建工程			递延所得税负债		
工程物资			其他非流动负债		
固定资产清理			非流动负债合计		
生产性生物资产			负债合计		
油气资产			所有者权益（或股东权益）：		
无形资产			实收资本（或股本）		
开发支出			资本公积		
商誉			减：库存股		
长期待摊费用			盈余公积		
递延所得税资产			未分配利润		
其他非流动资产			**所有者权益（或股东权益）合计**		
非流动资产合计					
资产总计			**负债和所有者权益（或股东权益）合计**		

![请注意] **请注意**

　　资产负债表的编制格式有账户式、报告式和财务状况式三种。其中，账户式资产负债表分为左右两方，左方列示资产项目，右方列示负债及所有者权益项目，左右两方的合计数保持平衡。这种格式的资产负债表应用最广，我国企业会计制度规定，要求采用的就是这种格

式的资产负债表。

三、资产负债表的编制方法

"年初余额"栏各项目数据为上一年年末资产负债表"期末余额"栏相应项目数据填列。"期末余额"是指某一资产负债表日的数字，即月末、季末、半年末或年末的数字，"期末余额"栏主要有以下几种填列方法。

（一）根据总账科目余额填列

如"交易性金融资产"、"短期借款"、"应付票据"、"应付职工薪酬"等项目，根据"交易性金融资产"、"短期借款"、"应付票据"、"应付职工薪酬"各总账科目的余额直接填列；有些项目则需根据几个总账科目的期末余额计算填列，如"货币资金"项目，需根据"库存现金"、"银行存款"、"其他货币资金"三个总账科目的期末余额的合计数填列。

【例8-1】某企业2012年12月31日结账后的"库存现金"科目余额为100元，"银行存款"科目余额为4 000 000元，"其他货币资金"科目余额为200 000元。

该企业2012年12月31日资产负债表中的"货币资金"项目金额为：

$$100+4\ 000\ 000+200\ 000=4\ 200\ 100（元）$$

本例中，企业应当按照"库存现金"、"银行存款"和"其他货币资金"三个总账科目余额加总后的金额，作为资产负债表中"货币资金"项目的金额。

【例8-2】某企业2012年12月31日结账后的"交易性金融资产"科目余额为200 000元。

该企业2012年12月31日资产负债表中的"交易性金融资产"项目金额为200 000元。

本例中，由于企业是以公允价值计量交易性金融资产，每期交易性金融资产价值的变动，无论上升还是下降，均已直接调整"交易性金融资产"科目金额，因此，企业应直接以"交易性金融资产"总账科目余额填列在资产负债表中。

【例8-3】某企业2012年3月1日向银行借入一年期借款330 000元，向其他金融机构借款220 000元，无其他短期借款业务发生。

企业2012年12月31日资产负债表中的"短期借款"项目金额为：

$$330\ 000+220\ 000=550\ 000（元）$$

本例中，企业直接以"短期借款"总账科目余额填列在资产负债表中。

【例8-4】某企业年末向股东发放现金股利200 000元，股票股利100 000元，现金股利尚未支付。

该企业2012年12月31日资产负债表中的"应付股利"项目金额为200 000元。

本例中，企业发放的股票股利不通过"应付股利"科目核算，因此，资产负债表中"应付股利"即为尚未支付的现金股利金额，即200 000元。

【例8-5】某企业2012年12月31日应付A企业商业票据64 000元，应付B企业商业票据32 000元，应付C企业商业票据610 000元，尚未支付。

该企业在2012年12月31日资产负债表中"应付票据"项目金额为：

$$64\ 000+32\ 000+610\ 000=706\ 000（元）$$

本例中，企业直接以"应付票据"总账科目余额填列在资产负债表中。

【例8-6】某企业2012年12月31日应付管理人员工资200 000元，应计提福利费32 000

元，应付车间工作人员工资 46 000 元，无其他应付职工薪酬项目。

企业 2012 年 12 月 31 日资产负债表中"应付职工薪酬"项目金额为：

$$200\ 000+32\ 000+ 46\ 000=278\ 000（元）$$

本例中，管理人员工资、车间工作人员工资和福利费都属于职工薪酬的范围，应当以各种应付未付职工薪酬加总后的金额，即"应付职工薪酬"总账科目余额填列在资产负债表中。

【例 8-7】某企业 2012 年 1 月 1 日发行了一次还本付息的公司债券，面值为 2 000 000 元，当年 12 月 31 日应计提的利息为 20 000 元。

该企业 2012 年 12 月 31 日资产负债表中"应付债券"项目金额为：

$$2\ 000\ 000+20\ 000= 2\ 020\ 000（元）$$

本例中，企业应当将债券面值和应计提的利息作为"应付债券"填列为资产负债表中"应付债券"项目的金额。

（二）根据明细账科目余额计算填列

如"应付账款"项目，需要根据"应付账款"和"预付账款"两个科目所属的相关明细科目的期末贷方余额计算填列；"应收账款"项目，需要根据"应收账款"和"预付账款"两个科目所属的相关明细科目的期末借方余额计算填列。

【例 8-8】某企业 2012 年 12 月 31 日结账后有关科目所属明细科目借贷方余额如表 8-2 所示。

表 8-2　明细科目借贷方余额

单位：元

科目名称	明细科目借方余额合计	明细科目贷方合计
应收账款	2 600 000	200 000
预付账款	400 000	30 000
应付账款	300 000	2 800 000
预收账款	800 000	2 200 000

该企业 2012 年 12 月 31 日资产负债表中相关项目的金额如下。

（1）"应收账款"项目金额为：2 600 000+800 000=3 400 000（元）

（2）"预付账款"项目金额为：400 000+300 000=700 000（元）

（3）"应付账款"项目金额为：30 000+2 800 000=2 830 000（元）

（4）"预收账款"项目金额为：2 200 000+200 000=2 400 000（元）

本例中，应收账款项目，应当根据"应收账款"科目所属明细科目借方余额 2 600 000 元和"预收账款"科目所属明细科目借方余额 800 000 元加总，作为资产负债表中"应收账款"的项目金额，即 3 400 000 元。

预付款项项目，应当根据"预付账款"科目所属明细科目借方余额 400 000 元和"应付账款"科目所属明细科目借方余额 300 000 元加总，作为资产负债表中"预付款项"的项目金额，即 700 000 元。

应付账款项目，应当根据"应付账款"科目所属明细科目贷方余额 2 800 000 元和"预付账款"科目所属明细科目贷方余额 30 000 元加总，作为资产负债表中"应付账款"的项目金额，即 2 830 000 元。

预收款项项目，应当根据"预收账款"科目所属明细科目贷方余额 2 200 000 元和"应收账款"科目所属明细科目贷方余额 200 000 元加总，作为资产负债表中"预收款项"的项目金额，即 2 400 000 元。

【例 8—9】某企业 2012 年 12 月 1 日购入原材料一批价款 150 000 元，增值税 25 500 元，款项已付，材料已验收入库，当年根据实现的产品销售收入计算的增值税销项税额为 70 000 元。该月转让一项专利，需要交纳营业税 30 000 元尚未支付，没有其他未支付的税费。

该企业 2012 年 12 月 31 日资产负债表中"应交税费"项目金额为：

$$70\ 000-25\ 500+30\ 000=74\ 500（元）$$

本例中，只有未付增值税和营业税两项：由于本期应交增值税为销项税额减进项税额，即 44 500（70 000—25 500）元，加上未缴纳的营业税 30 000 元，作为资产负债表中"应交税费"的项目金额，即 74 500 元。

（三）根据总账科目和明细账科目余额分析计算填列

如"长期借款"项目，需要根据"长期借款"总账科目余额扣除"长期借款"科目所属的明细科目中将在一年内到期、且企业不能自主地将清偿义务展期的长期借款后的金额计算填列。

【例 8—10】某企业长期借款情况如表 8—3 所示。

表 8—3　长期借款

借款起始日期	借款期限/年	金额/元
2012 年 1 月 1 日	3	2 000 000
2011 年 1 月 1 日	5	3 000 000
2009 年 6 月 1 日	4	2 600 000

该企业 2012 年 12 月 31 日资产负债表中"长期借款"项目金额为：

$$2\ 000\ 000+3\ 000\ 000=5\ 000\ 000（元）$$

本例中，企业应当根据"长期借款"总账科目余额 7 600 000（2 000 000+3 000 000+2 600 000）元，减去一年内到期的长期借款 2 600 000 元，作为资产负债表中"长期借款"项目的金额，即 5 000 000 元。将在一年内到期的长期借款 2 600 000 元，应当填列在流动负债下"一年内到期的非流动负债"项目中。

【例 8—11】某企业 2012 年"长期待摊费用"科目的期末余额为 565 000 元，将于一年内摊销的数额为 206 000 元。

该企业 2012 年 12 月 31 日资产负债表中的"长期待摊费用"项目金额为：

$$565\ 000-206\ 000=359\ 000（元）$$

本例中，企业应当根据"长期待摊费用"总账科目余额 565 000 元，减去将于一年内摊销的金额 206 000 元，作为资产负债表中"长期待摊费用"项目的金额，即 359 000 元。将于一年内摊销完毕的 206 000 元，应当填列在流动资产下"一年内到期的非流动资产"项目中。

（四）根据有关科目余额减去其备抵科目余额后的净额填列

如资产负债表中的"应收票据"、"应收账款"、"长期股权投资"、"在建工程"等项目，应当根据"应收票据"、"应收账款"、"长期股权投资"、"在建工程"等科目的期末余额减去"坏账准备"、"长期股权投资减值准备"、"在建工程减值准备"等科目余额后的净额填列。"固定资产"项目，应当根据"固定资产"科目的期末余额减去"累计折旧"、"固定资产减值准备"备抵科目余额后的净额填列；"无形资产"项目，应当根据"无形资产"科目的期末余额，减去"累计摊销"、"无形资产减值准备"备抵科目余额后的净额填列。

【例 8-12】某企业 2012 年 12 月 31 日因出售商品应收 A 企业票据金额为 243 000 元，因提供劳务应收 B 企业票据 351 000 元，12 月 31 日将所持 C 企业金额为 10 000 元的未到期商业汇票向银行贴现，实际收到金额为 9 000 元。

该企业 2012 年 12 月 31 日资产负债表中的"应收票据"项目金额为：
$$243\ 000+351\ 000-10\ 000=584\ 000（元）$$

本例中，企业直接以"应收票据"总账科目余额填列，对于已贴现的票据，应扣减。应收票据已计提坏账准备的，还应以扣减相应坏账准备后的净额填列。

【例 8-13】某企业 2012 年 12 月 31 日结账后"应收账款"科目所属各明细科目的期末借方余额合计 560 000 元，贷方余额合计 330 000 元，对应收账款计提的坏账准备为 50 000 元，假定"预收账款"科目所属明细科目无借方余额。

该企业 2012 年 12 月 31 日资产负债表中的"应收账款"项目金额为：
$$560\ 000-50\ 000=出\ 510\ 000（元）$$

本例中，企业应当以"应收账款"科目所属明细科目借方余额 560 000 元，减去对应收账款计提的坏账准备 50 000 元后的净额，作为资产负债表"应收账款"项目的金额，即 400 000 元。应收账款科目所属明细科目贷方余额，应与"预收账款"科目所属明细科目贷方余额加总，填列为"预收款项"项目。

【例 8-14】某企业 2012 年 12 月 31 日结账后的"其他应收款"科目余额为 96 000 元，"坏账准备"科目中有关其他应收款计提的坏账准备为 3 000 元。

该企业 2012 年 12 月 31 日资产负债表中的"其他应收款"项目金额为：
$$96\ 000-3\ 000=93\ 000（元）$$

本例中，企业应当以"其他应收款"总账科目余额，减去"坏账准备"，科目中为其他应收款计提的坏账准备金额后的净额，作为资产负债表中"其他应收款"的项目金额。

【例 8-15】某企业 2012 年 12 月 31 日结账后的"长期股权投资"科目余额为 200 000 元，"长期股权投资减值准备"科目余额为 10 000 元。

则该企业 2012 年 12 月 31 日资产负债表中的"长期股权投资"项目金额为：
$$200\ 000-10\ 000=190\ 000（元）$$

本例中，企业应当以"长期股权投资"总账科目余额 200 000 元，减去其备抵科目"长期股权投资减值准备"科目余额后的净额，作为资产负债表中"长期股权投资"的项目金额。

【例 8-16】某企业 2012 年 12 月 31 日结账后的"固定资产"科目余额为 2 000 000 元，"累计折旧"科目余额为 100 000 元，"固定资产减值准备"科目余额为 200 000 元。

该企业 2012 年 12 月 31 日资产负债表中的"固定资产"项目金额为：
$$2\ 000\ 000-100\ 000-200\ 000=1\ 700\ 000（元）$$

本例中，企业应当以"固定资产"总账科目余额，减去"累计折旧"和"固定资产减值准备"两个备抵类总账科目余额后的净额，作为资产负债表中"固定资产"的项目金额。

【例 8-17】某企业 2012 年交付需安装的设备价值为 306 000 元，未完建筑安装工程已经耗用的材料 56 000 元，工资费用支出 60 200 元，"在建工程减值准备"科目余额为 30 000 元，安装工作尚未完成。

该企业 2012 年 12 月 31 日资产负债表中的"在建工程"项目金额为：

$$306\,000+56\,000+60\,200-30\,000=392\,200（元）$$

本例中，企业应当以"在建工程"总账科目余额（即待安装设备价值 306 000 元+工程用材料 56 000 元+工程用人员工资费用 60 200 元），减去为该项工程已计提的减值准备总账科目余额 30 000 元后的净额，作为资产负债表中"在建工程"的项目金额。

【例 8-18】某企业 2012 年 12 月 31 日结账后的"无形资产"科目余额为 566 000 元，"累计摊销"科目余额为 56 600 元，"无形资产减值准备"科目余额为 63 000 元。

该企业 2012 年 12 月 31 日资产负债表中的"无形资产"项目金额为：

$$566\,000-56\,600-63\,000=446\,400（元）$$

本例中，企业应当以"无形资产"总账科目余额，减去"累计摊销"和"无形资产减值准备"两个备抵类总账科目余额后的净额，作为资产负债表中"无形资产"的项目金额。

（五）综合运用上述填列方法分析填列

如资产负债表中的"原材料"、"委托加工物资"、"周转材料"、"材料采购"、"在途物资"、"发出商品"、"材料成本差异"等总账科目期末余额的分析汇总数。

【例 8-19】某企业采用计划成本核算材料，2012 年 12 月 31 日结账后有关科目余额为："材料采购"科目余额为 280 000 元（借方），"原材料"科目余额为 3 600 000（借方），"周转材料"科科目余额为 2 600 000 元（借方），"库存商品"科目余额为 3 200 000 元（借方），"生产成本"科目余额为 600 000 元（借方），"材料成本差异"科目余额为 230 000 元（贷方），"存货跌价准备"科目余额为 250 000 元。

该企业 2012 年 12 月 31 日资产负债表中的"存货"项目金额为：

$$280\,000+3\,600\,000+2\,600\,000+3\,200\,000+600\,000-230\,000-250\,000=9\,800\,000（元）$$

本例中，企业应当以"材料采购"（表示在途材料采购成本）、"原材料"、"周转材料"（比如包装物和低值易耗品等）、"库存商品"、"生产成本"（表示期末在产品金额）各总账科目余额加总后，加上或减去"材料成本差异"总账科目的余额（若为贷方余额，应减去；若为借方余额，应加上），再减去"存货跌价准备"总账科目余额后的净额，作为资产负债表中"存货"项目的金额。

请注意

资产项目按其流动性排列，流动性大的排在前，流动性小的排在后；负债项目按其到期日的远近排列，到期日近的排在前，到期日远的排在后；所有者权益项目按其永久程度高低排列，永久程度高的排在前，永久程度低的排在后。

第三节　利　润　表

一、利润表的概念

利润表是反映企业在一定会计期间经营成果的报表。它以"利润=收入－费用"会计等式为依据，反映企业一定会计期间经营成果构成情况的动态报表。

利润表的作用主要表现在以下几方面。

第一，揭示财务成果。通过利润表可以反映企业一定时期的利润形成过程及经营成果。

第二，反映企业盈利能力。通过利润表提供的不同时期的比较数字（本期数、上期数），可以分析、预测企业的盈利能力和企业未来一定时期内的利润发展趋势，衡量企业的经营管理水平，便于投资者和债权人作出正确的投资决策。

二、利润表的格式

利润表的格式有：单步式和多步式两种格式。我国企业一般采用多步式利润表格式。

第一步：计算营业利润。

营业利润＝营业收入－营业成本－营业税金及附加－销售费用－管理费用－财务费用－资产减值损失＋投资收益

第二步：计算利润总额。

利润总额＝营业利润＋营业外收入－营业外支出

第三步：计算净利润。

净利润＝利润总额－所得税费用

利润表如表 8-4 所示。

表 8-4　利润表

会企 02 表

编制单位：　　　　　　　　　　　　　　年　月　　　　　　　　　　　　　　单位：元

项　　目	本期金额	上期金额
一、营业收入		略
减：营业成本		
营业税金及附加		
销售费用		
管理费用		
财务费用		
资产减值损失		
加：公允价值变动收益（损失以"－"号填列）		
投资收益（损失以"－"号填列）		
其中：对联营企业和合营企业的投资收益		
二、营业利润（亏损以"－"号填列）		
加：营业外收入		
减：营业外支出		
其中：非流动资产处置损失		
三、利润总额（亏损总额以"－"号填列）		
减：所得税费用		
四、净利润（净亏损以"－"号填列）		
五、每股收益：		
（一）基本每股收益		
（二）稀释每股收益		

📢 请注意

单步式利润表是将当期所有的收入列在一起然后将所有的费用列在一起两者相减得出当期净损益。多步式利润表是通过对当期的收入、费用、支出项目按性质加以归类，按利润形成的主要环节列示一些中间性利润指标，如主营业务利润、营业利润、利润总额、净利润，分步计算当期净损益。在我国，利润表采用多步式。

三、利润表的编制方法

（一）"上期金额"栏，根据上期利润表的"本期金额"直接填列。

（二）"本期金额"栏各项目主要根据各损益类科目的发生额分析填列。

（三）利润表有关项目的列示说明。

（1）"营业收入"项目，反映企业经营主营业务收入和其他业务收入的总额。

（2）"营业成本"项目，反映企业经营主营业务成本和其他业务成本的总额。

（3）"营业税金及附加"项目，反映企业经营业务应负担的营业税、消费税、城市维护建设税、资源税、土地增值税和教育费附加等。

（4）"销售费用"项目，反映企业在销售商品过程中发生的包装费、广告费等费用和为销售本企业商品而专设的销售机构的职工薪酬、业务费等经营费用。

（5）"管理费用"项目，反映企业为组织和管理生产经营发生的管理费用。

（6）"财务费用"项目，反映企业筹集生产经营所需资金等而发生的筹资费用。

（7）"资产减值损失"项目，反映企业各项资产发生的减值损失。

（8）"公允价值变动收益"项目，反映企业交易性金融资产、交易性金融负债及采用公允价值模式计量的投资性房地产等公允价值变动形成的应计入当期损益的利得或损失。如为净损失，本项目以"—"号填列。

（9）"投资收益"项目，反映企业以各种方式对外投资所取得的收益。其中，"对联营企业和合营企业的投资收益"项目，反映采用权益法核算的对联营企业和合营企业投资在被投资单位实现的净损益中应享有的份额（不包括处置投资形成的收益）。本项目如为投资损失，以"—"填列。

（10）"营业利润"项目，反映企业实现的营业利润。如为亏损，本项目以"—"号填列。

（11）"营业外收入"、"营业外支出"项目，反映企业发生的与其经营活动无直接关系的各项收入和支出。其中，处置非流动资产损失，应当单独列示。

（12）"利润总额"项目反映企业实现的利润。如为亏损，本项目以"—"号填列。

（13）"所得税费用"项目，反映企业根据所得税准则确认的应从当期利润总额中扣除的所得税费用。

（14）"净利润"项目，反映企业实现的净利润。如为亏损，本项目以"—"号填列。

（15）"基本每股收益"和"稀释每股收益"项目，应当反映根据每股收益准则的规定计算的金额。

（四）利润表编表举例。

（1）资料：甲公司 2012 年 12 月各损益账户发生额资料（未结转利润前）如表 8-5 所示，假定该公司无纳税调整项目。

（2）要求：根据所给资料编制该公司 12 月份的利润表。

表 8-5　各损益账户发生额

2012 年 12 月　　　　　　　　　　　　　　　　　　　　　　　　　单位：元

账户名称	本月借方发生额	本月贷方发生额
主营业务收入		1 800 000
其他业务收入		60 000
其他业务支出	25 000	
主营业务成本	900 000	
主营业务税金及附加	20 000	
营业费用	5 000	
管理费用	21 000	
财务费用	2 800	800
投资收益	3 000	17 000
营业外收入		5 000
营业外支出	4 000	

根据所给资料编制甲公司 12 月份的利润表，如表 8-6 所示。

表 8-6　利润表

会企 02 表

编制单位：甲公司　　　　　　　　　　2012 年 12 月　　　　　　　　　　　　单位：元

项　　目	行次	本月数	本年累计数
一、主营业务收入	1	1 800 000	略
减：主营业务成本	4	900 000	
主营业务税金及附加	5	20 000	
二、主营业务利润（亏损以"-"号填列）	8	680 000	
加：其他业务利润（亏损以"-"号填列）	10	35 000	
减：营业费用	12	5 000	
管理费用	15	21 000	
财务费用	16	2 000	
三、营业利润（亏损以"-"号填列）	20	707 000	
加：投资收益（损失以"-"号填列）	22	14 000	
营业外收入	24	5 000	
减：营业外支出	26	4 000	
四、利润总额（亏损以"-"号填列）	28	722 000	
减：所得税（所得税税率 25%）	30	180 500	
五、净利润（亏损以"-"号填列）	32	541 500	

说明：根据上述表 8-5 各损益账户发生额资料，在编制利润表 8-6 表时，大部分项目都是根据各损益账户发生额直接填列，但要注意以下项目的填列：

（1）其他业务利润=60 000-25 000=35 000（元）；

（2）财务费用=2 800-800=2 000（元）；

（3）投资收益=17 000-3 000=14 000（元）；

（4）所得税=722 000×25%=180 500（元）。

第四节　现金流量表

一、现金流量表的概念

现金流量表是反映一定会计期间现金和现金等价物流入和流出的报表。它是反映企业财务状况变动情况的动态报表。

现金流量表所指的现金概念包括库存现金、可以随时支取的银行存款、其他货币资金和现金等价物。现金等价物是指企业持有的期限短（一般指从购买日起 3 个月到期）、流动性强、易于转换为已知金额现金、价值变动风险很小的投资，如三个月内到期的债券投资。

现金流量，是指现金和现金等价物的流入和流出，可以分为三类，即经营活动产生的现金流量、投资活动产生的现金流量和筹资活动产生的现金流量。

（一）经营活动产生的现金流量

经营活动，是指企业投资活动和筹资活动以外的所有交易和事项。主要包括销售商品或提供劳务、购买商品或接受劳务、收到返还的税费、经营性租赁、支付工资、支付广告费用、交纳各项税款等。

（二）投资活动产生的现金流量

投资活动，是指企业长期资产的购建和不包括在现金等价物范围内的投资及其处置活动。主要包括取得和收回投资、购建和处置固定资产、购买和处置无形资产等。

（三）筹资活动产生的现金流量

筹资活动，是指导致企业资本及债务规模和构成发生变化的活动。主要包括发行股票或接受投入资本、分派现金股利、取得和偿还银行借款、发行和偿还公司债券等。

现金流量表的作用主要体现在以下几个方面。

第一，列示影响现金变化的各要素对现金流量的影响，反映企业所进行的各项财务活动。

第二，反映企业获取现金和现金等价物的能力。

第三，对资产负债表和利润表中未反映的内容进行补充。

二、现金流量表的格式

我国企业现金流量表采用报告式的结构，分类反映经营活动产生的现金流量、投资活动产生的现金流量、筹资活动产生的现金流量，最后汇总反映企业一定期间现金及现金等价物的净增加额。

我国企业现金流量表包括正表和补充资料两部分，其格式如表 8-7 所示。

表 8-7　现金流量表

会企 03 表

单位：	年　月	单位：元	

项　目	本期金额	上期金额
一、经营活动产生的现金流量：		
销售商品、提供劳务收到的现金		
收到的税费返还		
收到其他与经营活动有关的现金		
经营活动现金流入小计		
购买商品、接受劳务支付的现金		
支付给职工及为职工支付的现金		
支付的各项税费		
支付其他与经营活动有关的现金		
经营活动现金流出小计		
经营活动产生的现金流量净额		
二、投资活动产生的现金流量：		
收回投资收到的现金		
取得投资收益收到的现金		
处置固定资产、无形资产和其他长期资产收回的现金净额		
处置子公司及其他营业单位收到的现金净额		
收到其他与投资活动有关的现金		
投资活动现金流入小计		
购建固定资产、无形资产和其他长期资产支付的现金		
投资支付的现金		
取得子公司及其他营业单位支付的现金净额		
支付其他与投资活动有关的现金		
投资活动现金流出小计		
投资活动产生的现金流量净额		
三、筹资活动产生的现金流量：		
吸收投资收到的现金		
取得借款收到的现金		
收到其他与筹资活动有关的现金		
筹资活动现金流入小计		
偿还债务支付的现金		
分配股利、利润或偿付利息支付的现金		
支付其他与筹资活动有关的现金		

续表

项 目	本期金额	上期金额
筹资活动现金流出小计		
筹资活动产生的现金流量净额		
四、汇率变动对现金及现金等价物的影响		
五、现金及现金等价物净增加额		
加：期初现金及现金等价物余额		
六、期末现金及现金等价物余额		
补充资料		
1. 将净利润调节为经营活动现金流量：		
净利润		
加：资产减值准备		
固定资产折旧、油气资产折耗、生产性生物资产折旧		
无形资产摊销		
长期待摊费用摊销		
处置固定资产、无形资产和其他长期资产的损失（收益以"－"号填列）		
固定资产报废损失（收益以"－"号填列）		
公允价值变动损失（收益以"－"号填列）		
财务费用（收益以"－"号填列）		
投资损失（收益以"－"号填列）		
递延所得税资产减少（增加以"－"号填列）		
递延所得税负债增加（减少以"－"号填列）		
存货的减少（增加以"－"号填列）		
经营性应收项目的减少（增加以"－"号填列）		
经营性应付项目的增加（减少以"－"号填列）		
其他		
经营活动产生的现金流量净额		
2. 不涉及现金收支的重大投资和筹资活动：		
债务转为资本		
一年内到期的可转换公司债券		
融资租入固定资产		
3.现金及现金等价物净变动情况：		
现金的期末余额		
减：现金的期初余额		
加：现金等价物的期末余额		
减：现金等价物的期初余额		
现金及现金等价物净增加额		

三、现金流量表的编制方法

现金流量表的编制方法有两种：一是直接法；二是间接法。

我国《企业会计准则》要求企业正表部分按直接法编制现金流量表，并在补充资料部分按间接法将净利润调整为经营活动现金流量的信息。

所谓直接法，是通过现金收入和现金支出的主要类别列示各类现金流量，一般以利润表中的营业收入为起点，调整有关项目的增减变动，计算现金流量。采用直接法填列现金流量表，具体可以采用工作底稿法或 T 形账户法等方法。所谓间接法，是指以净利润为起点，调整有关项目，将以权责发生制为基础计算的净利润调整为以收付实现制为基础计算的经营活动的现金流量净额。

本 章 小 结

财务会计报告，是指企业对外提供的反映企业某一特定日期的财务状况和某一会计期间的经营成果、现金流量等会计信息的文件，包括财务报表和其他应当在财务会计报告中披露的相关信息和资料。财务报表包括资产债表、利润表、现金流量表和所有者权益变动表及附注。

资产负债表是总括反映企业在某一特定日期（月末、季末或年末）全部资产、负债和所有者权益情况的财务报表。资产负债表是静态报表，是根据"资产=负债+所有者权益"这一基本公式，依照一定的分类标准和一定的次序，把企业在某一特定日期的资产、负债和所有者权益项目予以适当排列编制而成，一般采用账户式结构。利润表，又称损益表，是反映企业在一定会计期间的经营成果的财务报表。一定会计期间可以是一个月，一个季度，半年，也可以是一年，因此将利润表称为动态报表。它根据"收入–费用=利润"这一平衡公式，依照一定的标准和秩序，把企业一定时期内的收入、费用和利润项目予以适当排列编制而成，一般采用报告式结构。现金流量表是指反映企业在一定会计期间经营活动、投资活动和筹资活动对现金及现金等价物产生影响的财务报表。编制现金流量表的主要目的是为报表使用者提供企业一定会计期间内现金流入和流出的有关信息，揭示企业的偿债能力和变现能力。现金流量表的编制方法有两种：一是直接法；二是间接法。

 本 章 习 题

一、单项选择题

1. 在资产负债表中，所有者权益按照（　　）的顺序排列。

    A. 流动性程度的高低　　　　　　　　B. 到期日由近至远

    C. 永久性递减　　　　　　　　　　　D. 金额的大小

2. 下列项目中不应列入资产负债表中"存货"项目的是（　　）。

    A. 委托代销商品　　　　　　　　　　B. 分期收款发出商品

    C. 工程物资　　　　　　　　　　　　D. 受托代销商品

3. 我国利润表采用（　　）格式。

    A. 账户式　　　　　B. 报告式　　　　　C. 单步式　　　　　D. 多步式

4. 资产负债表中资产的排列顺序是（　　　）。

    A. 项目收益性　　　　B. 项目重要性　　　　C. 项目流动性　　　　D. 项目时间性

5. 下列资产负债表项目中，不可以直接根据总分类账户期末余额填列的项目是（　　　）。

    A. 资本公积　　　　B. 短期借款　　　　C. 应收账款　　　　D. 应付股利

6. 下列资产负债表项目中，应根据相应总账账户期初期末余额直接填列的项目是
（　　　）。

    A. 待摊费用　　　　B. 应收票据　　　　C. 应收账款　　　　D. 预付账款

7. 处置固定资产的净收入属于（　　　）。

    A. 经营活动产生的现金流量　　　　　　B. 投资活动产生的现金流量

    C. 筹资活动产生的现金流量　　　　　　D. 不影响现金流量

8. 最关心企业盈利能力和利润分配政策的会计报表使用者是（　　　）。

    A. 股东　　　　B. 供货商　　　　C. 债权人　　　　D. 企业职工

二、多项选择题

1. 下列各项中不能用总账余额直接填列的项目有（　　　）。

    A. 待摊费用　　　　B. 固定资产　　　　C. 应收票据　　　　D. 应收账款

    E. 预付账款

2. 资产负债表中的"存货"项目反映的内容包括（　　　）。

    A. 分期收款发出商品　　　　　　B. 委托代销商品

    C. 委托加工物资　　　　　　　　D. 生产成本

    E. 库存商品

3. 资产负债表中的"货币资金"项目，应根据（　　　）科目期末余额的合计数填列。

    A. 备用金　　　　　　　　　　　B. 库存现金

    C. 银行存款　　　　　　　　　　D. 其他货币资金

    E. 短期投资

4. 能计入利润表中"营业利润"的项目有（　　　）。

    A. 主营业务收入　　　　　　　　B. 管理费用

    C. 营业外收入　　　　　　　　　D. 所得税费用

    E. 其他业务收入

5. 利润总额包括的内容有（　　　）。

    A. 主营业务利润　　　　　　　　B. 其他业务利润

    C. 期间费用　　　　　　　　　　D. 营业外收支净额

    E. 投资净收益

6. 会计信息的使用者包括（　　　）。

    A. 企业投资者　　　　　　　　　B. 企业债权人

    C. 政府及其相关机构　　　　　　D. 潜在投资者和债权人

    E. 企业职工

三、判断题

1. 资产负债表中的"应收账款"项目，应根据"应收账款"和"预付账款"科目所属明
细科目的借方余额合计数填列。　　　　　　　　　　　　　　　　　　　　　　　（　　　）

2. 编制会计报表的主要目的就是为会计报表使用者决策提供信息。 （　　）

3. 我国利润表的格式采用多步式。 （　　）

5. 资产负债表反映的是单位在一定时期财务状况具体分布的报表。 （　　）

4. 资产负债表中的"固定资产"项目，应按该科目的总账余额直接填列。 （　　）

5. "利润分配"总账的年末余额一定与资产负债表中未分配利润项目的数额一致。

（　　）

6. 资产负债表的编制依据为"资产=负债+所有者权益"。 （　　）

 # 本 章 实 训

一、甲企业 2012 年 12 月 31 日有关账户的余额如下。

应收账款——A　　24 000 元（贷方）

　　　　——B　　21 000 元（借方）

　　　　——C　　35 000 元（贷方）

　　　　——D　　17 000 元（借方）

预收账款——E　　16 000 元（借方）

　　　　——F　　25 000 元（贷方）

预付账款——G　　42 000 元（贷方）

　　　　——H　　31 000 元（借方）

要求：计算填列资产负债表中以下项目：

1. "应收账款"项目

2. "应付账款"项目

3. "预收账款"项目

4. "预付账款"项目

二、某企业 2012 年 1 月 1 日至 12 月 31 日损益类科目累计发生额如下。

主营业务收入 3 750 万元（贷方）　　　　主营业务成本 1 375 万元（借方）

营业税金及附加 425 万元（借方）　　　　销售费用 500 万元（借方）

管理费用 250 万元（借方）　　　　　　　财务费用 250 万元（借方）

营业外收入 750 万元（贷方）　　　　　　营业外支出 200 万元（借方）

其他业务收入 750 万元（贷方）　　　　　其他业务成本 450 万元（借方）

所得税费用 600 万元（借方）

要求：计算该企业 2012 年的营业利润、利润总额和净利润。

三、资料一：乙公司年末有关科目资料，如表 8-8 所示。

表 8-8　　乙公司 2012 年 12 月 31 日有关账户余额表　　　　单位：万元

会计科目	借方余额	会计科目	贷方余额
库存现金	1 000	短期借款	600
银行存款	1 500	应付票据	40
其他货币资金	500	应付账款	200

续表

会计科目	借方余额	会计科目	贷方余额
应收票据	100	预收账款	300
应收账款	230	应交税费	60
预付账款	470	坏账准备	30
材料采购	200	长期借款	1 000
原材料	1 000	实收资本	7 570
库存商品	600	资本公积	200
固定资产	5 500	盈余公积	500
无形资产	300	利润分配	400
		累计折旧	450
		固定资产减值准备	50
合计	11 400	合计	11 400

注：上述应收账款所属明细科目如下：应收甲公司借方余额 500 万元，应收乙公司贷方余额 270 万元。预收账款所属明细科目如下：预收 A 公司贷方余额 800 万元，预收 B 公司借方余额 500 万元。应付账款所属明细科目如下：应付 C 公司贷方余额 600 万元，应付 D 公司借方余额 400 万元。预付账款所属明细科目如下：预付 E 公司借方余额 700 万元，预付 F 公司贷方余额 230 万元。

资料二：乙公司本期各损益账户的累计发生额如下：（以万元为单位）

"主营业务收入" 700，"其他业务收入" 20，"主营业务成本" 360，"其他业务成本" 18，"管理费用" 90，"资产减值损失" 13，"销售费用" 20，"财务费用" 4，"所得税费用" 43.75。

要求：1. 据上述资料（一）编制资产负债表；

2. 据资料（二）编制利润表。

第九章　账务处理程序

☑【本章提要】

　　为了保证会计工作的有序运行，提高会计核算工作效率，提高会计信息质量，不同性质、不同规模和不同业务量的企业应采用不同的账务处理程序。本章重点阐述：① 账务处理程序的含义、种类及科学、合理地选择账务处理程序的意义；② 记账凭证账务处理程序、科目汇总表账务处理程序和汇总记账凭证账务处理程序的特点、凭证与账簿的设置与使用、操作步骤、优缺点和适用范围。

☑【学习目标】

　　1. 理解账务处理程序的含义，了解科学、合理地选择账务处理程序的意义；

　　2. 熟悉各种账务处理程序的操作步骤；

　　3. 掌握各种账务处理程序的特点、凭证与账簿的设置与使用；

　　4. 掌握各种账务处理程序的优缺点和适用范围；

　　5. 掌握科目汇总表和汇总记账凭证的编制；

　　6. 能够熟练运用记账凭证账务处理程序进行会计核算；

　　7. 能够熟练运用科目汇总表账务处理程序进行会计核算。

☑【重点】

　　记账凭证账务处理程序的操作步骤；科目汇总表的编制；科目汇总表账务处理程序的操作步骤、特点及适用范围。

☑【难点】

　　汇总记账凭证的编制；汇总记账凭证账务处理程序的步骤。

■ 情景导入

　　任何企业的会计工作都是按照"原始凭证→记账凭证→账簿→报表"的会计循环过程开展的，但是不同企业生产特点不同、规模不同、业务量多少不同、业务的繁简程度、人员分工也不同，这些企业的会计工作开展过程中是不是程序步骤完全一样呢？甲企业是一家小型企业，其会计工作流程是根据原始凭证编制记账凭证，根据记账凭证登记日记账、明细账，并且依据每一张记账凭证逐笔登记总分类账，期末根据总账、明细账编制报表，而乙企业是一家大型企业，其会计工作流程也是根据原始凭证编制记账凭证，根据记账凭证登记日记账、明细账，但是在登记总账时，却是将记账凭证汇总之后登记，到期末也是根据总账、明细账编制报表。

 想一想

两家企业为什么在会计处理过程中存在差异呢？是不是因为两家企业分别采用了不同的账务处理程序？

第一节 账务处理程序的意义和种类

一、账务处理程序的含义

在每一个会计期间，对于发生的经济业务，会计人员都要从取得、审核原始凭证开始，然后填制与审核记账凭证、登记日记账、明细账及总账，期末编制财务报表。任何企业都是按照这一程序进行会计核算的，但是不同规模、不同性质的企业在进行会计核算时，采用的凭证及账簿的格式、登记总账的方法、记账步骤有所不同，这样就产生了不同的账务处理程序。

账务处理程序是会计循环的具体化，是账簿组织、记账程序和记账方法有机结合的方式，是加工会计信息的步骤和方法。账簿组织是指会计凭证与账簿的种类、格式及会计凭证与账簿之间的相互关系。记账程序和记账方法是指从取得、审核原始凭证开始，到填制与审核记账凭证、登记日记账、明细账及总账，再到编制财务报表全过程的步骤和方法。不同的账簿组织、记账程序和记账方法相结合就构成了不同的账务处理程序。

二、账务处理程序的意义

科学合理的账务处理程序，对于保证会计核算质量、简化会计核算工作、提高工作效率、降低会计耗费，具有重要作用。

（一）体现会计制度的系统性和完整性

账务处理程序是对经济业务的记录、处理和汇集手段进行的协调、组织和综合，它使会计账务处理成为一个系统，从而体现会计制度的系统性和完整性。

（二）保证会计工作的有机运行

会计核算工作包括填制会计凭证、登记账簿、编制报表三项内容，良好的账务处理程序可以促使会计的各项工作有条不紊、相互协调的运行，是会计信息在各个工作环节上的整理、加工及反馈都能及时准确，杜绝会计凭证的迂回传递和会计账簿的重复登记。同时，有利于会计信息及时生成。

（三）提高会计核算质量和工作效率

会计核算质量的高低，直接影响着会计对经济活动管理作用的发挥，而核算质量又与其工作效率有着直接的关系。科学合理的账务处理程序有利于简化工作手续，避免重复劳动，从而提高会计工作效率。工作效率提高了，核算速度加快了，就能保证会计信息的及时提供，核算内容也相应拓宽，会计工作质量相应得到提高。

（四）节约会计耗费，降低会计成本

会计耗费是指从事会计工作所支出的一切物化劳动和活劳动，会计成本是指为加工一定种类和数量的会计信息所发生的会计耗费。科学合理的账务处理程序，可以在对凭证、账簿、报表的协调中，发现问题并及时解决，减少不必要的工作环节和手续，避免无效劳动，节约人力、财力、物力的支出，降低会计成本。

三、账务处理程序的种类

目前，我国各企业及国际上一般采用的账务处理程序主要有七种，即记账凭证账务处理程序、科目汇总表账务处理程序、汇总记账凭证账务处理程序、多栏式日记账账务处理程序、日记总账账务处理程序、普通日记账账务处理程序、通用日记账账务处理程序。其中前五种是我国通常采用的账务处理程序，后两种是西方企业采用的账务处理程序。各种账务处理程序的区别主要表现在登记总分类账的方法和依据不同。这里我们主要介绍前三种账务处理程序。

第二节　记账凭证账务处理程序

一、记账凭证账务处理程序的特点

记账凭证账务处理程序是最基本的一种账务处理程序，其他各种账务处理程序都是在此基础上，根据经济管理的要求发展而成的。记账凭证账务处理程序的主要特点是直接根据记账凭证逐笔登记总分类账。

二、记账凭证账务处理程序的账簿组织

在记账凭证账务处理程序下，记账凭证可以采用通用格式，也可以采用收款凭证、付款凭证、转账凭证等专用格式。账簿需要设置现金日记账、银行存款日记账、总分类账和明细分类账。现金日记账、银行存款日记账、总分类账一般采用三栏式订本账，明细分类账可以根据经营管理的需要分别采用三栏式、数量金额式或多栏式等活页账。

三、记账凭证账务处理程序的步骤

（1）根据原始凭证或汇总原始凭证编制记账凭证。

（2）根据收、付款凭证逐笔登记现金日记账和银行存款日记账。

（3）根据记账凭证及所附原始凭证、汇总原始凭证逐笔登记各种明细账。

（4）根据记账凭证逐笔登记总分类账。

（5）月末，将现金日记账、银行存款日记账的余额，以及各种明细分类账余额合计数，分别与总分类账中有关科目的余额核对，以保证账账相符。

（6）月末，根据核对无误的总分类账、明细分类账和其他有关资料编制财务报表。

记账凭证账务处理程序的步骤，如图9-1所示。

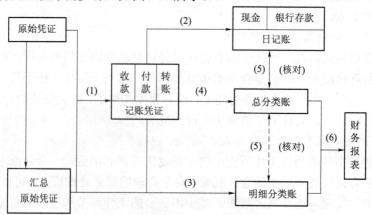

图9-1　记账凭证账务处理程序

四、记账凭证账务处理程序的优缺点和适用范围

由于记账凭证账务处理程序的基本特点是根据记账凭证逐笔登记总分类账，无需再编制其他汇总性质的凭证，因此记账凭证账务处理程序的优点是：账务处理程序简单明了，手续简便，易于掌握，而且总分类账能够清晰地反映出业务的发生情况和账户间的对应关系，便于分析和检查。其缺点是：这种账务处理程序是根据记账凭证首先在明细账上登记一次，又在总分类账上登记一次，重复记账现象严重，登记总账的工作量较大。因此，这种账务处理程序一般适用于规模较小、业务量相对较少的单位。

请注意

采用记账凭证账务处理程序时，为了减少登记总账的工作量，应尽可能将反映同类经济业务的原始凭证汇总编制成汇总原始凭证，再根据汇总原始凭证编制记账凭证以减少记账凭证的数量。

五、记账凭证账务处理程序举例

【例 9-1】华美公司 2012 年 3 月初各科目余额如表 9-1 所示。

表 9-1　科目余额表

2012 年 3 月 1 日　　　　　　　　　　　　　单位：元

账户名称	借方余额	账户名称	贷方余额
库存现金	12 000	应付职工薪酬	48 000
银行存款	300 000	实收资本	400 000
应收账款	52 000	资本公积	92 000
原材料	35 200	盈余公积	80 000
生产成本	32 000	本年利润	40 000
库存商品	44 000	利润分配	90 400
固定资产	400 000		
累计折旧	124 800		
合　　计	750 400	合　　计	750 400

该公司 2012 年 3 月发生下列经济业务。

（1）2 日，从上海阳光公司购入 A 型材料 800 千克，每千克 20 元，共计 16 000 元，增值税进项税额 2 720 元，材料已验收入库，料款及税款已从银行转账支付。

（2）4 日，从江苏振华公司购入 B 型材料 6 400 千克，每千克 10 元，共计 64 000 元，增值税进项税额 10 880 元，材料已验收入库，料款及税款已从银行支付。

（3）11 日，销售甲产品 16 部，每部售价 4 000 元，共计 64 000 元；销售乙产品 24 部，每部售价 5 000 元，共计 120 000 元。增值税销项税额为 31 280 元，货款及税款收到存入银行。

（4）14 日，企业从银行提取现金 48 000 元，准备发工资。

（5）14 日，以现金 48 000 元支付本月职工工资。

（6）15 日，销售甲产品 4 部给蓝天公司，售价 16 000 元，增值税销项税额为 2 720 元，

货款及税款尚未收到。

（7）16日，以现金160元支付销售甲产品装卸费。

（8）18日，销售乙产品8部给大地公司，每部售价5 000元，计40 000元，增值税销项税额6 800元，货款及税款尚未收到。

（9）20日，以银行存款支付厂部管理部门购买文具的费用848元。

（10）21日，收到大地公司通过银行转来的前欠货款46 800元。

（11）21日，以银行存款支付展览费1 040元。

（12）23日，以现金352元支付生产车间零星修理费。

（13）24日，向金融机构借入短期借款40 000元存入银行。

（14）25日，以银行存款支付本月固定资产修理费4 480元，其中生产车间2 800元，厂部管理部门1 680元。

（15）31日，经计算，本月应计提固定资产折旧费6 400元，其中生产车间所使用的固定资产计提折旧4 800元，厂部管理部门使用的固定资产计提折旧1 600元。

（16）31日，生产车间及管理部门领用材料情况，如表9-2所示。

表9-2　材料耗用汇总表

2012年3月31日　　　　　　　　　　　　　　　　　　　单位：元

借方科目		贷方科目：原材料				金额合计
		A型材料		B型材料		
		数量/千克	金额	数量/千克	金额	
生产成本	甲产品	400	8 000	2 400	24 000	32 000
	乙产品	560	11 200	4 000	40 000	51 200
	小计	960	19 200	6 400	64 000	83 200
制造费用		80	1 600	1 200	12 000	13 600
管理费用		160	3 200	400	4 000	7 200
合计		1 200	24 000	8 000	80 000	104 000

（17）31日，计算出本月应付职工工资和应付福利费，如表9-3所示。

表9-3　应付职工薪酬计算表

2012年3月31日　　　　　　　　　　　　　　　　　　　单位：元

应借科目		应付职工薪酬
生产成本	甲产品	18 240
	乙产品	27 360
	小计	45 600
制造费用		3 648
管理费用		5 472
合计		54 720

（18）31 日，以银行存款支付电费 8 000 元，其耗用情况如表 9-4 所示。

表 9-4　电费耗用计算表

2012 年 3 月 31 日　　　　　　　　　　　　　　　　　单位：元

项　目	金　额
生产甲产品耗用	2 400
生产乙产品耗用	4 000
车间照明耗用	400
管理部门耗用	1 200
合　计	8 000

（19）31 日，依据制造费用分配表，本月华美公司制造费用总额为 25 600 元，其中甲产品应负担 11 360 元，乙产品应负担 14 240 元。

（20）31 日，甲产品本月完工 28 部，已验收入库，其单位成本为 2 300 元，总成本为 64 400 元；乙产品完工 32 部，已验收入库，其单位成本为 3 000 元，总成本为 96 000 元。

（21）本月销售甲产品 20 部，单位成本 2 300 元，结转甲产品销售成本；本月销售乙产品 32 部，单位成本 3 000 元，结转乙产品销售成本。

（22）31 日，按本月产品销售收入 240 000 元的 5% 计算应交消费税 12 000 元。

（23）31 日，结转本月产品销售收入 240 000 元。

（24）31 日，结转本月主营业务成本 142 000 元、销售费用 1 200 元、营业税金及附加 12 000 元、管理费用 18 000 元。

（25）31 日，计算本月应交所得税 16 700 元，并结转。

（26）31 日，计算本月应计提的盈余公积 5 010 元（按净利润的 10% 提取）。

（27）31 日，以银行存款支付应交税金 55 900 元，其中应交增值税 27 200 元，应交消费税 12 000 元，应交所得税 16 700 元。

（一）根据原始凭证和原始凭证汇总表编制记账凭证

依据上述经济业务，编制记账凭证，如表 9-5 至表 9-32 所示。

表 9-5　付款凭证

贷方科目：银行存款　　　　　　　　2012 年 3 月 2 日　　　　　　　　银付字第 1 号

摘　要	借方科目		账页	金额	附单据3张
	总账科目	明细科目			
购 A 型材料 800 千克	原材料	A 型材料		16 000	
	应交税费	应交增值税（进项税额）		2 720	
合　计				18 720	

会计主管　　　　　记账　　　　　审核　　　　　制单

表 9-6 付款凭证

贷方科目：银行存款 　　　　　2012 年 3 月 4 日 　　　　　银付字第 2 号

摘 要	借方科目		账页	金额	附单据2张
	总账科目	明细科目			
购 B 型材料 1 600 千克	原材料	B 型材料		64 000	
	应交税费	应交增值税（进项税额）		10 880	
合 计				74 880	

会计主管 　　　　　记账 　　　　　审核 　　　　　制单

表 9-7 收款凭证

借方科目：银行存款 　　　　　2012 年 3 月 11 日 　　　　　银收字第 1 号

摘 要	贷方科目		账页	金额	附单据2张
	总账科目	明细科目			
销售甲产品 16 部、乙产品 24 部	主营业务收入			184 000	
	应交税费	应交增值税（销项税额）		31 280	
合 计				215 280	

会计主管 　　　　　记账 　　　　　审核 　　　　　制单

表 9-8 付款凭证

贷方科目：银行存款 　　　　　2012 年 3 月 14 日 　　　　　银付字第 3 号

摘 要	借方科目		账页	金额	附单据1张
	总账科目	明细科目			
提现备发工资	库存现金			48 000	
合 计				48 000	

会计主管 　　　　　记账 　　　　　审核 　　　　　制单

表 9-9 付款凭证

贷方科目：库存现金 　　　　　2012 年 3 月 14 日 　　　　　现付字第 1 号

摘 要	借方科目		账页	金额	附单据1张
	总账科目	明细科目			
支付本月工资	应付职工薪酬	工资		48 000	
合 计				48 000	

会计主管 　　　　　记账 　　　　　审核 　　　　　制单

表 9-10　转账凭证

2012 年 3 月 15 日　　　　　　　　　　　　　　转字第 1 号

摘　要	总账科目	明细科目	账页	借方金额	贷方金额	
销售甲产品 1 部	应收账款	蓝天公司		18 720		附单据2张
	主营业务收入				16 000	
	应交税费	应交增值税（销项税额）			2 720	
合　计				18 720	18 720	

会计主管　　　　　记账　　　　　　审核　　　　　　制单

表 9-11　付款凭证

贷方科目：库存现金　　　　　2012 年 3 月 16 日　　　　　　　现付字第 2 号

摘　要	借方科目		账页	金额	
	总账科目	明细科目			
支付甲产品装卸费	销售费用			160	附单据1张
合　计				160	

会计主管　　　　　记账　　　　　　审核　　　　　　制单

表 9-12　转账凭证

2012 年 3 月 18 日　　　　　　　　　　　　　　转字第 2 号

摘　要	总账科目	明细科目	账页	借方金额	贷方金额	
销售乙产品 2 部	应收账款	大地公司		46 800		附单据1张
	主营业务收入				40 000	
	应交税费	应交增值税（销项税额）			6 800	
合　计				46 800	46 800	

会计主管　　　　　记账　　　　　　审核　　　　　　制单

表 9-13　付款凭证

贷方科目：银行存款　　　　　2012 年 3 月 20 日　　　　　　　银付字第 4 号

摘　要	借方科目		账页	金额	
	总账科目	明细科目			
购买办公用品	管理费用			848	附单据1张
合　计				848	

会计主管　　　　　记账　　　　　　审核　　　　　　制单

表 9-14 收款凭证

借方科目：银行存款　　　　　　2012 年 3 月 21 日　　　　　　银收字第 2 号

摘　要	贷方科目		账页	金额	附单据1张
	总账科目	明细科目			
大地公司归还欠款	应收账款	大地公司		46 800	
合　计				46 800	

会计主管　　　　　　记账　　　　　　审核　　　　　　制单

表 9-15 付款凭证

贷方科目：银行存款　　　　　　2012 年 3 月 21 日　　　　　　银付字第 5 号

摘　要	借方科目		账页	金额	附单据2张
	总账科目	明细科目			
支付展览费	销售费用			1 040	
合　计				1 040	

会计主管　　　　　　记账　　　　　　审核　　　　　　制单

表 9-16 付款凭证

贷方科目：库存现金　　　　　　2012 年 3 月 23 日　　　　　　现付字第 3 号

摘　要	借方科目		账页	金额	附单据1张
	总账科目	明细科目			
支付车间修理费	制造费用			352	
合　计				352	

会计主管　　　　　　记账　　　　　　审核　　　　　　制单

表 9-17 收款凭证

借方科目：银行存款　　　　　　2012 年 3 月 24 日　　　　　　银收字第 3 号

摘　要	贷方科目		账页	金额	附单据1张
	总账科目	明细科目			
从银行借款	短期借款			40 000	
合　计				40 000	

会计主管　　　　　　记账　　　　　　审核　　　　　　制单

表 9-18 付款凭证

贷方科目：银行存款　　　　　　2012 年 3 月 25 日　　　　　　银付字第 6 号

摘　要	借方科目		账页	金额	附单据1张
	总账科目	明细科目			
支付本月固定资产修理费	制造费用			2 800	
	管理费用			1 680	
合　计				4 480	

会计主管　　　　　　记账　　　　　　审核　　　　　　制单

表 9–19 转账凭证

2012 年 3 月 31 日　　　　　　　　　　转字第 3 号

摘　要	总账科目	明细科目	账页	借方金额	贷方金额	
计提本月折旧费	制造费用			4 800		附单据1张
	管理费用			1 600		
	累计折旧				6 400	
合　计				6 400	6 400	

会计主管　　　　记账　　　　　　审核　　　　　　制单

表 9–20 转账凭证

2012 年 3 月 31 日　　　　　　　　　　转字第 4 号

摘　要	总账科目	明细科目	账页	借方金额	贷方金额	
结转材料耗费	生产成本	甲产品		32 000		
	生产成本	乙产品		51 200		
	制造费用			13 600		附单据1张
	管理费用			7 200		
	原材料	A 型材料			24 000	
	原材料	B 型材料			80 000	
合　计				104 000	104 000	

会计主管　　　　记账　　　　　　审核　　　　　　制单

表 9–21 转账凭证

2012 年 3 月 31 日　　　　　　　　　　转字第 5 号

摘　要	总账科目	明细科目	账页	借方金额	贷方金额	
结转本月应付工资	生产成本	甲产品		18 240		
	生产成本	乙产品		27 360		
	制造费用			3 648		附单据1张
	管理费用			5 472		
	应付职工薪酬	工资			54 720	
合　计				54 720	54 720	

会计主管　　　　记账　　　　　　审核　　　　　　制单

表 9–22 付款凭证

贷方科目：银行存款　　　　2012 年 3 月 31 日　　　　　　　　　　银付字第 7 号

摘　要	借方科目		账页	金额	
	总账科目	明细科目			
支付本月电费	生产成本	甲产品		2 400	
	生产成本	乙产品		4 000	附单据1张
	制造费用			400	
	管理费用			1 200	
合　计				8 000	

会计主管　　　　记账　　　　　　审核　　　　　　制单

表 9-23 转账凭证

2012 年 3 月 31 日　　　　　　　　　　　　　　　　　　转字第 6 号

摘　要	总账科目	明细科目	账页	借方金额	贷方金额	
结转本月制造费用	生产成本	甲产品		11 360		附单据1张
	生产成本	乙产品		14 240		
	制造费用				25 600	
合　计				25 600	25 600	

会计主管　　　　　记账　　　　　　　　审核　　　　　　　　制单

表 9-24 转账凭证

2012 年 3 月 31 日　　　　　　　　　　　　　　　　　　转字第 7 号

摘　要	总账科目	明细科目	账页	借方金额	贷方金额	
结转完工产品成本	库存商品	甲产品		64 400		附单据1张
	库存商品	乙产品		96 000		
	生产成本	甲产品			64 400	
	生产成本	乙产品			96 000	
合　计				160 400	160 400	

会计主管　　　　　记账　　　　　　　　审核　　　　　　　　制单

表 9-25 转账凭证

2012 年 3 月 31 日　　　　　　　　　　　　　　　　　　转字第 8 号

摘　要	总账科目	明细科目	账页	借方金额	贷方金额	
结转已销产品成本	主营业务成本			142 000		附单据1张
	库存商品	甲产品			46 000	
	库存商品	乙产品			96 000	
合　计				142 000	142 000	

会计主管　　　　　记账　　　　　　　　审核　　　　　　　　制单

表 9-26 转账凭证

2012 年 3 月 31 日　　　　　　　　　　　　　　　　　　转字第 9 号

摘　要	总账科目	明细科目	账页	借方金额	贷方金额	
计算应交消费税	营业税金及附加			12 000		附单据1张
	应交税费	应交消费税			12 000	
合　计				12 000	12 000	

会计主管　　　　　记账　　　　　　　　审核　　　　　　　　制单

表 9-27 转账凭证

2012 年 3 月 31 日 转字第 10 号

摘　要	总账科目	明细科目	账页	借方金额	贷方金额	
结转本月销售收入	主营业务收入			240 000		附单据1张
	本年利润				240 000	
合　计				240 000	240 000	

会计主管　　　　记账　　　　　　审核　　　　　　制单

表 9-28 转账凭证

2012 年 3 月 31 日 转字第 11 号

摘　要	总账科目	明细科目	账页	借方金额	贷方金额	
结转本月主营成本、营业税金及附加、销售费用、管理费用	本年利润			43 300		附单据1张
	主营业务成本				142 000	
	营业税金及附加				12 000	
	销售费用				1 200	
	管理费用				18 000	
合　计				173 200	173 200	

会计主管　　　　记账　　　　　　审核　　　　　　制单

表 9-29 转账凭证

2012 年 3 月 31 日 转字第 12 号

摘　要	总账科目	明细科目	账页	借方金额	贷方金额	
计算应交所得税	所得税费用			16 700		附单据1张
	应交税费	应交所得税			16 700	
合　计				16 700	16 700	

会计主管　　　　记账　　　　　　审核　　　　　　制单

表 9-30 转账凭证

2012 年 3 月 31 日 转字第 13 号

摘　要	总账科目	明细科目	账页	借方金额	贷方金额	
结转所得税	本年利润			16 700		附单据1张
	所得税费用				16 700	
合　计				16 700	16 700	

会计主管　　　　记账　　　　　　审核　　　　　　制单

表9-31 转账凭证

2012 年 3 月 31 日 转字第 14 号

摘 要	总账科目	明细科目	账页	借方金额	贷方金额	
提取盈余公积	利润分配	提取盈余公积		5 010		附单据1张
	盈余公积				5 010	
合 计				5 010	5 010	

会计主管 记账 审核 制单

表9-32 付款凭证

贷方科目：银行存款 2012 年 3 月 31 日 银付字第 8 号

摘 要	借方科目		账页	金额（元）	
	总账科目	明细科目			附单据4张
支付税金	应交税费	应交增值税		27 200	
		应交消费税		12 000	
		应交所得税		16 700	
合 计				55 900	

会计主管 记账 审核 制单

（二）根据收款凭证和付款凭证登记现金日记账和银行存款日记账

根据收款凭证和付款凭证登记现金日记账和银行存款日记账，如表9-33、表9-34 所示。

表9-33 现金日记账

单位：元

20××年		凭证		摘 要	借方	贷方	借或贷	余额
月	日	字	号					
10	1			期初余额			借	12 000
	14	银付	3	提现备发工资	48 000		借	60 000
	14	现付	1	支付本月工资		48 000	借	12 000
	16	现付	2	支付甲产品装卸费		160	借	11 840
	23	现付	3	支付车间修理费		352	借	11 488
	31			本月发生额及余额	48 000	48 512	借	11 488

注：上表省略了每天的"本日合计"

表9-34 银行存款日记账

单位：元

20××年		凭证		摘 要	借方	贷方	借或贷	余额
月	日	字	号					
10	1			期初余额			借	300 000
	2	银付	1	购A型材料200千克		18 720	借	281 280
	4	银付	2	购B型材料1 600千克		74 880	借	206 400

续表

20××年		凭证		摘　要	借方	贷方	借或贷	余额
月	日	字	号					
	11	银收	1	销售甲产品4部、乙产品6部	215 280		借	421 680
	14	银付	3	提现备发工资		48 000	借	373 680
	20	银付	4	购买办公用品		848	借	364 832
	21	银收	2	大地公司归还欠款	46 800		借	419 632
	21	银付	5	支付展览费		1 040	借	418 592
	24	银收	3	从银行借款	40 000		借	458 592
	25	银付	6	支付固定资产修理费		4 480	借	454 112
	31	银付	7	支付本月电费		8 000	借	446 112
	31	银付	8	支付税金		55 900	借	390 212
	31			本月发生额及余额	302 080	211 868	借	390 212

注：上表省略了每天的"本日合计"

（三）根据记账凭证及所附原始凭证或汇总原始凭证逐笔登记明细账

根据记账凭证及所附原始凭证或汇总原始凭证逐笔登记明细账（以应收账款明细账为例，其他明细账省略），如表9-35和表9-36所示。

表9-35　应收账款明细账

明细科目：蓝天公司　　　　　　　　　　　　　　　　　　　第　页　单位：元

20××年		凭证		摘　要	借方	贷方	借或贷	余额
月	日	字	号					
10	1			期初余额			借	12 000
	15	转	1	销售甲产品1部	18 720		借	30 720
	31			本月发生额及余额	18 720		借	30 720

表9-36　应收账款明细账

明细科目：大地公司　　　　　　　　　　　　　　　　　　　第　页　单位：元

20××年		凭证		摘　要	借方	贷方	借或贷	余额
月	日	字	号					
10	1			期初余额			借	40 000
	18	转	2	销售乙产品2部	46 800		借	86 800
	21	银收	2	大地公司归还欠款		46 800	借	40 000
	31			本月发生额及余额	46 800	46 800	借	40 000

（四）根据记账凭证逐笔登记总分类账

根据记账凭证逐笔登记总分类账如表9-37～表9-59所示。

表9-37 总分类账

总账科目：库存现金   第 页 单位：元

20××年		凭证		摘 要	借方	贷方	借或贷	余额
月	日	字	号					
10	1			期初余额			借	12 000
	14	银付	3	提现备发工资	48 000		借	60 000
	14	现付	1	支付本月工资		48 000	借	12 000
	16	现付	2	支付甲产品装卸费		160	借	11 840
	23	现付	3	支付车间修理费		352	借	11 488
	31			本月发生额及余额	48 000	48 512	借	11 488

表9-38 总分类账

总账科目：银行存款   第 页 单位：元

20××年		凭证		摘 要	借方	贷方	借或贷	余额
月	日	字	号					
10	1			期初余额			借	300 000
	2	银付	1	购A型材料200千克		18 720	借	281 280
	4	银付	2	购B型材料1 600千克		74 880	借	206 400
	11	银收	1	销售甲产品4部、乙产品6部	215 280		借	421 680
	14	银付	3	提现备发工资		48 000	借	373 680
	20	银付	4	购买办公用品		848	借	364 832
	21	银收	2	大地公司归还欠款	46 800		借	419 632
	21	银付	5	支付展览费		1 040	借	418 592
	24	银收	3	从银行借款	40 000		借	458 592
	25	银付	6	支付固定资产修理费		4 480	借	454 112
	31	银付	7	支付本月电费		8 000	借	446 112
	31	银付	8	支付税金		55 900	借	390 212
	31			本月发生额及余额	302 080	211 868	借	390 212

表9-39 总分类账

总账科目：应收账款   第 页 单位：元

20××年		凭证		摘 要	借方	贷方	借或贷	余额
月	日	字	号					
10	1			期初余额			借	52 000
	15	转	1	销售甲产品1部	18 720		借	70 720
	18	转	2	销售乙产品2部	46 800		借	117 520
	21	银收	2	大地公司归还欠款		46 800	借	70 720
	31			本月发生额及余额	65 520	46 800	借	70 720

表 9–40 总分类账

总账科目：原材料 第 页 单位：元

20××年		凭证		摘 要	借方	贷方	借或贷	余额
月	日	字	号					
10	1			期初余额			借	35 200
	2	银付	1	购A型材料200千克	16 000		借	51 200
	4	银付	2	购B型材料1 600千克	64 000		借	115 200
	31	转	4	结转材料耗费		104 000	借	11 200
	31			本月发生额及余额	80 000	104 000	借	11 200

表 9–41 总分类账

总账科目：生产成本 第 页 单位：元

20××年		凭证		摘 要	借方	贷方	借或贷	余额
月	日	字	号					
10	1			期初余额			借	32 000
	31	转	4	结转材料耗费	83 200		借	115 200
	31	转	5	结转本月应付职工工资	45 600		借	160 800
	31	银付	7	支付本月电费	6 400		借	167 200
	31	转	6	结转本月制造费用	25 600		借	192 800
	31	转	7	结转完工产品成本		160 400	借	32 400
	31			本月发生额及余额	160 800	160 400	借	32 400

表 9–42 总分类账

总账科目：制造费用 第 页 单位：元

20××年		凭证		摘 要	借方	贷方	借或贷	余额
月	日	字	号					
10	23	现付	3	支付车间修理费	352		借	352
	25	银付	7	支付本月固定资产修理费	2 800		借	3 152
	31	转	3	计提本月折旧费	4 800		借	7 952
	31	转	4	结转材料耗费	13 600		借	21 552
	31	转	5	结转本月应付工资	3 648		借	25 200
	31	银付	7	支付本月电费	400		借	25 600
	31	转	6	结转本月制造费用		25 600	平	0
	31			本月发生额及余额	25 600	25 600	平	0

表 9-43　总分类账

总账科目：库存商品　　　　　　　　　　　　　　　　　　　　　第　页　单位：元

20××年		凭证		摘　要	借方	贷方	借或贷	余额
月	日	字	号					
10	1			期初余额			借	44 000
	31	转	7	结转完工产品成本	160 400		借	204 400
	31	转	8	结转已销售产品成本		142 000	借	62 400
	31			本月发生额及余额	160 400	142 000	借	62 400

表 9-44　总分类账

总账科目：固定资产　　　　　　　　　　　　　　　　　　　　　第　页　单位：元

20××年		凭证		摘　要	借方	贷方	借或贷	余额
月	日	字	号					
10	1			期初余额			借	400 000
	31			本月发生额及余额	0	0	借	400 000

表 9-45　总分类账

总账科目：累计折旧　　　　　　　　　　　　　　　　　　　　　第　页　单位：元

20××年		凭证		摘　要	借方	贷方	借或贷	余额
月	日	字	号					
10	1			期初余额			贷	124 800
	31	转	3	计提本月折旧		6 400	贷	131 200
	31			本月发生额及余额	0	6 400	贷	131 200

表 9-46　总分类账

总账科目：短期借款　　　　　　　　　　　　　　　　　　　　　第　页　单位：元

20××年		凭证		摘　要	借方	贷方	借或贷	余额
月	日	字	号					
10	1			期初余额			贷	0
	24	银收	3	从银行借款		40 000	贷	40 000
	31			本月发生额及余额	0	40 000	贷	40 000

表 9-47　总分类账

总账科目：应付职工薪酬　　　　　　　　　　　　　　　　　　　第　页　单位：元

20××年		凭证		摘　要	借方	贷方	借或贷	余额
月	日	字	号					
10	1			期初余额			贷	48 000
	14	现付	1	支付本月工资	48 000		平	0
	31	转	5	结转本月应付职工薪酬		54 720	贷	54 720
	31			本月发生额及余额	48 000	54 720	贷	54 720

表 9-48　总分类账

总账科目：应交税费　　　　　　　　　　　　　　　　　　　　　　　　　　第　页　单位：元

20××年		凭证		摘　要	借方	贷方	借或贷	余额
月	日	字	号					
10	1			期初余额			平	0
	2	银付	1	购 A 型材料 200 千克	2 720		借	2 720
	4	银付	2	购 B 型材料 1 600 千克	10 880		借	13 600
	11	银收	1	销售甲产品 4 部、乙产品 6 部		31 280	贷	17 680
	15	转	1	销售甲产品 1 部		2 720	贷	20 400
	18	转	2	销售乙产品 2 部		6 800	贷	27 200
	31	转	9	计算应交消费税		12 000	贷	39 200
	31	转	12	计算应交所得税		16 700	贷	55 900
	31	银付	8	支付税金	55 900		平	0
	31			本月发生额及余额	69 500	69 500	平	0

表 9-49　总分类账

总账科目：实收资本　　　　　　　　　　　　　　　　　　　　　　　　　　第　页　单位：元

20××年		凭证		摘　要	借方	贷方	借或贷	余额
月	日	字	号					
10	1			期初余额			贷	400 000
	31			本月发生额及余额	0	0	贷	400 000

表 9-50　总分类账

总账科目：资本公积　　　　　　　　　　　　　　　　　　　　　　　　　　第　页　单位：元

20××年		凭证		摘　要	借方	贷方	借或贷	余额
月	日	字	号					
10	1			期初余额			贷	92 000
	31			本月发生额及余额	0	0	贷	92 000

表 9-51　总分类账

总账科目：盈余公积　　　　　　　　　　　　　　　　　　　　　　　　　　第　页　单位：元

20××年		凭证		摘　要	借方	贷方	借或贷	余额
月	日	字	号					
10	1			期初余额			贷	80 000
	31	转	14	提取盈余公积		5 010	贷	85 010
	31			本月发生额及余额		5 010	贷	85 010

表 9-52   总分类账

总账科目：本年利润　　　　　　　　　　　　　　　　　　　　　　　　　　第　页　单位：元

20××年		凭证		摘　要	借方	贷方	借或贷	余额
月	日	字	号					
10	1			期初余额			贷	40 000
	31	转	10	结转本月销售收入		240 000	贷	280 000
	31	转	11	结转本月成本、费用	173 200		贷	138 000
	31		13	结转所得税费用	16 700		贷	90 100
	31			本月发生额及余额	189 900	240 000	贷	90 100

表 9-53   总分类账

总账科目：利润分配　　　　　　　　　　　　　　　　　　　　　　　　　　第　页　单位：元

20××年		凭证		摘　要	借方	贷方	借或贷	余额
月	日	字	号					
10	1			期初余额			贷	90 400
	31	转	14	提取盈余公积	5 010		贷	85 390
	31			本月发生额及余额	5 010		贷	85 390

表 9-54   总分类账

总账科目：主营业务收入　　　　　　　　　　　　　　　　　　　　　　　　第　页　单位：元

20××年		凭证		摘　要	借方	贷方	借或贷	余额
月	日	字	号					
10	11	银收	1	销售甲产品 4 部、乙产品 6 部		184 000	贷	184 000
	15	转	1	销售甲产品 1 部		16 000	贷	200 000
	18	转	2	销售乙产品 2 部		40 000	贷	240 000
	31	转	10	结转本月销售收入	240 000		平	0
	31			本月发生额及余额	240 000	240 000	平	0

表 9-55   总分类账

总账科目：主营业务成本　　　　　　　　　　　　　　　　　　　　　　　　第　页　单位：元

20××年		凭证		摘　要	借方	贷方	借或贷	余额
月	日	字	号					
10	31	转	7	结转已销售产品成本	142 000		借	142 000
	31	转	11	结转本月成本、费用		142 000	平	0
	31			本月发生额及余额	142 000	142 000	平	0

表 9-56 总分类账

总账科目：营业税金及附加   第 页 单位：元

20××年		凭证		摘 要	借方	贷方	借或贷	余额
月	日	字	号					
10	31	转	9	计算应交消费税	12 000		借	12 000
	31	转	11	结转本月成本、费用		12 000	平	0
	31			本月发生额及余额	12 000	12 000	平	0

表 9-57 总分类账

总账科目：销售费用   第 页 单位：元

20××年		凭证		摘 要	借方	贷方	借或贷	余额
月	日	字	号					
10	16	现付	2	支付甲产品装卸费	160		借	160
	21	银付	5	支付展览费	1 040		借	1 200
	31	转	11	结转本月成本、费用		1 200	平	0
	31			本月发生额及余额	1 200	1 200	平	0

表 9-58 总分类账

总账科目：管理费用   第 页 单位：元

20××年		凭证		摘 要	借方	贷方	借或贷	余额
月	日	字	号					
	20	银付	4	购买办公用品	848		借	848
	25	银付	6	支付本月固定资产修理费	1 680		借	2 528
	31	转	3	计提本月折旧费	1 600		借	4 128
	31	转	4	结转材料耗费	7 200		借	11 328
	31	转	5	结转本月应付工资	5 472		借	16 800
	31	银付	7	支付本月电费	1 200		借	18 000
	31	转	6	结转本月管理费用		18 000	平	0
	31			本月发生额及余额	18 000	18 000	平	0

表 9-59 总分类账

总账科目：所得税费用   第 页 单位：元

20××年		凭证		摘 要	借方	贷方	借或贷	余额
月	日	字	号					
10	31	转	12	计算应交所得税	16 700		平	16 700
	31	转	13	结转所得税费用		16 700	平	0
	31			本月发生额及余额	16 700	16 700	平	0

（五）将现金日记账、银行存款日记账的余额及各种明细分类账余额合计数，分别与总分类账中有关科目的余额核对。

（六）根据核对无误的总分类账、明细分类账和其他有关资料编制财务报表（略）。

第三节 科目汇总表账务处理程序

一、科目汇总表账务处理程序的特点

科目汇总表账务处理程序的特点是对发生的经济业务，首先根据原始凭证或汇总原始凭证编制记账凭证，然后根据记账凭证定期编制科目汇总表，根据科目汇总表登记总分类账。

二、科目汇总表账务处理程序的账簿组织

在科目汇总表账务处理程序下，为了对记账凭证进行汇总，需要设置科目汇总表；其他如记账凭证的种类与格式、现金日记账、银行存款日记账、各种明细账、总账的格式等，与记账凭证账务处理程序相同。

科目汇总表是根据一定时期全部记账凭证，按总账科目进行分类，用来汇总各个总账科目一定时期的借方、贷方发生额而编制的一种汇总记账凭证。编制科目汇总表时，应根据一定时期内的全部记账凭证，按照总账科目进行汇总，汇总计算出每一总账科目的借方发生额和贷方发生额，把所有总账科目的借、贷方发生额填入科目汇总表，最后加总计算出所有总账科目的借方、贷方发生额合计数。根据"有借必有贷，借贷必相等"的原理，所有总账科目的借方、贷方发生额合计数应该相等。在实际工作中，科目汇总表的格式一般有两种，分别如表9-60和表9-61所示。

表9-60 科目汇总表（格式一）

年 月 第 号

会计科目	账页	1—10号		11—20号		21—31号		本月合计	
		借方	贷方	借方	贷方	借方	贷方	借方	贷方
合计									

表9-61 科目汇总表（格式二）

年 月 第 号

会计科目	账页	本期发生额		记账凭证起讫号数
合计				

请注意

通过编制科目汇总表，能起到"本期发生额试算平衡表"的作用。科目汇总表的编制时间，可根据本单位业务量大小而定，可以1天、3天、5天、10天、15天或一个月编制一次。每次汇总都应注明已经汇总的记账凭证的起讫字号，以便检查。

三、科目汇总表账务处理程序的步骤

（1）根据原始凭证或汇总原始凭证编制收款凭证、付款凭证和转账凭证等记账凭证。

（2）根据收、付款凭证，登记现金日记账和银行存款日记账。

（3）根据原始凭证、汇总原始凭证和记账凭证登记各种明细账。

（4）根据记账凭证编制科目汇总表。

（5）根据科目汇总表登记总分类账。

（6）月末，将现金日记账、银行存款日记账的余额，以及各种明细分类账余额，分别与总分类账余额进行核对，以保证账账相符。

（7）月末，根据核对无误的总分类账、明细分类账和其他有关资料编制财务报表。

科目汇总表账务处理程序具体步骤如图9-2所示。

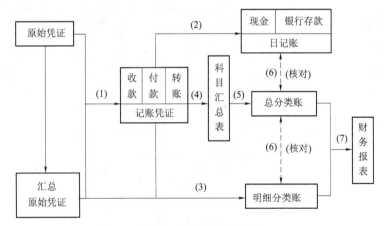

图9-2　科目汇总表账务处理程序

四、科目汇总表账务处理程序的优缺点和适用范围

科目汇总表账务处理程序的基本特点是根据科目汇总表登记总账，而科目汇总表已经对总分类账户发生额进行了汇总，因此这种账务处理程序的优点是：大大减少了登记总账的工作量；通过编制科目汇总表，可以对各科目借、贷方发生额的合计数进行试算平衡，及时发现填制记账凭证的错误，保证记账工作的质量。科目汇总表账务处理程序存在以下缺点：由于是根据科目汇总表登记总账，因而总账中不反映账户之间的对应关系，不便于对经济业务进行分析和检查；与记账凭证账务处理程序相比，科目汇总表账务处理程序多了一道环节，即编制科目汇总表，如果记账凭证很多，编制科目汇总表也是一项较为繁杂的工作；如果记账凭证较少，则运用科目汇总表起不到减少工作量的作用。科目汇总表账务处理程序应用范围较广，一般规模较大，经济业务较多的企业和单位都可采用。

五、科目汇总表账务处理程序举例

【例 9-2】仍以例 9-1 中华美公司 2012 年 3 月份发生的经济业务为例，说明科目汇总表账务处理程序的运用。

（1）根据原始凭证和原始凭证汇总表编制记账凭证，如表 9-5～9-32 所示。

（2）根据收款凭证和付款凭证登记现金日记账和银行存款日记账，如表 9-33 和表 9-34 所示。

（3）根据记账凭证和原始凭证逐笔登记明细账（以应收账款明细账为例，其他明细账省略），如表 9-35 和表 9-36 所示。

（4）根据记账凭证编制科目汇总表（假定每月汇总一次），如表 9-62 所示。

表 9-62 科目汇总表

2012 年 3 月 科汇字第 1 号 单位：元

会计科目	账页	本期发生额		记账凭证起讫号数
		借方	贷方	
库存现金		48 000	48 512	（略）
银行存款		302 080	211 868	
应收账款		65 520	46 800	
原材料		80 000	104 000	
生产成本		160 800	160 400	
制造费用		25 600	25 600	
库存商品		160 400	142 000	
累计折旧			6 400	
短期借款			40 000	
应付职工薪酬		48 000	54 720	
应交税费		69 500	69 500	
盈余公积			5 010	
本年利润		189 900	240 000	
利润分配		5 010		
主营业务收入		240 000	240 000	
主营业务成本		142 000	142 000	
销售费用		1 200	1 200	
营业税金及附加		12 000	12 000	
管理费用		18 000	18 000	
所得税费用		16 700	16 700	
合计		1 584 710	1 584 710	

（5）根据科目汇总表登记总分类账（以"库存现金"总分类账为例，其余略），如表 9-63 所示。

表 9-63 总分类账

会计科目：库存现金   第 页 单位：元

20××年		凭证		摘要	借方	贷方	借或贷	余额
月	日	字	号					
10	1			期初余额	0	0	借	12 000
	31	科汇	1		48 000	48 512	借	11 488
	31			本月发生额及余额	48 000	48 512	借	11 488

（6）将现金日记账、银行存款日记账的余额及各种明细分类账余额合计数，分别与总分类账中有关科目的余额核对。

（7）根据核对无误的总分类账、明细分类账和其他有关资料编制财务报表（略）。

第四节 汇总记账凭证账务处理程序

一、汇总记账凭证账务处理程序的特点

汇总记账凭证账务处理程序与科目汇总表账务处理程序原理相似，对发生的经济业务首先编制记账凭证，然后对记账凭证定期汇总编制汇总收款凭证、汇总付款凭证和汇总转账凭证，再根据各种汇总记账凭证登记总分类账。

二、汇总记账凭证账务处理程序的账簿组织

在汇总记账凭证账务处理程序下，为了对记账凭证进行分类汇总，需要采用收款凭证、付款凭证和转账凭证等专用记账凭证格式；另外，还要设置汇总收款凭证、汇总付款凭证和汇总转账凭证。其他如现金日记账、银行存款日记账、各种明细账、总账的格式等，与记账凭证账务处理程序相同。

三、汇总记账凭证的编制

（一）汇总收款凭证的编制

汇总收款凭证是根据一定时期的收款凭证汇总编制的。收款凭证按借方科目分为现金收款凭证和银行存款收款凭证两种，因此汇总收款凭证也分为汇总现金收款凭证和汇总银行存款收款凭证两种。汇总现金收款凭证是按照借方科目如"库存现金"科目设置，汇总企业在一定时期内库存现金的收款业务，如表 9-64 所示；汇总银行存款收款凭证是按照借方科目如"银行存款"科目设置，汇总企业在一定时期内银行存款的收款业务，如表 9-65 所示。

以编制汇总现金收款凭证为例，首先在汇总收款凭证的左上方填写借方科目（如"库存现金"），在表中填写与库存现金相对应的贷方科目；然后将所有的现金收款凭证按贷方科目进行归类，计算出每一个贷方科目的本期发生额合计数，填入汇总收款凭证中。一般可以 5 天或 10 天汇总一次，每月编制一张汇总现金收款凭证。月终，根据计算出的每个贷方科目发生额合计数，登记总分类账。

表 9-64　汇总收款凭证

借方科目：库存现金　　　　　　　　　　　　　　　　年　　月　　　　　　　　　　　　　字第　　号

贷方科目	金　额				总账页数	
	1—10 日	11—20 日	21—31 日	合计	借方	贷方
合计						

表 9-65　汇总收款凭证

借方科目：银行存款　　　　　　　　　　　　　　　　年　　月　　　　　　　　　　　　　字第　　号

贷方科目	金　额				总账页数	
	1—10 日	11—20 日	21—31 日	合计	借方	贷方
合计						

（二）汇总付款凭证的编制

汇总付款凭证是根据一定时期的付款凭证汇总编制的。付款凭证按贷方科目分为现金付款凭证和银行存款付款凭证两种，因此汇总付款凭证也分为汇总现金付款凭证和汇总银行存款付款凭证两种。汇总现金付款凭证是按照贷方科目如"库存现金"科目设置，汇总企业在一定时期内库存现金的付款业务，如表 9-66 所示；汇总银行存款付款凭证是按照贷方科目如"银行存款"科目设置，汇总企业在一定时期内银行存款的付款业务，如表 9-67 所示。

以编制汇总现金付款凭证为例，首先在汇总付款凭证的左上方填写贷方科目（如"库存现金"），在表中填写与库存现金相对应的借方科目；然后将所有的现金付款凭证按借方科目进行归类，计算出每一个借方科目的本期发生额合计数，填入汇总付款凭证中。一般可以 5 天或 10 天汇总一次，每月编制一张汇总现金付款凭证。月终，根据计算出的每个借方科目发生额合计数登记总分类账。

表 9-66　汇总付款凭证

贷方科目：库存现金　　　　　　　　　　　　　　　　年　　月　　　　　　　　　　　　　字第　　号

借方科目	金　额				总账页数	
	1—10 日	11—20 日	21—31 日	合计	借方	贷方
合计						

表 9-67　汇总付款凭证

贷方科目：银行存款 　　　　　　　　　　　年　　月　　　　　　　　　　字第　　号

借方科目	金　额				总账页数	
	1—10 日	11—20 日	21—31 日	合计	借方	贷方
合计						

（三）汇总转账凭证的编制

汇总转账凭证是根据一定时期全部转账凭证汇总编制的。转账凭证涉及的借贷方科目都很多，且无规律可循。为了统一起见，规定汇总转账凭证按照贷方科目设置，按照与之对应的借方科目归类汇总，其格式如表 9-68 所示。

编制汇总转账凭证时，首先在汇总转账凭证的左上方填写贷方科目（如"主营业务收入"），在表中填写与之相对应的借方科目（如"应收账款"、"应收票据"等科目）；然后将所有的贷方为"主营业务收入"的转账凭证按借方科目进行归类，计算出每一个借方科目的本期发生额合计数，填入汇总转账凭证中。一般可以 5 天或者 10 天汇总一次，每月针对转账凭证所涉及每一个贷方科目编制一张汇总转账凭证。月终，根据计算出的每个借方科目发生额合计数，登记总分类账。

表 9-68　汇总转账凭证

贷方科目：　　　　　　　　　　　　　　　年　　月　　　　　　　　　　　字第　　号

借方科目	金　额				总账页数	
	1—10 日	11—20 日	21—31 日	合计	借方	贷方
合计						

四、汇总记账凭证账务处理程序的步骤

（1）根据原始凭证或汇总原始凭证编制收款凭证、付款凭证和转账凭证等记账凭证。

（2）根据收、付款凭证，逐笔登记现金日记账和银行存款日记账。

（3）根据原始凭证、汇总原始凭证和记账凭证登记各种明细账。

（4）根据一定时期内的全部记账凭证，汇总编制汇总收款凭证、汇总付款凭证和汇总转账凭证。

（5）根据定期编制的汇总收款凭证、汇总付款凭证和汇总转账凭证登记总分类账。

（6）月末，将现金日记账、银行存款日记账的余额，以及各种明细分类账余额合计数，分别与总分类账中有关科目的余额核对，以保证账账相符。

（7）月末，根据核对无误的总分类账、明细分类账和其他有关资料编制财务报表。

汇总记账凭证账务处理程序具体步骤如图 9-3 所示。

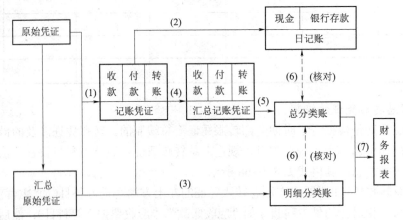

图 9-3 汇总记账凭证账务处理程序

请注意

由于汇总记账账务处理程序是在月末根据各种汇总记账凭证一次性登记总账，因此，这种账务处理程序的优点是：减少了登记总账的工作量；另外，由于汇总记账凭证是定期根据专用记账凭证按科目对应关系分类汇总而填制的，因此通过有关科目之间的对应关系，可以了解经济业务的全貌和资金运动的来龙去脉。其缺点是：编制汇总记账凭证的工作量很大；由于汇总转账凭证是按每一个贷方科目分类汇总的，而不是按经济业务的性质进行归类汇总，因此不利于日常核算工作的合理分工；此外，如果某一贷方科目转账凭证不多，编制汇总转账凭证，不但起不到减少工作量的作用，反而会加大工作量。汇总记账凭证账务处理程序适用于规模较大、业务量较多的单位。如果某一贷方科目的转账凭证不多，应根据转账凭证逐笔登记总分类账，而无需编制汇总转账凭证据此登记总分类账。

六、汇总记账凭证账务处理程序举例

【例 9-3】仍以例 9-1 中华美公司 2012 年 3 月份发生的经济业务为例，说明汇总记账凭证账务处理程序的运用。

（1）根据原始凭证和原始凭证汇总表编制记账凭证，如表 9-5～9-32 所示。

（2）根据收款凭证和付款凭证登记现金日记账和银行存款日记账，如表 9-33 和表 9-34 所示。

（3）根据记账凭证和原始凭证逐笔登记明细账（以应收账款明细账为例，其他明细账省略），如表 9-35 和表 9-36 所示。

（4）根据收款凭证、付款凭证和转账凭证编制汇总收款凭证、汇总付款凭证和汇总转账凭证，如表 9-69～表 9-73 所示，其余汇总转账凭证略。

表 9-69　汇总付款凭证

贷方科目：库存现金　　　　　　　2012 年 3 月　　　　　　　汇付字第 1 号

借方科目	金　额				总账页数	
	1—10 日付款凭证 第　号至第　号	11—20 日付款凭证 第 1 号至第 2 号	21—31 日付款凭证 第 3 号至第 3 号	合计	借方	贷方
应付职工薪酬		48 000		48 000	（略）	（略）
销售费用		160		160		
制造费用			352	352		
合计		48 160	352	48 512		

表 9-70　汇总收款凭证

借方科目：银行存款　　　　　　　2012 年 3 月　　　　　　　汇收字第 1 号

贷方科目	金　额				总账页数	
	1—10 日收款凭证 第　号至第　号	11—20 日收款凭证 第 1 号至第 1 号	21—31 日收款凭证 第 2 号至第 3 号	合计	借方	贷方
主营业务收入		184 000		184 000	（略）	（略）
应交税费		31 280		31 280		
应收账款			46 800	46 800		
短期借款			40 000	40 000		
合计		215 280	86 800	302 080		

表 9-71　汇总付款凭证

贷方科目：银行存款　　　　　　　2012 年 3 月　　　　　　　汇付字第 2 号

借方科目	金　额				总账页数	
	1—10 日收款凭证 第 1 号至第 2 号	11—20 日收款凭证 第 3 号至第 5 号	21—31 日收款凭证 第 6 号至第 8 号	合计	借方	贷方
原材料	80 000			80 000	（略）	（略）
应交税费	13 600		55 900	69 500		
库存现金		48 000		48 000		
生产成本		6 400		6 400		
制造费用			400	400		
管理费用		848	1 200	2 048		
销售费用			1 040	1 040		
合计	93 600	55 248	58 540	207 388		

表 9-72　汇总转账凭证

贷方科目：原材料　　　　　　　　　　　2012 年 3 月　　　　　　　　　　汇转字第 1 号

借方科目	金　额				总账页数	
	1—10 日转账凭证第 1 号至第 1 号	11—20 日转账凭证第　号至第　号	21—31 日转账凭证第　号至第　号	合计	借方	贷方
生产成本	83 200			83 200	（略）	（略）
制造费用	13 600			13 600		
管理费用	7 200			7 200		
合计	104 000			104 000		

表 9-73　汇总转账凭证

贷方科目：应付职工薪酬　　　　　　　　2012 年 3 月　　　　　　　　　　汇转字第 2 号

借方科目	金　额				总账页数	
	1—10 日收款凭证第　号至第　号	11—20 日收款凭证第 2 号至第 3 号	21—31 日收款凭证第　号至第　号	合计	借方	贷方
生产成本			45 600	45 600	（略）	（略）
制造费用			3 648	3 648		
管理费用			5 472	5 472		
合计			54 720	54 720		

（5）根据汇总记账凭证登记总分类账（以"库存现金"和"原材料"总分类账为例，其余略），如表 9-74 和表 9-75 所示。

表 9-74　总分类账

会计科目：库存现金　　　　　　　　　　　　　　　　　　　　第　页　单位：元

20××年		凭证		摘要	对方科目	借方	贷方	借或贷	余额
月	日	字	号						
10	1			期初余额		0	0	0	12 000
	31	汇付	2	本期发生额	银行存款	48 000	0	借	60 000
	31	汇付	1	本期发生额	应付职工薪酬销售费用制造费用	0	48 000		0
	31			本期发生额及余额		0	160		0

表 9-75　总分类账

会计科目：原材料　　　　　　　　　　　　　　　　　　　　　第　页　单位：元

20××年		凭证		摘要	对方科目	借方	贷方	借或贷	余额
月	日	字	号						
10	1			期初余额		0	0	借	35 200
	31	汇付	2	本期发生额	银行存款	80 000	0	借	115 200
	31	汇转	1	本期发生额	生产成本制造费用管理费用	0	83 200		0
	31			本月发生额及余额		0	13 600		0

（6）将现金日记账、银行存款日记账的余额及各种明细分类账余额合计数，分别与总分类账中有关科目的余额核对。

（7）根据核对无误的总分类账、明细分类账和其他有关资料编制财务报表（略）。

本 章 小 结

账务处理程序是账簿组织、记账程序和记账方法有机结合的方式，是加工会计信息的步骤和方法。各单位应根据本单位规模的大小、业务特点等科学合理地选择账务处理程序，对于保证会计信息质量、提高会计工作效率有重要意义。

记账凭证账务处理程序是最基本的一种账务处理程序，其特点是直接根据记账凭证逐笔登记总分类账。其优点是简单明了，总分类账能详细反映经济业务状况，方便会计核对与查账，但登记总分类账的工作量较大，适用于规模较小、经济业务较简单的企业。科目汇总表账务处理程序的特点是首先根据记账凭证汇总编制科目汇总表，然后根据科目汇总表登记总分类账。其优点是简化了总分类账的登记工作，科目汇总表起到了试算平衡的作用；但科目汇总表的编制工作量大，总分类账中不能反映账户的对应关系；适用于经济业务量较大的企业。汇总记账凭证账务处理程序的特点是首先根据记账凭证汇总编制汇总记账凭证，然后根据汇总记账凭证登记总分类账。其优点是不仅简化了总分类账的登记工作，而且能反映账户的对应关系；但编制汇总记账凭证，尤其是编制汇总转账凭证的工作量大；适用于规模较大、收付款业务较多的企业。

 **本 章 习 题**

一、单项选择题

1. 企业的会计凭证、会计账簿、会计报表相结合的方式称为（　　）。
   A. 账簿组织　　　　B. 账务处理程序　　　　C. 记账工作步骤　　　　D. 会计组织形式

2. 各种账务处理程序的主要区别是（　　）。
   A. 填制会计凭证的依据和方法不同　　　　B. 登记总账的依据和方法不同
   C. 登记明细账的依据和方法不同　　　　D. 设置日记账的格式不同

3. 直接根据记账凭证逐笔登记总分类账的账务处理程序是（　　）。
   A. 科目汇总表账务处理程序　　　　B. 汇总记账凭证账务处理程序
   C. 记账凭证账务处理程序　　　　D. 会计账务处理程序

4. 下列各项中，属于最基本的账务处理程序的是（　　）。
   A. 记账凭证账务处理程序　　　　B. 汇总记账凭证账务处理程序
   C. 科目汇总表账务处理程序　　　　D. 日记总账账务处理程序

5. 既能汇总登记总分类账，减轻总账登记工作，又能明确反映账户对应关系，便于查账、对账的账务处理程序是（　　）。
   A. 科目汇总表账务处理程序　　　　B. 汇总记账凭证账务处理程序
   C. 多栏式日记账账务处理程序　　　　D. 日记总账账务处理程序

6. 科目汇总表账务处理程序的缺点是（　　）。

    A. 登记总分类账的工作量大   B. 程序复杂，不易掌握

    C. 不能对发生额进行试算平衡   D. 不便于查账、对账

7. 记账凭证账务处理程序不适用于（　　）单位。

    A. 小型企业   B. 大型批零兼营商业企业

    C. 机关   D. 事业单位

8. 汇总记账凭证账务处理程序的主要缺点在于（　　）。

    A. 不利于会计分工   B. 登记总账的工作量大

    C. 不能体现账户对应关系   D. 明细账与总账无法核对

9. 科目汇总表账务处理程序适用于（　　）。

    A. 规模较小、业务较少的单位   B. 规模较小、业务较多的单位

    C. 规模较大、业务较多的单位   D. 规模较大、业务较少的单位

10. 科目汇总表账务处理程序与汇总记账凭证账务处理程序的共同优点是（　　）。

    A. 保持科目之间的对应关系   B. 简化总分类账登记工作

    C. 进行发生额试算平衡   D. 总括反映同类经济业务

二、多项选择题

1. 账务处理程序规定了（　　）。

    A. 账簿组织及登记方法   B. 财务报表的编制步骤和方法

    C. 记账程序和方法   D. 凭证组织及填制方法

    E. 财务报表的种类

2. 账务处理程序是指（　　）的合理组织过程。

    A. 会计科目   B. 会计凭证   C. 财务报表

    D. 会计账簿   E. 会计方法

3. 各种账务处理程序的相同点是（　　）。

    A. 根据原始凭证编制原始凭证汇总表

    B. 根据原始凭证和原始凭证汇总表编制记账凭证

    C. 根据收、付款凭证登记现金、银行存款日记账

    D. 根据总分类账和明细分类账编制财务报表

    E. 根据记账凭证登记总分类账

4. 科学适用的账务处理程序能够（　　）。

    A. 减少会计人员工作量   B. 节约人力和物力

    C. 提高会计工作效率   D. 保证会计信息质量

    E. 优化会计处理方法

5. 在汇总记账凭证账务处理程序下，登记明细账的依据是（　　）。

    A. 汇总记账凭证 B. 记账凭证   C. 原始凭证

    D. 汇总原始凭证 E. 科目汇总表

6. 登记总分类账的依据可以是（　　）。

    A. 记账凭证   B. 汇总记账凭证   C. 科目汇总表

    D. 原始凭证汇总表   E. 原始凭证

7. 以记账凭证为依据，按科目贷方设置，将凭证按借方科目归类汇总编制的是（　　）。

A. 汇总收款凭证　B. 汇总付款凭证　　　C. 汇总转账凭证

D. 科目汇总表　　　E. 汇总原始凭证

8. 记账凭证账务处理程序的优点是（　　　）。

A. 详细反映经济业务的发生情况　　　B. 可以简化登记总账的工作量

C. 便于了解账户之间的对应关系　　　D. 处理程序简便

E. 简化登记明细账的程序

9. 科目汇总表的作用有（　　　）。

A. 减少总分类账的登记工作　　　　　B. 进行总账登记前的试算平衡

C. 反映经济业务的来龙去脉　　　　　D. 反映账户的对应关系

E. 反映经济业务是否合法

10. 可以简化登记总账工作量的账务处理程序有（　　　）。

A. 记账凭证账务处理程序　　　　　　B. 科目汇总表账务处理程序

C. 汇总记账凭证账务处理程序　　　　D. 会计账务处理程序

E. 多栏式日记账账务处理程序

三、判断题

1. 所有的账务处理程序，第一步都是必须将全部原始凭证汇总编制为汇总原始凭证。

（　　　）

2. 记账凭证账务处理程序适合于任何一种企业。　　　　　　　　　（　　　）

3. 记账凭证账务处理程序是其他账务处理程序的基础。（　　　）

4. 记账凭证账务处理程序下，由于总分类账是根据记账凭证逐笔登记的，因而，期末不需要对有关账簿的记录进行核对。　　　　　　　　　　　　　　（　　　）

5. 记账凭证账务处理程序手续简单，但登记总账的工作量大。　　　（　　　）

6. 汇总记账凭证必须按月填制，每月填写一次。　　　　　　　　　（　　　）

7. 汇总记账凭证账务处理程序下，总账可以根据记账凭证逐笔登记，也可以定期汇总登记。

（　　　）

8. 科目汇总表汇总了有关科目的借、贷方发生额及余额。　　　　　（　　　）

9. 科目汇总表不仅是登记总分类账的依据，而且可以根据科目汇总表了解企业资金的来龙去脉。　　　　　　　　　　　　　　　　　　　　　　　　　　　（　　　）

10. 科目汇总表账务处理程序下必须设置收款凭证、付款凭证和转账凭证。　（　　　）

四、思考题

1. 什么是账务处理程序？分为几类？

2. 记账凭证账务处理程序的特点和操作步骤有哪些？

3. 科目汇总表账务处理程序的特点和操作步骤有哪些？

4. 汇总记账凭证账务处理程序的特点和操作步骤有哪些？

5. 科目汇总表账务处理程序与汇总记账凭证账务处理程序的区别是什么？

本 章 实 训

一、海天公司为增值税一般纳税人，2012 年 6 月份发生的各项经济业务如下（假定发出材料及库存商品均按加权平均法计价)：

1. 6月1日，收到甲公司上月欠款 100 000 元，乙公司上月欠款 80 000 元，存入银行。

2. 向 N 公司购入 A 型材料 2 000 千克，材料已验收入库，收料单第 1601 号，价款 127 200 元，增值税 21 624 元，款项尚未支付，运杂费 2 800 元已用银行支票付讫。材料按实际采购成本转账。

3. 6月2日，发出 A 型材料 5 000 千克，领料单第 2601 号，其中制造甲产品用料 5 000 千克，其余材料系车间一般耗用。

4. 6月3日，发出 B 型材料 3 000 千克，领料单第 2602 号，用于乙产品生产。

5. 6月4日，支付上月所欠职工工资 192 000 元。

6. 6月4日，购入 B 型材料 1 000 千克，已验收入库，收料单第 1602 号，开出支票支付货款 44 500 元，增值税 7 565 元，材料按实际采购成本转账。

7. 6月5日，开出支票 80 000 元支付上月所欠 J 公司账款。

8. 6月5日，开出支票支付上月应交税金 113 000 元，应付利润 50 000 元。

9. 6月6日，以现金 450 元支付零星管理费用。

10. 6月6日，开出支票支付 G 公司欠款 60 000 元。

11. 6月7日，收到 M 公司账款 100 000 元，存入银行。

12. 6月7日，售出甲产品 1 500 件给 L 公司，价款 330 000 元，增值税 56 100 元，款项尚未收到，发货单第 0601 号。

13. 6月7日，完工甲产品 2 000 件，验收入库，产成品入库单第 3601 号。

14. 6月8日，售给 M 公司乙产品 1 000 件，货款 200 000 元，增值税 34 000 元。款项尚未收到，发货单第 0602 号。以支票支付销售运杂费 5 000 元。

15. 6月9日，发出 A 型材料 1 000 千克，领料单第 2603 号，用于制造甲产品。

16. 6月10日，行政管理人员李林报销差旅费 1 550 元，余款以现金交回。

17. 6月11日，开出支票捐赠福利院 10 000 元。

18. 6月12日，向 G 公司购入 B 型材料 2 000 千克，已验收入库，收料单第 1603 号，价款 85 000 元，增值税 14 450 元，款项尚未支付，以支票付讫运杂费 8 000 元。按实际采购成本结转。

19. 6月13日，完工甲产品 1 500 件，验收入库，产品入库单第 3602 号。

20. 6月14日，售出乙产品 1 500 件，价款 300 000 元，增值税 51 000 元，款项存入银行，发货单 0603 号。以银行存款支付运杂费 12 000 元。

21. 6月14日，售出甲产品 1 000 件，价款 230 000 元，增值税 39 100 元，款项存入银行，发货单第 0804 号。

22. 6月15日，向 H 公司购入 A 型材料 3 000 千克，价款 186 000 元，增值税 31 620 元，款项尚未支付，材料已验收入库，收料单第 1604 号，运杂费 12 000 元以支票付讫。材料按实际采购成本转账。

23. 6月16日，开出现金支票 5 000 元，提取现金。

24. 6月16日，向绿地公司购入 B 型材料 3 000 千克，价款 120 000 元，增值税 20 400 元，款项尚未支付，材料已验收入库，收料单第 1605 号。

25. 6月16日，开出支票支付 G 公司货款 85 000 元，支付车间机器零星修理费 5 000 元。

26. 6 月 17 日，用现金购入办公用品 650 元，直接交行政管理部门使用。

27. 6 月 19 日，发出 A 型材料 2 000 千克，其中用于甲产品 1 500 千克，乙产品 500 千克，领料单第 2604 号。发出 B 型材料 3 000 千克，用于乙产品生产，领料单第 2605 号。

28. 6 月 20 日，开出支票支付 N 公司购料款 127 200 元。

29. 6 月 21 日，预收 L 公司货款 160 000 元，存入银行。

30. 6 月 22 日，向 G 公司购入 B 型材料 3 000 千克，价款 120 000 元，增值税 20 300 元，款项尚未支付，材料已验收入库，收料单第 1606 号，以支票支付运杂费 13 800 元。材料按实际采购成本转账。

31. 6 月 23 日，支付违约金 6 000 元。

32. 6 月 24 日，售给 L 公司甲产品 1 000 件，价款 230 000 元，增值税 39 100 元，发货单第 0605 号。

33. 6 月 25 日，用支票付讫 24 日销售运杂费 8 000 元。

34. 6 月 26 日，完工甲产品 500 件，验收入库，产品入库单第 3603 号。

35. 6 月 26 日，从银行提取现金 3 000 元，以备日常开支。

36. 6 月 28 日，结算本月份电费，其中车间照明耗电 4 540 元，管理部门耗电 38 400 元，款项尚未支付。

37. 6 月 28 日，支付本月份水费 4 850 元，其中车间负担 2 980 元。

38. 6 月 29 日，发出 B 型材料 2 400 千克，领料单第 2606 号，用于乙产品生产。

39. 6 月 30 日，收到 L 公司补付的购甲产品款项 109 100 元，存入银行。

40. 6 月 30 日，结算本月份应付工资总额 194 000 元，其中生产工人工资 136 000 元，并按产品生产工时在甲产品、乙产品之间进行分配。其中甲产品 8 000 工时，乙产品 9 000 工时；车间管理人员工资 12 000 元，公司行政管理人员工资 46 000 元。

41. 6 月 30 日，计算本月份应负担的借款利息 7 400 元。

42. 6 月 30 日，计算本月份固定资产折旧费 22 300 元，其中车间负担 70%。

43. 6 月 30 日，结转本月份制造费用，并按产品生产工时在甲产品、乙产品之间进行分配。

44. 6 月 30 日，甲产品 4 000 件全部完工，结转其生产成本。

45. 6 月 30 日，结转已售出甲产品、乙产品的成本。

46. 6 月 30 日，按主营业务收入的 5%，计算本月应交营业税金。

47. 6 月 30 日，结转本月损益账户，计算本月利润总额。

48. 6 月 30 日，根据本月实现的利润总额，按 25% 的所得税税率计算本月应交所得税，结转所得税费用。

要求：1. 根据 6 月份发生的各项经济业务，分别填制现金、银行存款收付款凭证和转账凭证；

2. 开设三栏式现金日记账和银行存款日记账；开设各有关总分类账户和原材料、生产成本、库存商品明细分类账户，采用科目汇总表账务处理程序登记总分类账。

第十章　会计工作组织

☑【本章提要】

为了保证会计工作的顺利开展，应按照统一性、适应性、协调性、成本效益等原则科学地组织企业的会计工作。会计工作组织的内容包括：会计组织形式的选择、会计制度的制定、会计机构的设置、会计人员的配备、会计手段的运用等方面。本章重点阐述：① 会计机构的设置；② 会计人员的配备；③ 会计档案管理；④ 会计工作交接。

☑【学习目标】

1. 理解会计工作组织的含义，以及科学、合理地组织会计工作的意义；

2. 熟悉会计人员的任职条件、会计人员的职责和权限，会计职业道德的基本内容，会计档案管理的要求，会计工作交接的程序；

3. 掌握组织会计工作的基本原则、会计机构设置的原则、会计档案的保管期限。

☑【重点】

组织会计工作的基本原则；会计机构设置的原则；会计人员的任职条件、会计人员的职责和权限；会计档案的保管期限；会计工作交接的程序。

☑【难点】

会计人员的任职条件、会计人员的职责和权限；会计档案的保管期限；会计工作交接的程序。

▰ 情景导入

小李是今年刚毕业的大学生，毕业后他没找工作，而是选择自己创业开公司，遵照国家有关法律法规的规定，按照相应的程序要求注册成立了自己的公司。

 想一想

接下来他的公司会计工作应该如何开展？以后的会计工作如何顺利的开展下去呢？

第一节　会计工作组织概述

一、会计工作组织的概念和意义

为了实现会计的目标，发挥会计在企业经营管理中的作用，维护社会主义市场经济秩序，企事业单位或组织等会计主体必须科学地组织会计工作。

会计工作组织是企事业单位等会计主体为了保证会计工作顺利进行、实现会计目的而进行的一系列组织活动的总称。

会计是一项复杂、细致的综合性经济管理活动。科学地组织会计工作，对于保证会计工作的顺利进行，具有十分重要的意义，具体表现在以下几个方面。

（一）有利于保证会计工作的质量，提高会计工作的效率

财务会计依据严密的程序和手续，从凭证到账簿，从账簿到报表，连续地、系统地、全面地反映和监督单位的财务收支、经营成果。如果没有专职的机构和工作人员，没有一套科学的工作制度和严密的工作程序，就不能把会计工作科学地组织起来，往往会影响整个会计核算工作及其结果的正确性和及时性，就不能圆满地完成会计的任务。因此，为了保证会计工作质量，提高会计工作效率，就必须科学地组织会计工作，使会计工作按照预先规定的手续和处理程序有条不紊地进行，有效地防止手续的遗漏、工作程序的脱节和数字的差错，一旦出现问题，也能尽快地查处和纠正。

（二）有利于提高经济管理水平

会计工作是一项综合性的经济管理工作，它既有相对独立性，又同其他经济管理工作有着十分密切的联系。会计工作既与宏观的国家财政、税收、金融工作有着密切的联系，又同单位内部的计划、统计等工作有着密切的关系。科学地组织会计工作，协调会计工作内部及其他经济管理工作之间的关系，对提高企业经济管理水平，具有重要意义。

（三）有利于加强单位内部经济责任制

经济责任制是各经营单位实行内部经济管理的重要手段，会计是经济管理的重要组成部分，必然要在贯彻经济责任制方面发挥重要的作用。实行内部经济责任制离不开会计，比如科学的经济预测、正确的经济决策、业绩评价考核等，都离不开会计工作的支持。科学地组织会计工作，可以促使会计部门内部及有关部门管好用好资金，提高管理水平，提高经济效益，可加强单位的内部经济责任制。

另外，会计工作是一项政策性很强的工作，发挥会计监督的作用，认真贯彻执行国家有关方针、政策和法令、制度，防范违法、违纪行为，也是会计工作的一项重要任务。因此，科学组织会计工作，对于贯彻执行会计法规、制度，对于维护包括国家在内的各相关者的经济利益，维护社会主义市场经济秩序具有重要的意义。

二、会计工作组织的内容

会计工作组织就其内容来说，主要包括：会计组织形式的选择，设置会计机构，配备会计人员，会计法规、制度的制定和执行，会计档案的建立和保管，会计工作交接等方面。

（一）会计组织形式的选择

会计工作的组织形式一般分为集中核算和非集中核算两种形式。

1. 集中核算

集中核算就是在厂部一级设置专门的会计机构，把整个企业的主要会计工作都集中在会计部门进行。企业内部各部门对本部门所发生的经济业务不进行全面核算，只填制或取得原始凭证，并对原始凭证进行适当的汇总，定期将原始凭证和汇总原始凭证送交会计部门，由会计部门对其进行审核，然后据以填制记账凭证，登记有关账簿，编制会计报表。实行集中核算可以减少核算层次，精简会计人员，但不利于实行经济责任制，一般用于规模不大，内部各部门单位相距不远的企业。

2. 非集中核算

非集中核算又称为分散核算，就是单位内部会计部门以外的其他部门和下属单位，在会

计部门的指导下，对其发生的经济业务填制原始凭证或原始凭证汇总表，然后分别登记与其有关的明细分类账，编制内部会计报告，定期报送给企业会计部门而会计部门则登记总分类账和另一部分明细分类账，汇总编制整个企业的会计报表。非集中核算，有利于各业务部门和车间及时地利用核算资料进行日常的考核和分析，因地制宜地解决生产、经营上的问题。这种核算形式一般适用于规模较大或实行内部承包，所属单位非独立核算的企业。

集中核算与非集中核算是相对的。一个会计核算单位应当综合考虑单位的性质规模、组织结构、运行管理方式等，选择适合本单位特点的组织形式。

请注意

一个单位实行集中核算还是非集中核算，主要取决于经营管理上的需要。无论采取哪种组织形式，各单位对外的现金收支、银行存款上的往来，应收和应付款项的结算，都应由会计部门集中办理。

（二）设置会计机构

由于会计工作的特殊性，各企事业单位或组织等会计主体必须设置专门的会计机构，来组织和管理本单位的会计工作，这是会计工作得以正常进行的必要前提。

（三）配备会计人员

会计工作不仅需要设置专门机构，而且还必须配备专职的会计人员，这样才能正常开展会计工作。

（四）会计法规、制度的制定和执行

有了专门机构和专职人员，若没有必要的会计法规和制度，会计工作将无法有序的进行。因此，会计法规、制度的制定和执行，是会计工作组织的一项重要内容。各单位也可以根据自身的情况，在遵循国家统一的会计规范的基础上，制定适合本单位具体情况的会计制度和有关规定，并监督实施，以保证单位各项工作的顺利进行。

（五）会计档案的建立和保管

建立会计档案是会计工作的一项重要内容。只有会计部门把各种会计核算资料汇集成档，并如期呈交档案管理部门，会计档案才能得以建立，会计档案的管理工作才能顺利进行。因此，会计部门必须做好会计档案的建档保管工作。

（六）会计工作交接

会计工作交接是会计工作中的一项重要内容。会计人员调动工作或者离职时，与接管人员办清交接手续，是会计人员应尽的职责，也是做好会计工作的要求。

三、科学组织会计工作的基本原则

科学地组织会计工作，要遵循以下几项基本原则。

（一）统一性原则

组织会计工作必须遵循统一性原则，必须按《会计法》和《企业会计制度》等国家规定的法令制度进行。因为，在社会主义市场经济条件下，会计所提供的会计信息，不仅要满足企业单位经济管理的需要，还要满足企业单位外部的会计信息使用者，包括国家宏观经济管理的需要。就整个社会而言，会计资料是一种重要的社会资源。从维护社会经济秩序，满足宏观经济管理的要求出发，规范会计行为是十分必要的。我国的《会计法》明确规定了我国实行统一的会计规范。各个企业单位必须依据国家的有关法规、制度的统一要求设置会计机构、配备会计人员和组织会计工作。

（二）适应性原则

组织会计工作，既要符合国家统一的要求，又要从实际出发，适应本单位的特点。也就是说，各企业单位在遵循《会计法》和国家统一会计制度的前提下，应根据本单位业务经营的特点和经济规模的大小等具体情况来组织单位的会计工作，以满足企业内部和外部对会计信息的要求。如在账簿的设置方面，由于不同企业各有自己的特殊性，可以根据自身的业务特点设置相应的总账和明细账，会计科目和凭证的格式都可以根据企业的具体情况进行设计，这并不会影响到会计信息的质量。

（三）协调性原则

会计工作是一项综合性的经济管理工作，它既有其独立的工作内容和范围，又与其他经济管理工作有着十分密切的联系。各单位发生的经济业务，都要通过会计予以反映和监督。会计工作同其他经济管理工作之间既有分工，又有协作，单位在组织会计工作时，要同其他各项经济管理工作相互协调、相互配合，共同完成任务。

（四）成本效益原则

在组织会计工作时，在保证会计信息质量和会计任务完成的前提下，应尽量节约会计工作时间和费用，坚持成本效益原则，合理地设置会计机构，配备会计人员和建立会计工作的程序和手续，防止机构重叠、重复劳动和不必要的工作程序与手续。

第二节 会计机构和会计人员

会计工作组织的一个重要任务是设立会计机构，配备会计人员，协调会计机构与会计人员之间的相互关系。

会计机构是企事业单位按照会计制度组织、领导和处理会计工作的专职机构。会计机构的设置是否合理或专职会计人员配备是否得当、职责分工是否明确，对于能否顺利地开展会计工作有着重要影响。

一、会计机构的设置

会计机构是企事业单位或组织等会计主体内部直接从事和组织、领导会计工作的专门机构，是企事业单位或组织管理的职能部门。建立和健全会计机构，协调会计机构的相互关系，是加强会计工作，保证会计工作顺利进行的重要条件。

（一）会计机构的设置

每个企事业单位或组织，都必须依法设置会计机构。《中华人民共和国会计法》第三十六条规定："各单位应当根据会计业务的需要，设置会计机构，或者在有关机构中设置会计人员并指定会计主管人员；不具备设置条件的，应当委托经批准设立从事会计代理记账业务的中介机构代理记账。"《会计基础工作规范》第六条规定："各单位应当根据会计业务的需要设置会计机构；不具备单独设置会计机构条件的，应当在有关机构中配备专职会计人员。事业行政单位会计机构的设置和会计人员的配备，应当符合国家统一事业行政单位会计制度的规定。设置会计机构，应当配备会计机构负责人；在有关机构中配备专职会计人员，应当在专职会计人员中指定会计主管人员。会计机构负责人、会计主管人员的任免，应当符合《中华人民共和国会计法》和有关法律的规定。"第八条规定："没有设置会计机构和配备会计人员的单位，应当根据《代理记账管理暂行办法》委托会计师事务所或者持有代理记账许可证书的其他代理记账机构进行代理记账。"这就是说，凡是实行独立核算的国家机关、社会团体、企业、事业等单位，都必须单独设置专门办理会计业务的会计机构并配备会计机构负责人；对于经济业务非常简单，财务收支较少的单位，可以不单独设置专门的会计机构，但必须在有关机构中配备专职会计人员，并在专职会计人员中指定会计主管人员负责领导和办理本单位的会计工作；对于没有设置会计机构和配备专职会计人员的单位，应当委托会计师事务所或者持有代理记账许可证书的其他代理记账机构进行代理记账。总之，无论采取何种形式，会计机构的职能必须履行。

（二）设置会计机构的原则

由于各单位的规模、业务类型、管理要求等方面的差异，因此不同的单位在设置会计机构时也会有所差异。但是，无论单位如何设置会计机构，都应遵循以下原则。

1. 适应性原则

企业的业务类型和规模是企业设置会计机构的依据。不同的单位所设置的会计机构应与本单位的规模、业务类型和管理要求相适应，如单位的业务量很大，则可设置较大的会计机构，反之，会计机构可小些。

2. 效益性原则

设置会计机构的目的是有效完成会计工作，提高单位经济效益。因此，设置会计机构时不应盲目追求机构庞大，而应本着以最小的人力、物力、财力消耗，实现最大经济效益的原则，表现在两个方面的效益：一是会计机构设置繁简相宜，在整个会计工作中各司其职，协调一致地履行会计的职责，使企业管理从中得益；二是会计系统所提供的信息，其获得成本应低于其所能产生的经济效益。

3. 岗位责任原则

单位设置会计机构时应体现岗位责任制，会计机构无论大小，其内部人员岗位责任必须明确具体。不同岗位既要分工合作，又要相互配合，同时加强内部控制制度，各岗位相互制约、相互监督，尽量在会计机构内部最大限度地减少工作失误。

4. 协调性原则

会计机构与单位的其他职能管理部门之间，必须建立有机的协调关系，包括与供应部门、销售部门、生产车间、劳资部门等的协调配合，既能保证企业管理总目标的实现，又有助于充分发挥财会管理在企业管理中的核心作用。

（三）会计机构的职责

《会计法》要求会计机构遵守法律、法规，按照会计法规定办理会计事务，进行会计核算，实行会计监督，明确指出会计机构的主要职责。

（1）组织领导会计人员办理会计手续，进行会计核算。如款项的收、付，财物的收、发，债权债务的结算，收入、成本、费用的计算等事项。

（2）对本单位实行会计监督。如对各种不合法、不合理的财物收支，依据法律和有关制度规定进行处理。

（3）拟订本单位办理会计事务的具体办法。

（4）参与拟订经济计划、业务计划，考核、分析预算、计划的执行情况。

（5）办理其他会计事务。

📢 请注意

会计法还规定了会计机构内部应当建立稽核制度和内部牵制制度。所谓会计内部的稽核制度是指在会计机构内部，由会计机构负责人或会计主管人员指定一人，对单位的会计凭证、账簿、报表及其他会计资料进行审核的一种工作制度。所谓会计机构内部牵制制度，即钱账分管制度，就是凡涉及货币资金，尤其是出纳人员不得兼管稽核、会计档案保管和收入、费用、债权债务账目的登记工作，从而起到相互制约作用的一种工作制度。建立会计机构内部稽核制度和内部牵制制度，是为了保证会计资料的合法性、合理性、准确性和保护单位资产，维护所有者权益，防止营私舞弊行为的发生。

二、会计人员

会计人员是从事会计工作、处理会计业务、完成会计工作任务的专业技术人员。企业、事业、行政机关等单位，都应根据会计业务的需要，配备一定数量的合格会计人员，这是做好会计工作的决定性因素。

（一）会计人员应具备的基本条件

《中华人民共和国会计法》第三十八条规定："从事会计工作的人员，必须取得会计从业资格证书。担任单位会计机构负责人（会计主管人员）的，除取得会计从业资格证书外，还应当具备会计师以上专业技术职务资格或者从事会计工作三年以上经历。"

《会计从业资格管理办法》第八条规定，申请取得会计从业资格的人员必须具备一定的条件，即遵守会计法律和其他财经法律、法规；具备良好的道德品质；具备会计专业基础知识及技能。

会计从业资格的取得实行考试制度。申请取得会计从业资格的人员，除具备上述基本条件外，还应当按照规定参加会计从业资格考试。考试科目包括：财经法规与会计职业道德、会计基础、初级会计电算化（或者珠算五级）。考试大纲由财政部统一制定并公布，考试由各省、自治区、直辖市财政部门负责组织实施。

对符合基本条件，且具备国家教育行政主管部门认可的中专以上（含中专）会计类专业学历（或学位）的申请人，自毕业之日起 2 年内（含 2 年），免试会计基础、初级会计电算化（或者珠算五级）。

上述所谓会计类专业是指会计学、会计电算化、注册会计师专门化、财务管理、审计学和理财学等专业。

经考试合格，按属地原则由所在地财政部门发给会计证，并对会计证实行注册登记和年检考核制度。

对被吊销会计从业资格证书的人员或者会计从业资格证书因故自行失效的人员，符合重新申请取得会计从业资格证书条件的，均须参加会计从业资格考试。

同时，《会计法》第四十条还对取得会计从业资格证书的限制性条件作了规定："因有提供虚假财务会计报告，做假账，隐匿或者故意销毁会计凭证、会计账簿、财务会计报告，贪污、挪用公款，职务侵占等与会计职务有关的违法行为被依法追究刑事责任的人员，不得取得或者重新取得会计从业资格证书；除前款规定的人员外，因违法违纪行为被吊销会计从业资格证书的人员，自被吊销会计从业资格证书之日起5年内，不得重新取得会计从业资格证书。"

《会计基础工作规范》第七条对会计机构负责人、会计主管人员应当具备的基本条件作出了明确规定："（一）坚持原则，廉洁奉公；（二）具有会计专业技术资格；（三）主管一个单位或者单位内一个重要方面的财务会计工作时间不少于2年；（四）熟悉国家财经法律、法规、规章和方针、政策，掌握本行业业务管理的有关知识；（五）有较强的组织能力；（六）身体状况能够适应本职工作的要求。"

《会计基础工作规范》第十四条明确规定："会计人员应当具备必要的专业知识和专业技能，熟悉国家有关法律、法规、规章和国家统一会计制度，遵守职业道德。会计人员应当按照国家有关规定参加会计业务的培训。各单位应当合理安排会计人员的培训，保证会计人员每年有一定时间用于学习和参加培训。"会计人员要胜任会计岗位的工作必须具备相应的职业能力，同时，还要遵守职业道德。

另外，《会计基础工作规范》规定了会计人员的回避情况，第十六条规定："国家机关、国有企业、事业单位任用会计人员应当实行回避制度。单位领导人的直系亲属不得担任本单位的会计机构负责人、会计主管人员。会计机构负责人、会计主管人员的直系亲属不得在本单位会计机构中担任出纳工作。需要回避的直系亲属为：夫妻关系、直系血亲关系、三代以内旁系血亲及配偶亲关系。"

（二）会计人员的职责与权限

1. 会计人员的职责

《中华人民共和国会计法》明确规定会计机构、会计人员的主要职责是："进行会计核算，实行会计监督；制定本单位办理会计事务的具体办法；参与拟订经济计划、业务计划，考核、分析预算、财务计划的执行情况；办理其他会计事务。"

1）会计核算

会计核算就是按照会计法规认真办理会计事项，及时、准确、完整地记录、计算和反映企业单位经营活动，为经营决策提供真实可靠的会计信息的过程。主要包括以下几个方面。

（1）对于款项和有价证券的收付、财产物资的增减、债权、债务的发生和结算、各种收入、费用的确认和计算，财务成果的计算和分配等，都必须正确地、完整地办理会计手续，进行会计核算。

（2）按照会计规范的规定记账、算账、报账，做到手续完备、内容真实、数字确凿、账目清楚、账实相符、日清月结、按期编制会计报表。

（3）按照经济核算原则定期检查、分析、考核财务计划、预算的执行情况，揭露经济活动中的问题，为企业经营决策提供可靠的会计信息。

（4）建立会计档案制度，妥善保管会计凭证、账簿和会计报表等会计档案。

2）会计监督

会计监督是指会计人员通过日常会计工作对经济活动进行监督，具体包括以下几个方面。

（1）对于违反现金管理条例、费用开支标准的，会计人员有权拒绝付款、拒绝报销、拒绝执行，并向本单位领导报告，提请处理。

（2）发现弄虚作假、营私舞弊、欺骗上级等违法乱纪行为应及时制止、反映和揭露。

（3）揭露和制止现实的和可能发生的损失和浪费，促使有关部门和人员勤俭节约，提高经济效益。

会计人员因专业职务不同，承担的具体职责也就不相同。《会计专业职务试行条例》规定如下。

（1）会计员。负责具体审核和办理财务收支，编制记账凭证，登记会计账簿，编制会计报表和办理其他会计事务。

（2）助理会计师。负责草拟一般的财务会计制度、规定、办法；解释、解答财务会计法规、制度中的一般规定；分析检查某一方面或某些项目的财务收支和预算的执行情况。

（3）会计师。负责草拟比较重要的财务会计制度、规定、办法；解释、解答财务会计法规、制度中的重要问题；分析检查财务收支和预算的执行情况；培养初级会计人才。

（4）高级会计师。负责草拟和解释、解答在一个地区，一个部门，一个系统或全国实施的财务会计法规、制度、办法；组织和指导一个地区或一个部门，一个系统的经济核算和财务会计工作；培养中级以上会计人才。

在会计工作中，会计人员的具体岗位职责应当在遵循有关的法律法规的前提下，根据企事业单位的会计工作要求和分工，由相关的领导和部门具体确定。

2. 会计人员的权限

为了保证会计人员履行职责，保证会计人员的权益，《会计法》对会计人员的权限作出了规定。

第二十八条规定："单位负责人应当保证会计机构、会计人员依法履行职责，不得授意、指使、强令会计机构、会计人员违法办理会计事项。会计机构、会计人员对违反本法和国家统一的会计制度规定的会计事项，有权拒绝办理或者按照职权予以纠正。"

第二十九条规定："会计机构、会计人员发现会计账簿记录与实物、款项及有关资料不相符的，按照国家统一的会计制度的规定有权自行处理的，应当及时处理；无权处理的，应当立即向单位负责人报告，请求查明原因，作出处理。"

（三）会计人员的专业职务

会计人员的专业职务，是明确会计人员职责，赋予会计人员专业权限，评价会计人员专业技术水平的重要依据。为了合理使用会计人员，充分发挥会计人员的积极性和创造性，企业、事业、行政单位的会计人员根据从事财会工作的年限，业务水平和工作业绩，经本人申请，单位批准，通过参加会计专业技术职务资格考试合格后，可以确定其专业技术职务。会计人员的专业技术职务根据《会计专业职务试行条例》分为：会计员、助理会计师、会计师、高级会计师。会计员和助理会计师为初级职务，会计师为中级职务，高级会计师为高级职务。这四种专业技术职务的任职条件分别为以下几个方面。

（1）会计员的基本条件：初步掌握财务会计知识和技能，熟悉并能按照执行有关法规和财务会计制度，能担负一个岗位的财务会计工作；具有大学专科或中专毕业文化程度，并在财务会计岗位见习满1年；并取得会计从业资格证书。

（2）助理会计师的基本条件：掌握一般的财务会计基础理论和专业知识，熟悉并能正确执行有关的财经方针、政策和财务会计法规、制度，能担负一个方面或某个重要岗位的财务会计工作；取得硕士学位，或取得第二学士学位或研究生班结业证书，具备履行助理会计师职责的能力；大学本科毕业，在财务会计工作岗位上见习1年期满；大学专科毕业并担任会计员职务2年以上；或中等专业学校毕业并担任会计员职务4年以上。

（3）会计师的基本条件：较系统地掌握财务会计基础理论和专业知识，掌握并能正确贯彻执行有关的财经方针、政策和财务会计法规、制度，具有一定的财务会计工作经验，能担负一个单位或管理一个地区、一个部门、一个系统某个方面的财务会计工作；取得博士学位，并具有履行会计职责的能力；取得硕士学位并担任助理会计师职务 2 年左右；取得第二学士学位或研究生班结业证书，并担任助理会计师职务二至三年；大学本科或大学专科毕业并担任助理会计师职务 4 年以上；掌握一门外语。

（4）高级会计师的基本条件：较系统地掌握经济、财务会计理论和专业知识，具有较高的政策水平和丰富的财务会计工作经验，能负担一个地区、一个部门或一个系统的财务会计管理工作；取得博士学位，并担任会计师职务二至三年；取得硕士学位，第二学士学位或研究生班结业证书，或大学本科毕业并担任会计师职务 5 年以上；较熟练地掌握一门外语。

会计人员必须首先获得专业技术职务的任职资格，然后由各单位根据会计工作需要和本人的实际工作表现聘任一定的专业职务。为加强会计专业队伍建设，提高会计人员素质。科学、客观、公正地评价会计专业人员的学识水平和业务能力，完善会计专业技术人才选拔机制，根据《中华人民共和国会计法》和《会计专业职务试行条例》制定了《会计专业技术资格考试暂行规定》，规定会计专业技术资格实行全国统一组织、统一考试时间、统一考试大纲、统一考试命题、统一合格标准的考试制度。即"以考代评"，以专业知识水平测试成绩作为确定会计人员专业职务任职资格的主要依据。

（四）会计人员的后续教育

《会计基础工作规范》第十四条规定："各单位应当合理安排会计人员的培训，保证会计人员每年有一定时间用于学习和参加培训。"《会计从业资格管理办法》第二十条规定："持证人员应当接受继续教育，提高业务素质和会计职业道德水平。持证人员每年参加继续教育不得少于 24 小时。"

会计人员应根据相关法规制度的规定，每年参加继续教育培训，以便不断更新知识，适应法律的、经济的、政治的或者是技术上新的要求。这既是一项法定的权利，又是一项法定的义务。在这个问题上，更需要强调的是单位的支持，这是对会计人员的关心和爱护，也是与各单位的根本利益一致的。

（五）会计人员的职业道德

会计职业道德是会计人员在从事会计工作、履行会计职责和行使会计权限时，所应遵守的道德标准。会计职业道德贯穿于会计工作的全过程，其作用力无时无处不在，因此，加强会计职业道德建设，对提高会计人员素质，发挥会计的作用，保证会计工作质量，具有重大的现实意义。

会计人员职业道德是一种非强制性的规范，它是依靠会计人员的信念、教育和素质来维持的。在会计运行过程中，会计人员职业道德规范与其他会计规范共同作用，规范着会计工作。会计人员职业道德水平的高低，在一定程度上影响着会计工作的质量。因此，加强会计人员职业道德教育，对发挥会计的作用，保证会计工作的质量具有深远的意义。

根据《会计基础工作规范》的规定，会计人员职业道德的基本内容包括以下几个方面。

（1）爱岗敬业。会计人员应当热爱本职工作，努力钻研业务，使自己的知识和技能能够适应所从事工作的需要。同时，会计人员在会计工作中应当遵守职业道德，树立良好的职业品质、严谨的工作作风，严守工作纪律，努力提高工作效率和工作质量。

（2）熟悉法规。会计人员应当熟悉财经法律、法规、规章和国家统一会计制度，并结合会计工作进行广泛宣传。

（3）依法办事。会计人员应当按照会计法律、法规和国家统一会计制度规定的程序和要求进行会计工作，保证所提供的会计信息合法、真实、准确、及时、完整。

（4）客观公正。会计人员办理会计业务时应当实事求是，客观公正。

（5）搞好服务。会计人员应当熟悉本单位的生产经营和业务管理情况，运用掌握的会计信息和会计方法，为改善单位内部管理、提高经济效益服务。

（6）保守秘密。会计人员应当保守本单位的商业秘密，除法律规定和单位领导人同意外，不能私自向外界提供或泄露单位的会计信息。

财政部门、业务主管部门和各单位应当定期检查会计人员遵守职业道德的情况，并作为会计人员晋升、晋级、聘任专业职务、表彰奖励的重要考核依据。会计人员违反职业道德的，由其所在单位进行处罚，情节严重的，由会计证发证机关吊销其会计证。

（六）总会计师制

《中华人民共和国会计法》第三十六条规定："国有的和国有资产占控股地位或者主导地位的大、中型企业必须设置总会计师。总会计师的任职资格、任免程序、职责权限由国务院规定。"《会计基础工作规范》第九条明确规定："大、中型企业、事业单位、业务主管部门应当根据法律和国家有关规定设置总会计师。总会计师由具有会计师以上专业技术资格的人员担任。总会计师行使《总会计师条例》规定的职责、权限。总会计师的任命（聘任）、免职（解聘）依照《总会计师条例》和有关法律的规定办理。"

总会计师是一个行政职务，而不是会计人员专业技术职务。建立总会计师制度为我国加强经济核算，提高经济效益，真正发挥会计工作在经济管理中的作用，提供了法律上和制度上的保证。目前，总会计制度的主要依据是 1990 年 12 月 31 日国务院发布施行的《总会计师条例》。《总会计师条例》对总会计师的地位、职责权限和奖惩作了规定。

1. 总会计师的地位

《总会计师条例》明确规定，总会计师是单位领导成员，协助单位负责人工作，直接对单位负责人负责。总会计师作为单位财务会计的主要负责人，全面负责本单位的财务会计管理和经济核算，参与本单位的重大经营决策活动，是单位负责人的参谋和助手。为了保障总会计师的职权，《总会计师条例》还规定，凡设置总会计师的单位不能再设置与总会计师职责重叠的副职。

2. 总会计师的任职条件

按照《总会计师条例》第十六条的规定，担任总会计师，应当具备以下条件：一是坚持社会主义方向，积极为社会主义市场经济建设和改革开放服务；二是坚持原则，廉洁奉公；三是取得会计师专业技术资格后，主管一个单位或者单位内部一个重要方面的财务会计工作的时间不少于 3 年；四是要有较高的理论政策水平，熟悉国家财经纪律、法规、方针和政策，掌握现代化管理的有关知识；五是具备行业的基本业务知识，熟悉行业情况，有较强的组织领导能力；六是身体健康，胜任本职工作。

3. 总会计师的基本职责

《总会计师条例》规定：总会计师的基本职责包括以下几个方面。

（1）负责组织本单位的下列工作：编制和执行预算和财务收支计划、信贷计划；拟订资金筹措和使用方案，开辟财源，有效地使用资金；进行成本费用预测、计划、控制、核算、分析和考核、督促本单位有关部门降低消耗，节约费用，提高经济效益；建立健全经济核算制度，利用财务会计资料进行财务分析；承办单位主要行政领导交办的其他工作。

（2）负责对本单位财会机构的设置和会计人员的配备、会计专业技术职务的设置和聘任提出方案；组织会计人员的业务培训和考核；指挥会计人员依法行使职权。

（3）协助单位主要行政领导人对企业的生产经营或行政事业单位的业务发展及基本建设投资等问题作出决策；参与新产品开发、技术改造、科技研究、商品（劳务）价格和工资奖金等方案的制订；参与重大经济合同和经济协议的研究、审查。

4. 总会计师的工作权限

《总会计师条例》规定，总会计师的工作权限包括以下几个方面的内容。

（1）对违反国家财经法律、法规、方针、政策、制度和可能在经济上造成损失、浪费的行为，有权制止或者纠正；制止或者纠正无效时，提请单位主要行政领导人处理。

（2）有权组织本单位各职能部门、直属基层组织的经济核算、财务会计和成本管理方面的工作。

（3）主管审批财务收支工作。除一般的财务收支可以由总会计师授权的财会机构负责人或者其他指定人员审批外，重大的财务收支须经总会计师审批或者由总会计师报经单位主要行政领导人批准。

（4）预算与财务收支计划、成本和费用计划、信贷计划、财务专题报告、会计决算报表等须经总会计师签署；涉及财务收支和重大业务计划、经济合同、经济协议等在单位内部须经总会计师签字。

（5）会计人员的任用、晋升、调动、奖惩应当事先征求会计师意见；财会机构负责人或者会计主管人员的人选，应当由总会计师进行业务考核，依照有关规定审批。

第三节　会计档案管理

一、会计档案

会计档案是指会计凭证、会计账簿和财务会计报告等会计核算专业材料，是记录和反映单位经济业务的重要史料和证据。

会计档案一般包括以下各个方面的内容。

（1）会计凭证类：原始凭证，记账凭证，汇总凭证，其他会计凭证。

（2）会计账簿类：总账，明细账，日记账，固定资产卡片，辅助账簿，其他会计账簿。

（3）财务会计报告类：月度、季度、半年度、年度财务报告（包括会计报表、附表、附注及文字说明，其他财务报告）。

（4）其他会计资料类：银行存款余额调节表，银行对账单，其他应当保存的会计核算专业资料，会计档案移交清册，会计档案保管清册，会计档案销毁清册等。

根据规定，各单位的预算、计划、制度等文件材料属文书档案，不属于会计档案。

请注意

会计档案是国家档案的重要组成部分，也是各单位的重要档案之一，各单位必须加强对会计档案管理的领导，建立和健全会计档案的立卷、归档、保管、调阅和销毁等管理制度，保证会计档案妥善保管、有序存放、方便查阅、严防毁损、散失和泄密。

二、会计档案的保管

（一）会计档案管理要求

会计档案管理的主要依据是财政部、国家档案局于 1984 年 6 月联合颁布的《会计档案管理办法》。该办法对会计档案的具体管理作了明确规定。1998 年财政部和国家档案局依据《会计法》和《档案法》的有关规定，对《会计档案管理办法》进行了修订，并于 1999 年 1 月 1 日起施行。

根据《会计档案管理办法》，各单位每年形成的会计档案，都应由会计机构按照归档的要求，负责整理立卷，装订成册，编制会计档案保管清册。

当年形成的会计档案，在会计年度终了，可暂由本单位财务会计部门保管 1 年。期满之后，原则上应由财务会计部门编造清册，移交本单位的档案部门保管；未设立档案部门的，应当在财务会计部门内部指定专人保管，出纳人员不得兼管会计档案。

移交本单位档案机构保管的会计档案，原则上应当保持原卷册的封装。个别需要拆封重新整理的，档案机构应当会同会计机构和经办人员共同拆封整理，以分清责任。

对会计档案应当科学管理，做到妥善保管、存放有序、查找方便。同时，严格执行安全和保密制度，不得随意堆放，严防毁损、散失和泄密。

（二）会计档案的保管期限

会计档案的重要程度不同，其保管期限也有所不同。

各种会计档案的保管期限，根据其特点，分为永久、定期两类。永久档案即长期保管，不可以销毁的档案；定期档案根据保管期限分为 3 年、5 年、10 年、15 年、25 年 5 种。会计档案的保管期限，从会计年度终了后的第一天算起。

《会计档案管理办法》规定了我国企业和其他组织、预算单位等会计档案的保管期限。该办法规定的会计档案保管期限为最低保管期限，具体可以分为以下几个方面。

（1）需要永久保存的会计档案有：会计档案保管清册、会计档案销毁清册及年度财务报告、财政总预算、行政单位和事业单位决算、税收年报（决算）、涉及外事和对私改造的会计凭证、账簿。

（2）保管期限为 25 年的会计档案有：现金和银行存款日记账；税收日记账（总账）和税收票证分类出纳账。

（3）保管期限为 15 年的会计档案有：会计凭证类；总账、明细账、日记账和辅助账簿（不包括现金和银行存款）；会计移交清册；行政单位和事业单位的各种会计凭证；各种完税凭证和缴、退库凭证；财政总预算拨款凭证及其他会计凭证；农牧业税结算凭证。

（4）保管期限为 10 年的会计档案有：国家金库编送的各种报表及缴库、退库凭证；各收入机关编送的报表；财政总预算保管行政单位和事业单位决算、税收年报、国家金库年报、基本建设拨、贷款年报；税收会计报表（包括票证报表）。

（5）保管期限为 5 年的会计档案有：固定资产卡片于固定资产报废清理后保管 5 年；银行余额调节表；银行对账单；财政总预算会计月、季度报表；行政单位和事业单位会计月、季度报表。

（6）保管期限为 3 年的会计档案有：月、季度财务报告；财政总预算会计旬报。

具体内容如表 10-1～表 10-3 所示。

表 10-1　预算会计档案保管期限表

顺序号	档案名称	保管限期			备　注
		总预算会计	单位预算会计算会计	税收会计	
	一、会计凭证类				
1	国家金库编送的各种报表及缴库、退库凭证	10 年	10 年		
2	各收入机关编送的报表	10 年			
3	单位预算会计各种原始凭证和记账凭证		15 年		包括传票汇总表
4	各种完税凭证和缴、退库凭证		15 年		其中：缴款书存根联在销号后保管 2 年
5	财政总预算会计拨款凭证及其他会计凭证	15 年			
6	农牧业税结算凭证		15 年		
7	涉及外事的会计凭证	永久	永久	永久	
	二、会计账簿类				
8	日记账	15 年	15 年		
9	总账	15 年	15 年		
10	税收日记账（总账）和税收票证分类出纳张			25 年	
11	明细分类、分户或登记簿	15 年	15 年		
12	现金出纳账、银行存款账	25 年	25 年		
13	固定资产明细账（卡片）				单位预算会计固定资产报废清理后保管 5 年
	三、会计报表类				
14	各级财政总决算	永久			
15	各级行政事业单位决算	10 年	永久		
16	税收年报（决算）	10 年		永久	
17	国家金库年报（决算）	10 年	10 年		
18	建设银行基本建设拨款、贷款年报（决算）	10 年			
19	总预算会计旬报	3 年			所属单位报送的保管 2 年
20	总预算会计月、季度报表	5 年			同上
21	单位预算会计月、季度报表	3 年	5 年		同上
22	税收会计报表（包括票证报表）				其中：电报报告保管 1 年所属税务机关报送的保管 3 年
23	会计移交清册	15 年	15 年	15 年	
24	会计档案保管清册	25 年	25 年	25 年	
25	会计档案销毁清册	25 年	25 年	25 年	

说明：税务机关的税务经费会计档案保管期限，按单位预算会计规定办理。

表 10-2 建设银行会计档案保管期限表

顺序号	档案名称	保管期限	备 注
	一、会计凭证类		
1	会计凭证类及附件	25 年	
	二、会计账簿类		
2	总账	25 年	
3	明细账	25 年	包括拨款、贷款及其他各种明细账（到期如有贷款未还清本息的，继续延长直至还清本息）
4	各种登记簿	5 年	其中：贷款指标登记簿的保管期限与贷款明细账同
	三、会计报表类		
5	年度会计决算	永久	各级行处本身及汇总全辖的年度决算（包括附表和全部分析材料）
6	资金平衡表、贷款月报	10 年	
7	经费报表、基本建设报表	5 年	
8	拨款、贷款旬月电报	5 年	
	四、其他类		
9	会计移交清册	5 年	
10	会计档案保管清册	25 年	
11	会计档案销毁清册	25 年	
12	计息余额表	5 年	

表 10-3 企业会计和建设单位会计档案保管期限表

顺序号	档案名称	保管期限	备 注
	一、会计凭证类		
1	原始凭证、记账凭证和汇总凭证	15 年	其中：涉及外事和对私改造的会计凭证永久
2	银行存款余额调节表	3 年	
	二、会计账簿类		
3	日记账	15 年	其中：现金银行存款日记账 25 年
4	明细账	10 年	包括日记总账
5	总账	15 年	固定资产报废清理后保存 5 年
6	固定资产卡片		
7	辅助账簿	15 年	
8	涉及外事及对私改造的账簿	永久	包括各级主管部门的汇总会计表
	三、会计报表类		
9	主要财务指标快报	3 年	
10	月、季度会计报表	5 年	
11	年度会计报表（决算）	永久	
	四、其他类		
12	会计移交清册	15 年	
13	会计档案保管清册	25 年	
14	会计档案销毁清册	25 年	

（三）会计档案的查阅和销毁

《会计档案管理办法》规定：各单位应建立健全会计档案的查阅、复制登记制度。各单位保存的会计档案不得借出。如有特殊需要，经本单位负责人批准，可以提供查阅或者复制，并办理登记手续。查阅或者复制会计档案的人员，严禁在会计档案上涂画、拆封和抽换。借出的会计档案，会计档案管理人员要按期如数收回，并办理注销借阅手续。

在实际工作中，调阅会计档案的手续一般是这样的：设置"会计档案登记簿"，凡调阅会计档案者、外单位人员需持介绍信，经本单位领导同意，本单位人员需得到会计主管同意，然后在"会计档案登记簿"上详细填写调阅的日期、调阅理由、归还日期、调阅人姓名等。特殊情况需要复印会计档案时，须经管理人员同意，并在登记簿上详细说明会计档案的复印情况。调阅者不得将会计档案带出，未经批准，不得私自摘录有关数字。

根据《会计档案管理办法》规定，会计档案保管期满需要销毁的，可以按照规定程度予以销毁。销毁的基本程序和要求有如下几个方面。

1. 编造会计档案销毁清册

会计档案保管期满需要销毁的，由本单位档案部门提出意见，会同财务会计部门共同进行审查和鉴定，并在此基础上编制会计档案销毁清册。会计档案销毁清册一般应包括：会计档案名称、卷号、册数、起止年度和档案编号、应保管期限、已保管期限、销毁日期等。单位负责人应当在会计档案销毁清册上签署意见。

2. 专人负责监销

销毁会计档案时，应当由单位的档案机构和会计机构共同派人监销；国家机关销毁会计档案时，还应当有同级财政、审计部门派人监销；各级财政部门销毁会计档案时，应当由同级审计部门派人监销。监销人在销毁会计档案前应当按照会计档案销毁清册所列内容，清点核对所要销毁的会计档案。销毁后，监销人应当在会计档案销毁清册上签名盖章，并将监销情况报告本单位负责人。

《会计档案管理办法》还规定有些会计档案已保管期满但不得销毁。第十一条、第十六条规定："对于保管期满但未结清的债权债务原始凭证和涉及其他未了事项的原始凭证，不得销毁，而应当单独抽出立卷，保管到未了事项完毕时为止。单独抽出立卷的会计档案，应当在会计档案销毁清册和会计档案保管清册上列明。正在建设期间的建设单位，其保管期满的会计档案不得销毁。""建设单位在项目建设期间形成的会计档案，应当在办理竣工决算后移交给建设项目的接受单位，并按规定办理交接手续。"

第四节　会计工作交接

一、会计工作交接的概念及意义

会计人员在调动工作或因故长期离职时必须有人接替其工作，会计工作的这种移交和接替的过程称为会计工作交接。

会计工作交接是会计工作中的一项重要内容。会计人员调动工作或者离职时，与接管人员办清交接手续，是会计人员应尽的职责，也是做好会计工作的要求。

第一，做好会计工作交接，可以使会计工作前后衔接，保证会计工作连续进行。在持续经营的会计期间，会计工作是不间断进行的，会计人员调动工作或离职时，与接管人员办清交接手续，是保证会计工作连续进行的必要措施。

第二，做好会计工作交接，可以防止因会计人员的更换出现账目不清、财务混乱等现象。在会计人员更换时，如果不办理会计工作交接，或交接不清，不仅会造成账目不清、财务混乱、财产丢失等，也会给不法分子在经济上有可乘之机。

第三，做好会计工作交接，也是分清移交人员和接管人员责任的有效措施。在会计工作交接过程中，按规定要认真进行账目核对、财产清查等，因此，办好会计交接工作，不仅有利于加强财务会计管理，同时也有利于分清移交人员和接管人员的责任。

二、需要办理会计工作交接的情形

《会计法》第四十一条规定："会计人员调动工作或者离职，必须与接管人员办清交接手续。"《会计基础工作规范》对需要办理会计工作交接的情形做了细致的规定。第二十五条规定："会计人员工作调动或者因故离职，必须将本人所经管的会计工作全部移交给接替人员。没有办清交接手续的，不得调动或者离职。" 第三十三条规定："会计人员临时离职或者因病不能工作且需要接替或者代理的，会计机构负责人、会计主管人员或者单位领导人必须指定有关人员接替或者代理，并办理交接手续。临时离职或者因病不能工作的会计人员恢复工作的，应当与接替或者代理人员办理交接手续。移交人员因病或者其他特殊原因不能亲自办理移交的，经单位领导人批准，可由移交人员委托他人代办移交，但委托人应当承担本规范第三十五条规定的责任。" 第三十五条规定："移交人员对所移交的会计凭证、会计账簿、会计报表和其他有关资料的合法性、真实性承担法律责任。"

三、办理会计工作交接的程序

（一）移交前的准备工作

《会计基础工作规范》第二十七条对会计人员办理移交手续前，必须做好的准备工作作出了明确规定。

（1）已经受理的经济业务尚未填制会计凭证的，应当填制完毕。

（2）尚未登记的账目，应当登记完毕，并在最后一笔余额后加盖经办人员印章。

（3）整理应该移交的各项资料，对未了事项写出书面材料。

（4）编制移交清册，列明应当移交的会计凭证、会计账簿、会计报表、印章、现金、有价证券、支票簿、发票、文件、其他会计资料和物品等内容；实行会计电算化的单位，从事该项工作的移交人员还应当在移交清册中列明会计软件及密码、会计软件数据磁盘（磁带等）及有关资料、实物等内容。

（二）移交的内容

《会计基础工作规范》第二十九条规定："移交人员在办理移交时，要按移交清册逐项移交；接替人员要逐项核对点收。"具体要求如下。

（1）现金、有价证券要根据会计账簿有关记录进行点交。库存现金、有价证券必须与会计账簿记录保持一致。不一致时，移交人员必须限期查清。

（2）会计凭证、会计账簿、会计报表和其他会计资料必须完整无缺。如有短缺，必须查清原因，并在移交清册中注明，由移交人员负责。

（3）银行存款账户余额要与银行对账单核对，如不一致，应当编制银行存款余额调节表调节相符，各种财产物资和债权债务的明细账户余额要与总账有关账户余额核对相符；必要时，要抽查个别账户的余额，与实物核对相符，或者与往来单位、个人核对清楚。

（4）移交人员经管的票据、印章和其他实物等，必须交接清楚；移交人员从事会计电算化工作的，要对有关电子数据在实际操作状态下进行交接。

《会计基础工作规范》第三十条还规定："会计机构负责人、会计主管人员移交时，还必须将全部财务会计工作、重大财务收支和会计人员的情况等，向接替人员详细介绍。对需要移交的遗留问题，应当写出书面材料。"

在会计工作交接过程中，移交人员有责任解答接替人员对有关事项提出的质疑，且不得以任何理由、任何形式借故推延移交时间和移交项目。同样，接替人员也不得以任何借口推诿不接替。对双方均不解的会计事项应立据说明，并由移交人员签字负责。

（三）专人负责监交

为了明确责任，会计人员办理工作交接时必须有专人负责监交。通过监交，保证双方按照国家有关规定认真办理交接手续，防止流于形式，保证会计工作不因人员变动而受影响；保证交接双方在平等的法律地位上享有权利和承担义务，不允许任何一方以大压小，以强凌弱，或采取非法手段进行威胁。移交清册应当经过监交人员审查和签名盖章，作为交接双方明确责任的证件。《会计法》第四十一条中明确了监交的要求，规定："一般会计人员办理交接手续，由会计机构负责人（会计主管人员）监交；会计机构负责人（会计主管人员）办理交接手续，由单位负责人监交，必要时主管单位可以派人会同监交。"

上述规定中必要时由主管部门派人会同监交是指有些交接需要主管单位监交或者主管单位认为需要参与监交，通常有三种情况。

（1）所属单位负责人不能监交，需要由主管单位派人代表主管监交。如因单位撤并办理交接手续。

（2）所属单位负责人不能尽快监交，需要由主管单位派人督促监交。如主管单位责成所属单位撤换不合格的会计机构负责人（会计主管人员），所属单位负责人却以种种借口拖延不办理交接手续时，主管单位就应派人督促会同监交。

（3）不宜由所属单位负责人单独监交，而需要主管单位会同监交。如所属单位负责人与办理交接手续的会计机构负责人（会计主管人员）有矛盾，交接时需要主管单位派人会同监交，以防止可能发生单位负责人借机刁难等。此外，主管单位认为交接中存在某种问题需要派人监交时，也可派人会同监交。

（4）交接后的有关事宜。

根据《会计基础工作规范》的规定，交接后的有关事宜如下。

① 交接完毕后，交接双方和监交人员要在移交注册上签名或者盖章，并应在移交注册上注明：单位名称，交接日期，交接双方和监交人员的职务、姓名，移交清册页数及需要说明的问题和意见等。

② 移交清册一般应当填制一式三份，交接双方各执一份，存档一份。

③ 交接后，接替人员应当继续办理移交的未了事项。

④ 接替人员应当继续使用移交的会计账簿，不得自行另立新账，以保持会计记录的连续性。

📢 请注意

会计工作交接中，合理、公正地区分移交人员和接替人员的责任非常必要。交接工作完毕后，移交人员所移交的会计凭证、会计账簿、财务会计报告和其他会计资料是在其经办会计工作期间内发生的，应当对这些会计资料的真实性、完整性负责，即便接替人员在交接时因疏忽没有发现所接会计资料存在真实性、完整性方面的问题，如事后发现仍应由原移交人员负责，原移交人员不应以会计资料已经移交而推脱责任。

本 章 小 结

　　会计工作组织是企事业单位等会计主体为了保证会计工作顺利进行、实现会计的目的，而进行的一系列组织活动的总称。科学地组织会计工作，对于保证会计工作的顺利进行，具有十分重要的意义。会计工作组织就其内容来说，主要包括：会计组织形式的选择、会计制度的制定、会计机构的设置、会计人员的配备、会计手段的运用等方面。一个会计核算单位应当综合考虑单位的性质规模、组织结构、运行管理方式等，在集中核算或分散核算两种核算模式中选择适合本单位特点的一种形式。同时，要科学地设立会计机构，配备会计人员，协调会计机构与会计人员之间的相互关系。设立会计机构要满足适应性原则、效益性原则、岗位责任原则、协调性原则。配备会计人员要符合国家有关法律法规制度的规定：从事会计工作的人员，必须取得会计从业资格证书。担任单位会计机构负责人（会计主管人员）的，除取得会计从业资格证书外，还应当具备会计师以上专业技术职务资格或者从事会计工作 3 年以上经历。会计工作过程中会形成一系列档案资料，会计部门必须做好会计档案的建档保管工作，只有会计部门把各种会计核算资料汇集成档，并如期呈交档案管理部门，会计档案才能得以建立，会计档案的管理工作才能顺利进行。会计人员在工作过程中由于自身原因退休、离职，或者遵守单位的规定进行岗位轮换等，需要有新的人员来接替其会计工作，需要与接管人员办清交接手续，这是会计人员应尽的职责，也是做好会计工作的要求。

 **本 章 习 题**

一、单项选择题

1. 如果下属单位是非独立核算单位，则该企业实行（　　）核算组织形式。
   　　A. 非集中　　　　　　　　　　　　　B. 集中
   　　C. 非集中与集中相结合　　　　　　　D. 不确定

2. 各单位应当根据会计业务的需要（　　）设置会计机构。
   　　A. 必须　　　　　B. 不需要　　　　　C. 视情况而定　　　　D. 单独

3. 因违法违纪行为被吊销会计从业资格证书的人员，自被吊销会计从业资格证书之日起（　　）内，不得重新取得会计从业资格证书。
   　　A. 3 年　　　　　B. 5 年　　　　　　C. 7 年　　　　　　D. 终身

4. 取得会计师专业技术资格后，主管一个单位或者单位内部一个重要方面的财务会计工作的时间不少于（　　）才可以担任总会计师职务。
   　　A. 3 年　　　　　B. 5 年　　　　　　C. 7 年　　　　　　D. 2 年

5. 企业的现金和银行存款日记账保管期限为（　　）。
   　　A. 3 年　　　　　B. 5 年　　　　　　C. 15 年　　　　　　D. 25 年

二、多项选择题

1. 组织会计工作的应遵循（　　）原则。

A. 统一性　　　　B. 适应性　　　　C. 协调性

D. 成本效益　　　E. 岗位责任

2. 会计从业资格考试科目包括（　　）。

A. 财经法规与会计职业道德　　　　B. 会计基础

C. 初级会计电算化（或者珠算五级）　　D. 初级会计实务

E. 经济法基础

3. 会计人员的专业技术职务分为（　　）。

A. 会计员　　　　B. 助理会计师　　　C. 会计师

D. 高级会计师　　E. 注册会计师

4. 会计人员职业道德的基本内容包括（　　）。

A. 爱岗敬业　　　B. 熟悉法规　　　　C. 依法办事

D. 客观公正　　　E. 搞好服务　　　　F. 保守秘密

5.（　　）企业必须设置总会计师。

A. 大型国有企业　　　　　　B. 国有资产占控股地位的大中型企业

C. 中型国有企业　D. 私营企业　　E. 股份邮箱公司

6. 定期档案保管期限分（　　）。

A. 3 年　　　　　B. 5 年　　　　　　C. 10 年

D. 15 年　　　　　E. 25 年

7. 会计档案可以由（　　）来保管。

A. 档案管理部门　B. 会计主管　　　　C. 会计岗位

D. 审核岗位　　　E. 出纳

三、思考题

1. 会计核算组织形式有哪两种？分别是怎样进行核算的？

2. 会计机构设置的原则有哪些？

3. 会计人员应具备的基本条件是什么？

4. 会计人员的专业技术职务有哪些？

5. 总会计师的任职条件是什么？

6. 会计档案包括哪些？

7. 会计档案的销毁程序是怎样的？

8. 哪些档案保管期已满但不得销毁？

9. 会计工作交接的程序是什么？

10. 哪些情况下需要办理会计工作交接手续？

综合实训

一、相关资料

1. 企业名称：芜江市长江化工有限责任公司

开户银行及账号：工行赭山支行　732001260004619

法定代表：李强

财务主管：王浩

企业设立时间：1995 年 1 月

企业类型：有限责任公司

企业注册资本：叁仟贰佰万元人民币

地址：芜江市长江路 146 号

企业纳税人登记号：340208830020288

2. 主要生产产品 PAG、PDC 等。原材料主要包括 TPP、苯胺、油剂等。原材料和库存商品均采用实际成本法核算，其发出采用全月一次加权平均法计价。发出的库存商品于月末编制产品销售汇总表并进行账务处理。

3. 房屋及建筑物、机器设备、运输设备、管理设备采用平均年限法计提折旧。公司固定资产的使用年限和预计净残值率规定如表 1-1 所示。

表 1-1　固定资产使用年限及净残值

类　　型	预计使用年限	预计净残值率/%
房屋及建筑物	30	5
机器设备	10	5
其他设备	10	5

固定资产发生维修费用，直接计入当期损益。

4. 月末，计提短期借款的利息。长期借款、短期借款的利息于季度末支付。

5. 企业于月末计算各种税款，每月 5 日前缴纳上月的各种税款。企业为一般纳税人，适用增值税税率为 17%，按运费的 7% 计算增值税。城市维护建设税，按当月应交流转税的 7% 计算。教育费附加，按当月应交流转税的 4% 计算。所得税率 25%，每月末计提并核算应交纳所得税，年终汇算清缴。

6. 按照公司章程，年末损益结算后，根据董事会决议的利润分配方案，按当年 11 月末股东投资比例向股东分配红利。

7. 总分类账户 12 月份期初余额。

芜江市长江化工有限责任公司各总分类账户 2011 年的年初余额、1—11 月份的发生额、12 月份期初余额数据资料如表 1-2 所示。

表 1–2　总分类账户余额

单位：元

科目名称	年初余额		1—11 月份发生额		12 月份期初余额	
	借方	贷方	借方	贷方	借方	贷方
一、资产类账户						
库存现金	15 780		412 000	411 780	16 000	
银行存款	33 891 762		127 260 000	133 698 846	27 452 916	
其他货币资金	2 540 000		9 040 000	9 380 000	2 200 000	
应收票据	1 095 000		11 368 000	10 912 000	1 551 000	
应收账款	3 901 000		46 008 000	45 580 000	4 329 000	
预付账款	680 000		6 680 000	6 560 000	800 000	
应收股利	180 000			180 000		
其他应收款	34 000		316 000	318 000	32 000	
坏账准备		37 840		6 000		43 840
材料采购			58 006 000	58 006 000		
原材料	999 060		57 514 200	57 525 600	987 660	
库存商品	3 181 450		63 960 000	63 990 000	3 151 450	
周转材料	44 000		66 000	56 000	54 000	
存货跌价准备						
持有至到期投资	447 924		311 438	500 000	259 362	
长期股权投资	1 300 000				1 300 000	
投资性房地产	800 000				800 000	
投资性房地产累计折旧		253 440		23 232		276 672
固定资产	21 480 000		18 000 000		39 480 000	
累计折旧		4 320 000		4 680 000		9 000 000
无形资产	540 000				540 000	0
累计摊销		30 500		49 500		80 000
无形资产减值准备				40 000		40 000
二、负债类账户						
短期借款		360 000	500 000	240 000		100 000
应付票据		4 160 000	20 560 000	18 640 000		2 240 000
应付账款		4 180 000	28 078 800	26 720 000		2 821 200
预收账款		840 000	6 840 000	6 400 000		400 000
应交税费		1 009 200	5 176 000	4 600 000		433 200
应付股利		4 000 000	4 000 000			

科目名称	年初余额		1—11月份发生额		12月份期初余额	
	借方	贷方	借方	贷方	借方	贷方
应付利息		3 600	8 100	5 500		1 000
其他应付款		19 808	3 253 720	3 560 000		326 088
应付职工薪酬			481 200	520 000		38 800
长期借款		20 000 000	20 000 000	25 000 000		25 000 000
三、所有者权益类账户						
实收资本		30 000 000				30 000 000
资本公积		440 088				440 088
盈余公积		2 145 500				2 145 500
本年利润			78 763 000	89 440 000		10 677 000
利润分配		530 000				530 000
四、成本类账户						
生产成本	740 000		65 460 000	65 360 000		
制造费用			5 504 000	5 504 000		
五、损益类账户						
主营业务收入			88 680 000	88 680 000		
其他业务收入			360 000	360 000		
公允价值变动损益			100 000	100 000		
投资收益						
营业外收入			300 000	300 000		
主营业务成本			63 990 000	63 990 000		
其他业务成本			150 000	150 000		
营业税金及附加			3 460 000	3 460 000		
销售费用			616 000	616 000		
管理费用			4 728 000	4 728 000		
财务费用			1 260 000	1 260 000		
资产减值损失			160 000	160 000		
营业外支出			840 000	840 000		
所得税费用			3 559 000	3 559 000		
合计	72 402 916	72 402 916	815 149 458	815 149 458	84 651 728	84 651 728

8. 明细分类账户12月份期初余额。

芜江市长江化工有限责任公司总分类账户所属明细分类账户2011年12月份期初余额，如表1-3、表1-4、表1-5、表1-6所示。

表1-3 应收、预付账款所属明细账户12月份期初余额

总分类账户	明细账户	期初余额/元	备 注
应收账款	河北天伦	3 801 000	交易日为2011年11月23日，托收承付结算方式
	宁夏化纤	468 000	交易日为2010年10月20日
	江西纺织	60 000	交易日为2011年9月12日
	合计	4 329 000	
预付账款	芜江兴芜	800 000	2011年11月25日，预付购货款

表1-4 存货所属明细账户12月份期初余额

总分类账户	明细账户	数量	单价	金额/元	计价方法
原材料	TPP	11 950千克	40元/千克	478 000	计划成本法
	苯胺	4 400千克	35元/千克	154 000	
	油剂	9 200千克	45元/千克	414 000	
	合计			1 046 000	
周转材料	包装物	2 000只	18元/只	36 000	先进先出法
	低值易耗品（修理工具）	120套	150元/套	18 000	
	合计			54 000	
库存商品	PAG	26 959.72千克	46.18元/千克	1 245 000	全月一次加权平均法
	PDC	40 000千克	47.2元/千克	1 888 000	
	废木桶	300只	1.5元/只	450	先进先出法
	废纸板	60吨	300元/吨	18 000	
	合计			3 151 450	

表1-5 负债及所有者权益类账户所属明细账户12月份期初余额

总分类账户	明细账户	期初余额/元	备 注
短期借款		100 000	2011年10月1日借入，年利率6%，期限1年
应付账款	暂估应付款	360 000	交易日为2011年11月19日
	芜江兴芜	500 000	交易日为2011年11月10日
	北京石油	1 961 200	交易日为2011年11月25日
	合计	2 821 200	
预收账款	山东美星	400 000	交易日为2011年11月28日
应交税费	教育费附加	4 800	
	城建税	8 400	
	未交增值税	120 000	
	所得税	300 000	
	合计	433 200	
长期借款		25 000 000	2011年11月30日借入，年利率9%，期限5年

总分类账户	明细账户	期初余额/元	备　注
实收资本	甲	15 000 000	
	乙	7 500 000	
	丙	7 500 000	
	合计	30 000 000	
资本公积	资本溢价	440 088	
盈余公积	法定盈余公积	1 740 100	
	任意盈余公积	405 400	
	合计	2 145 500	
利润分配	未分配利润	530 000	

表 1-6　生产成本账户所属明细账户 12 月份期初余额

总分类账户	明细账户	月初结存数量	成本项目/元			合计
			直接材料	直接人工	制造费用	
生产成本	PAG	6 000 千克	260 000	16 000	24 000	300 000
	PDC	12 000 千克	480 000	20 000	40 000	540 000
	合计		740 000	36 000	64 000	840 000

9. 财务报表期初数据。

芜江市长江化工有限责任公司 2011 年 11 月份的财务报表, 如表 1-7、表 1-8 所示。

表 1-7　资产负债表　　　　　　　　　　　　　　会企 01 表

编制单位: 芜江市长江化工有限责任公司　　　2011 年 11 月 30 日　　　　　　　单位: 元

资　产	期末余额	年初余额	负债和所有者权益	期末余额	年初余额
流动资产:			流动负债:		
货币资金	29 668 916	36 447 542	短期借款	100 000	360 000
交易性金融资产	800 000	460 000	交易性金融负债		
应收票据	1 551 000	1 095 000	应付票据	2 240 000	4 160 000
应收账款	4 285 160	3 863 160	应付账款	2 821 200	4 180 000
预付款项	800 000	680 000	预收款项	400 000	840 000
应收利息			应付职工薪酬	38 800	
应收股利		180 000	应交税费	433 200	1 009 200
其他应收款	32 000	34 000	应付利息	1 000	3 600
存货	5 033 110	4 964 510	应付股利		4 000 000
一年内到期的非流动资产			其他应付款	326 088	19 808
其他流动资产			一年内到期的非流动负债		
流动资产合计	42 170 180	47 724 212	其他流动负债		

续表

资　产	期末余额	年初余额	负债和所有者权益	期末余额	年初余额
非流动资产：			流动负债合计	6 360 288	14 572 608
可供出售金融资产			非流动负债：		
持有至到期投资	259 362	447 924	长期借款	25 000 000	20 000 000
长期应收款			应付债券		
长期股权投资	1 300 000	1 300 000	长期应付款		
投资性房地产	523 328	546 560	专项应付款		
固定资产	30 480 000	17 160 000	预计负债		
在建工程			递延所得税负债		
工程物资			其他非流动负债		
固定资产清理			非流动负债合计	25 000 000	2 000 000
生物性生物资产			负债合计	31 360 288	34 572 608
油气资产			所有者权益		
无形资产	420 000	509 500	股本	30 000 000	30 000 000
开发支出			资本公积	440 088	440 088
商誉			减：库存股		
长期待摊费用			盈余公积	2 145 500	2 145 500
递延所得税资产			未分配利润	11 207 000	530 000
其他非流动资产			所有者权益合计	43 792 588	33 115 588
非流动资产合计	32 982 690	19 963 984			
资产总计	75 152 876	67 688 196	负债及所有者权益总计	75 152 876	67 688 196

表1-8　利润表

会企02表

编制单位：芜江市长江化工有限责任公司　　　　2011年11月　　　　　　　　单位：元

项　目	本期金额	本年累计金额
一、营业收入	9 960 000	89 040 000
减：营业成本	7 373 000	64 140 000
营业税金及附加	312 400	3 460 000
销售费用	40 000	616 000
管理费用	452 700	4 728 000
财务费用	130 000	1 260 000
资产减值损失		160 000
加：公允价值变动收益（损失以"－"号填列）		100 000
投资收益（损失以"－"号填列）		
其中：对联营企业和合营企业的投资收益		
二、营业利润（亏损以"－"号填列）	1 651 900	14 776 000
加：营业外收入	40 000	300 000

项　目	本期金额	本年累计金额
减：营业外支出	100 000	840 000
其中：非流动资产处置损失		
三、利润总额（亏损以"−"号填列）	1 591 900	14 236 000
减：所得税费用	397 975	3 559 000
四、净利润（亏损以"−"号填列）	1 193 925	10 677 000
五、每股收益		
（一）基本每股收益		
（二）稀释每股收益		

10. 模拟操作要求。

（1）开设账户。根据芜江市长江化工有限责任公司 2011 年 11 月月底的财务数据资料，开设总分类账户和相关明细分类账户，开设现金日记账和银行存款日记账。

（2）登记期初余额。将模拟企业的期初余额资料记入相关账户的余额栏内，将损益类账户的发生额记入相应账户的发生额栏内。

对芜江市长江化工有限责任公司 2011 年 12 月的日常经济业务，按照科目汇总表核算组织程序进行一系列账务处理，具体内容包括以下各方面内容。

（1）审核业务的原始凭证（包括增值税专用发票、普通发票、银行进账单、托收承付凭证、材料入库单、产成品出库单、差旅费报销单等）。

（2）根据审核无误的原始凭证填制记账凭证（采用通用记账凭证，记账凭证每月自 1 号开始连续编号），并将所依据的原始凭证裁剪下来，直接粘贴于记账凭证后，或者粘贴在粘贴单上并粘贴于记账凭证后。

（3）审核填制的记账凭证。

（4）根据审核无误的记账凭证，每月 10 日、20 日、30 日或 31 日编制科目汇总表。

（5）将收付款业务根据记账凭证登记现金日记账和银行存款日记账。

（6）根据记账凭证及所附原始凭证登记各种明细账。

（7）根据审核无误的科目汇总表登记总分类账。

（8）月末，做对账工作。

（9）月末，做结账工作。

（10）月末，根据资产类账户、负债类账户和所有者权益类账户的期末余额编制资产负债表；根据损益类账户的本月发生额编制利润表；根据相关账户资料和备查簿资料编制现金流量表。

二、业务原始凭证

芜江市长江化工有限责任公司 2011 年 12 月份发生的经济业务的原始凭证如下。

1-1

中国工商银行
现金支票存根

支票号码：5602089

科　　目：＿＿＿＿＿＿＿

对方科目：＿＿＿＿＿＿＿

签发日期：<u>2011 年 12 月 1 日</u>

收款人：<u>芜江市长江化工有限责任公司</u>

金　　额：<u>¥3 000.00</u>

用　　途：<u>备用</u>

备注：

单位主管　王洁　　会计

复　　核　　　　记账

中国工商银行
现金支票存根

支票号码：5602089

科　　目：＿＿＿＿＿＿＿

对方科目：＿＿＿＿＿＿＿

签发日期：＿＿＿年 月 日

收款人：＿＿＿＿＿＿＿

金　　额：＿＿＿＿＿＿＿

用　　途：＿＿＿＿＿＿＿

备　注：＿＿＿＿＿＿＿

单位主管　　　会计

复　　核　　　记账

本支票付款期五天

中国工商银行**现金支票**　　　　支票号码 5602089

签发日期　　　年 月 日

开户银行名称

收款人：　　　　　　签发人账号

人民币（大写）	千	百	十	万	千	百	十	元	角	分

用途＿＿＿＿＿＿

上列款项请从我账户内支付

科目（借）＿＿＿＿＿＿

对方科目（贷）＿＿＿＿＿＿

付讫日期　年 月 日

出纳＿＿复核＿＿记账＿＿

对账号单处　　　出纳

（请收款人在背面盖章）　　签发人盖章　　　对号单

2-1

业务说明：

2011 年 11 月 28 日从芜江市兴芜化工材料公司购入 TPP 8 000 千克，由于发票账单尚未到达，11 月末按照计划价格 45 元/千克暂估入账。12 月初冲销暂估入账。

3-1

江苏省增值税专用发票

No：3491006

校验码：85200031777886616631

开票日期：2011 年 12 月 1 日

购货单位	名　　　称：芜江市长江化工有限责任公司 纳税人识别号：340208830020288 地址、电话：芜江市长江路 146 号 开户银行及账号：工行赭山支行 732001260004619				密码区	>56937*-536//32 8784636<*56932+-<857 4-686<79>56409-8-85> <56>>8		加密版本： 01340003326000 049262	第一联 抵扣联 购货方作扣税凭证
货物或应税劳务名称	规格型号	单位	数量	单价	金额	税率	税额	
TPP		**kg**	**160 000**	**42.00**	**6 720 000.00**	**17%**	**1 142 400.00**	
苯胺		**kg**	**28 000**	**34.00**	**952 000.00**	**17%**	**161 840.00**	
合计					**7 672 000.00**		**1 304 240.00**	
价税合计（大写）		捌佰玖拾柒万陆仟贰佰贰四元整				（小写）¥ 8 976 240.00			
销货单位	名　　　称：芜江市兴芜化工材料公司 纳税人识别号：340221149800684 地址、电话：芜江市弋江路 68 号 开户银行及账号：工行弋江支行 732001268003457				备注				

收款人：　　　　复核：　　　　　　　　　　　开票人：李梅　　　　　　销货单位：（章）

3-2

安徽省增值税专用发票

发票联

No：3491006

校验码：85200031777886616631

开票日期：2011 年 12 月 1 日

购货单位	名　　　称：芜江市长江化工有限责任公司 纳税人识别号：340208830020288 地址、电话：芜江市长江路 146 号 开户银行及账号：工行赭山支行 732001260004619				密码区	>56937*-536//32 8784636<*56932+-<85 74-686<79>56409-8-85 ><56>>8		加密版本： 01340003326000 049262	第二联 发票联 购货方记账凭证
货物或应税劳务名称	规格型号	单位	数量	单价	金额	税率	税额	
TPP		**kg**	**160 000**	**42.00**	**6 720 000.00**	**17%**	**1 142 400.00**	
苯胺		**kg**	**28 000**	**34.00**	**952 000.00**	**17%**	**161 840.00**	
合计					**7 672 000.00**		**1 304 240.00**	
价税合计（大写）		捌佰玖拾柒万陆仟贰佰贰四元整				（小写）¥ 8 976 240.00			
销货单位	名　　　称：芜江市兴芜化工材料公司 纳税人识别号：340221149800684 地址、电话：芜江市弋江路 68 号 开户银行及账号：工行弋江支行 732001268003457				备注				

收款人：　　　　复核：　　　　　　　　　　　开票人：李梅　　　　　　销货单位：（章）

3—3

安徽省芜江市服务业发票

发票联

发票代码：3430606221131

客户名称：芜江市长江化工有限责任公司　　　　**2011 年 12 月 1 日**　　　　发票号码：07400994

项　目	单位	数量	单价	金　额								
				百	十	万	千	百	十	元	角	分
运输费			60 000.00	¥	6	0	0	0	0	0	0	0
合计金额（大写）	零佰零拾陆万零仟零佰零拾零元零角零分									¥:60 000.00		

开票单位（章）　　　　　发票专用章　开票人：王成　　　　　收款人：刘云

此联为报销凭证

3—4

商业承兑汇票

2011 年 12 月 1 日

No　0056981

汇票号码：65 号

收款人	全称	芜江市兴芜化工材料公司	付款人	全称	芜江市长江化工有限责任公司										
	账号	732001268003457		账号	732001260004619										
	开户银行	工行弋江支行		开户银行	工行赭山支行										
汇票金额	人民币（大写）捌佰贰拾叁万陆仟贰佰肆拾元整					千	百	十	万	千	百	十	元	角	分
						¥	8	2	3	6	2	4	0	0	0
汇票到期日	贰零零玖年陆月壹日			交易合同号码	1201										
本汇票请你单位承兑，并及时将承兑汇票寄交我单位。 此致 ＿＿＿承兑人＿＿＿＿＿＿负责＿＿＿经办＿＿＿＿ 汇票签发人盖章															
备注：															

此联签发人留存

3—5

材料采购运杂费分配表

年　月　日

材料名称	分配标准/千克	分配率	分配金额/元	备注
合计				

注：运输费按 7%扣除增值税。分配标准为材料重量。

3–6

业务说明：
2011 年 11 月 20 日已预付芜江市兴芜化工材料公司货款 800 000.00 元。

3–7

芜江市长江化工有限责任公司材料入库单

2011 年 12 月 1 日　　　　　　　　发货单位：芜江市兴芜化工材料公司

品名	数量/千克	实际价格/元			
		单价	总价	运杂费	合计
TPP	**160 000**	**42.00**	**6 720 000.00**	**48 000.00**	**6 768 000.00**
苯胺	28 000	34.00	952 000.00	7 800.00	959 800.00
合计				55 800.00	7 727 800.00

仓库主管：杨林　　　记账：李平　　　验收人：李佳　　　采购人：周飞

第二联：记账联

4–1

安徽省增值税专用发票

No：3122235

校验码：64200031777886638821　　　　　　　　开票日期：2011 年 12 月 1 日

购货单位	名　称：广东奥胜纺织有限公司	密码区	>732+/8-373021/789<3　加密版本：01
	纳税人识别号：159656302978909		9665221+11>*8252/+2<　51300670011
	地址、电话：广州市玉龙区 910 号		9333221+11>*3212/+9<
	开户银行及账号：工商银行广州市玉龙支行 85-8250-425		9-8/76-6/88*32>28-

货物或应税劳务名称	规格型号	单位	数量	单价	金额	税率	税额
PDC		**kg**	**24 000**	**65.00**	**1 560 000.00**	**17%**	**265 200.00**
PAG		**kg**	**26 000**	**55.00**	**1 430 000.00**	**17%**	**243 100.00**
合计					**2 990 000.00**		**508 300.00**

价税合计（大写）	**叁佰肆拾玖万捌仟叁佰元整**	（小写）¥ **3 498 300.00**

销货单位	名　称：芜江市长江化工有限责任公司	备注	芜江市长江化工有限责任公司
	纳税人识别号：340208830020288		340208830020288
	地址、电话：芜江市长江路 146 号		发票专用章
	开户银行及账号：工行赭山支行 732001260004619		

收款人：　　　复核：　　　　开票人：李军　　　销货单位：（章）

第三联：记账联　销货方作销售的记账凭证

4–2

中国工商银行
转账支票存根

支票号码：2860362
科　　目：＿＿＿＿＿＿＿＿
对方科目：＿＿＿＿＿＿＿＿
签发日期：2011 年 12 月 1 日

收款人：芜江市铁路运输有限公司
金　额：¥40 000.00
用　途：支付销货运费
备注：

单位主管　王浩　会计
复　核　　　记账

4–3

安徽省芜江市服务业发票

发票联

发票代码：3330607221152

客户名称：芜江市长江化工有限责任公司　　2011 年 12 月 1 日　　发票号码：08800966

项　目	单位	数量	单价	金　额								
				百	十	万	千	百	十	元	角	分
运输费			40 000.00		¥	4	0	0	0	0	0	0

合计金额（大写）	零佰零拾肆万零仟零佰零拾零元零角零分	¥:40 000.00

开票单位（章）　　　　　　　　　开票人：赵伟　　　　　　　　　收款人：周芳

此联为报销凭证

4–4

中国工商银行银行进账单（收账通知）

3498300.00

2011 年 12 月 1 日

收款人	全称	芜江市长江化工有限责任公司	付款人	全称	山东德州纺织有限公司									
	账号	732001260004619		账号	52-8821-366									
	开户银行	工行赭山支行		开户银行	工行德州市东城路办事处									

人民币（大写）叁佰肆拾玖万捌仟叁佰元整	千	百	十	万	千	百	十	元	角	分
		¥	3	4	9	8	3	0	0	0	0

票据种类	银行汇票	收款人开户行盖章
票据张数	壹张	工商银行东城路办事处 2011 年 12 月 1 日 转讫

单位主管　会计　复核　　记账

此联是银行交给收款人的收账通知

4–5

芜江市长江化工有限责任公司产成品出库单

编号：20091201

2011 年 12 月 1 日　　　　发货单位：

类别	编号	名称及规格	计量单位	数量	单位成本	总成本
主要成品		**PDC**	千克	**24 000**		
主要成品		**PAG**	千克	**26 000**		
合计				**50 000**		

第二联　账联

仓库主管：杨林　　记账：李平　　发货人：李芳　　经办人：赵伟

5–1

借款报还记账凭证

付款　年　月　日
记账凭单　第　号

2011 年 11 月 25 日

单位、项目	代码　No	姓名	李俊　张强	支票汇款	收款单位			
销售科			共 贰 人		开户银行		账号	
借款事由	**出差**							
出差地点	浙江省杭州市　　往返日期 **2011** 年 **11** 月 **26** 日至 **2011** 年 **12** 月 **1** 日共　**6**　天							
金额（大写）	**捌仟元整**　　**¥8 000.00**							
领导批示　李思		单位负责人　张山			借款人　**李俊**　No			
备注：借款单一式三联，请用双面复写纸套写。　收款人：**李俊**								

二　报还结清后财务作为收回借款的记账凭证

5–2

差旅费报销单

单位	**销售科**	出差事由	**联系客户**
姓名	**李俊　张强**	出差日期自	**11** 月 **26** 日　时至 **12** 月 **1** 日　时共 **6** 天

往返车船费（按日期顺序填列）									开支项目	天数	人数	标准	千	百	十	元	角	分
月	日	车次	发站	到站	单价	张数	金额	补助费	住勤补助	**6**	**2**	**50.00**		**6**	**0**	**0**	**0**	**0**
11	**26**	**211**	芜江	杭州	**310.00**	**2**	**620.00**		未坐卧铺补助									
12	**1**	**212**	杭州	芜江	**310.00**	**2**	**620.00**		市内交通费					**3**	**0**	**0**	**0**	**0**
									住宿费	**6**	**2**	**100.00**	**1**	**2**	**0**	**0**	**0**	**0**
									行李运杂费					**1**	**0**	**0**	**0**	**0**
									电话费					**2**	**0**	**0**	**0**	**0**
									餐饮费				**2**	**5**	**6**	**0**	**0**	**0**
小计							**1 240.00**		小计				**4**	**9**	**6**	**0**	**0**	**0**
报销合计金额（大写）**陆仟贰佰元整**　　**¥:6 200.00**																		

附件 2 张

5—3

粘贴单据处	火车票	4 张	1 240.00
	出租车票	10 张	300.00
	住宿发票	1 张	1 200.00
	行李搬运发票	2 张	100.00
	电话费发票	2 张	200.00
	餐饮发票	30 张	2 560.00

单据贴存单

单位项目		销售部经费	
金额	大写	伍仟陆佰元整	
	小写	¥5 600.00	
单据张数（大写）		肆拾玖张	负责人 刘军
经手人	李俊	验收人	苏磊
用途			

6—1

湖南省增值税专用发票

发票联

No：6310207

开票日期：2011 年 12 月 2 日

校验码：64200031777886638821

购货单位	名　　　称：芜江市长江化工有限责任公司	密码区	>52+/8-6373021/789<3 加密版本：01
	纳税人识别号：340208830020288		9665221+11>*8252/+2< 51300670011
	地址、电话：芜江市长江路 146 号		9333221+11>*3212/+9<
	开户银行及账号：工行赭山支行 732001260004619		9-8/76-6/88*32>28-

货物或应税劳务名称	规格型号	单位	数量	单价	金额	税率	税额
油剂		kg	8 000	41.00	328 000.00	17%	55 760.00
合计					328 000.00		55 760.00

价税合计（大写）	叁拾捌万叁仟柒佰捌拾元整	（小写）¥：383 760.00

销货单位	名　　　称：芜江市兴芜化工材料公司	备注
	纳税人识别号：238696883331651	
	地址、电话：芜江市弋江路 68 号	
	开户银行及账号：工行弋江支行 732001268003457	

收款人：　　　复核：　　　开票人：王菊　　　销货单位：（章）

第二联：发票联 购货方记账凭证

6—2

安徽省长沙市货运发票

发票联

发票代码：2190686921729

客户名称：芜江市长江化工有限责任公司　　2011 年 12 月 2 日　　发票号码：07400996

项目	单位	数量	单价	金额								
				百	十	万	千	百	十	元	角	分
运输费						1	0	0	0	0	0	0
合计金额（大写）	零佰零拾壹万零仟零佰零拾零元零角零分			¥：10 000.00								

此联为报销凭证

开票单位（章）　　　发票专用章　开票人：曹兰　　　收款人：袁玉萍

6-3

银行承兑汇票

No 0056981

2011 年 12 月 2 日

汇票号码：65 号

收款人	全称	芜江市兴芜化工材料公司	付款人	全称	芜江市长江化工有限责任公司
	账号	340221149800684		账号	732001260004619
	开户银行	工行长沙市北市区支行		开户银行	工行赭山支行

汇票金额	人民币（大写）叁拾玖万叁仟柒佰陆拾元整	千	百	十	万	千	百	十	元	角	分
			¥	3	9	3	7	6	0	0	0

汇票到期日	贰零壹壹年叁月壹日	交易合同号码	6882

本汇票请你单位承兑，并及时将承兑汇票寄交我单位。

此致

承兑人＿＿＿＿　负责＿＿＿＿经办

汇票签发人盖章

备注：

此联签发人留存

6-4

芜江市长江化工有限责任公司材料入库单

2011 年 12 月 2 日

发货单位：芜江兴芜

品名	单位	数量		实际价格/元			
		来料数	实收数	单价	总价	运杂费	合计
油剂	千克	8 000	8 000	41.00	328 000.00	9 300.00	337 300.00
合 计							337 300.00

仓库主管：杨林　　　　记账：李平　　　　　　验收人：李佳　　　　　　采购人：赵迪

第二联：记账联

7-1

中华人民共和国税收通用缴款书 　国

隶属关系： 　　　　　　　　　　　　　　　　　　　（20111）皖国缴电：No 0312228

注册类型：有限责任公司 　　　　　填发日期：**2011 年 12 月 3 日** 　　征收机关：芜江市国家税务局

缴款单位（人）	代　码	340208830020288	预算科目	编码	700300			
	全　称	芜江市长江化工有限责任公司		名称	增值税			
	开户银行	工行赭山支行		级次	中央级			
	账　号	732001260004619	收缴国库		芜江市支库			

税款所属时期　　**2011 年 11 月 1—30 日**			税款限缴日期　　　**2011 年 12 月 10 日**		

品目名称	课税数量	计税金额或销售收入	税率或单位税额	已缴或扣除额	实缴金额
产品制造		9 240 000.00	0.17	1 450 800.00	120 000.00
金额合计	（大写）壹拾贰万元整				¥120 000.00

缴款单位（人）（盖章）经办人（章）财务专用章	税务机关（盖章）填票人（章）税务专用章	上列款项已收妥并划转收款单位账户。国库（银行）盖章 工商银行赭山支行 2011 年 12 月 3 日 转	备注

逾期不缴按税法规定加收滞纳金

7-2

中华人民共和国 税收通用缴款书

　地

隶属关系： 　　　　　　　　　　　　　　　　　　　（20111）皖地缴电：No 588922

注册类型：有限责任公司 　　　　　填发日期：**2011 年 12 月 3 日** 　　征收机关：芜江市地方税务局

缴款单位（人）	代　码	340208830020288	预算科目	编码	700300			
	全　称	芜江市长江化工有限责任公司		名称	城市维护建设税			
	开户银行	工行赭山支行		级次	地方级			
	账　号	732001260004619	收缴国库		工行赭山支行			

税款所属时期　　**2011 年 11 月 1—30 日**			税款限缴日期　　　**2011 年 12 月 10 日**		

品目名称	课税数量	计税金额或销售收入	税率或单位税额	已缴或扣除额	实缴金额
增值税		120 000.00	0.07		8 400.00
金额合计	（大写）捌仟肆佰元整				¥8 400.00

缴款单位（人）（盖章）经办人（章）财务专用章	税务机关（盖章）填票人（章）税务专用章	上列款项已收妥并划转收款单位账户。国库（银行）盖章 工商银行赭山支行 2011 年 12 月 3 日 转 讫	备注

逾期不缴按税法规定加收滞纳金

7–3

中华人民共和国
税收通用缴款书

地

（20111）皖地缴电：No 588921

隶属关系：

注册类型：有限责任公司　　　　　　　填发日期：2011 年 12 月 3 日　　　　　　征收机关：芜江市地方税务局

缴款单位（人）	代 码	340208830020288	预算科目	编码	700300
	全 称	芜江市长江化工有限责任公司		名称	教育费附加
	开户银行	工行赭山支行		级次	地方级
	账 号	732001260004619		收缴国库	工行赭山支行

税款所属时期	2011 年 11 月 1—30 日	税款限缴日期	2011 年 12 月 10 日

品目名称	课税数量	计税金额或销售收入	税率或单位税额	已缴或扣除额	实缴金额
增值税		120 000.00	0.04		4 800.00

金额合计	（大写）肆仟捌佰元整		¥4 800.00

缴款单位（人）（盖章）　经办人（章）　财务专用章

税务机关（盖章）　填票人（章）　税务专用章

上列款项已收并划转收款单位账户。
2011 年 12 月 3 日
国库（银行）盖章　年 月 日
转讫

备注

逾期不缴按税法规定加收滞纳金

7–4

中华人民共和国
税收通用缴款书

国

（20111）晚国缴电：No 0312561

隶属关系：

注册类型：有限责任公司　　　　　　　填发日期：2011 年 12 月 3 日　　　　　　征收机关：芜江市国家税务局

缴款单位（人）	代 码	340208830020288	预算科目	编码	700300
	全 称	芜江市长江化工有限责任公司		名称	企业所得税
	开户银行	工行赭山支行		级次	中央级
	账 号	732001260004619		收缴国库	芜江市支库

税款所属时期	2011 年 10—12 月	税款限缴日期	2011 年 12 月

品目名称	课税数量	计税金额或销售收入	税率或单位税额	已缴或扣除额	实缴金额
产品制造					300 000.00

金额合计	（大写）叁拾万元整		¥300 000.00

缴款单位（人）（盖章）　经办人（章）　财务专用章

税务机关（盖章）　填票人（章）　税务专用章

上列款项已收并划转收款单位账户。
2011 年 12 月 3 日
国库（银行）盖章　年 月 日
转讫

备注

逾期不缴按税法规定加收滞纳金

8-1

安徽省芜江市货物销售发票

发票联

发票代码：1130606221131

客户名称：芜江市长江化工有限责任公司　　2011 年 12 月 2 日　　　发票号码：07400994

货物名称	规格	单位	数量	单价	金额						
					万	千	百	十	元	角	分
笔		支	136	5.00			6	8	0	0	0
打印纸		袋	200	20.00		4	0	0	0	0	0
计算器		支	24	80.00		1	8	2	0	0	0
合计金额（大写）	零万陆仟陆佰零拾零元零角零分				¥:6 600.00						

开票单位（章）芜江市百货大楼　　　　　　　　　　　　　　　　开票人：杨奇

第二联 发票联：购货方收执

8-2

中国工商银行

转账支票存根

支票号码：2860364

科　　目：＿＿＿＿＿＿＿＿

对方科目：＿＿＿＿＿＿＿＿

签发日期：**2011 年 12 月 2 日**

收款人：**芜江市百货大楼**

金　额：**¥ 6 600.00**

用　途：**购办公用品**

备注：

单位主管　王浩　　会计

复　核　　　　　　记账

8-3

办公用品发放表

2011 年 12 月 2 日

部 门	领用实物数量			金额			合计	领用人签名
	笔	打印纸	计算器	笔	打印纸	计算器		
财务科	20	100	8	100	2 000	640	2 740	
总经理办公室	20	40	2	100	800	160	1 060	
销售科	20	20	2	100	400	160	660	
采购科	20	20	2	100	400	160	660	
劳资科	20	6	2	100	120	160	380	
生产车间	36	14	8	180	280	640	1 100	

财务主管：王浩　　　　　　　　审核：王维　　　　　　　　制表：孟辉

9-1

中国工商银行

转账支票存根

支票号码：2860365

科　　目：＿＿＿＿＿＿

对方科目：＿＿＿＿＿＿

签发日期：**2011 年 12 月 3 日**

收款人：芜江乐达广告有限公司

金　额：**¥30 000.00**

用　途：广告费

备注：

单位主管　王浩　　　会计

复　核　　　　　　记账

9-2

安徽省芜江市广告业专用发票

2011 年 12 月 3 日

客户名称：芜江市长江化工有限责任公司

广告（乙）字

No：00763563

项　目	单位	数量	单价	金额							
				万	千	百	十	元	角	分	
广告费	幅	200	150.00	3	0	0	0	0	0	0	
合计金额（大写）	叁万仟零佰零拾零元零角零分							¥:15 000.00			

第三联　报销凭证

芜江市长江化工有限责任公司
340208830020288
发票专用章

开票单位（章）　　　　　　　　　　　　　　　　开票人：王文莉

10-1

芜江市税务局印花税票报销专用凭证

2011 年 12 月 3 日

No：062589

购货单位：芜江市长江化工有限责任公司

印花税票面值	单位	数 量	税额								备注
			十	万	千	百	十	元	角	分	
壹　角	枚										
贰　角	枚										
伍　角	枚			现金付讫							
壹　元	枚										
贰　元	枚										
伍　元	枚	60				3	0	0	0	0	
壹拾元	枚	10				1	0	0	0	0	
伍拾元	枚										
壹佰元	枚										
合计人民币（大写）肆佰元整					￥	4	0	0	0	0	

经办单位：芜江市工商税务管理高开区分局

经办人：高雅丽

第一联　收据联

10-2

国家税务系统行政性收费专用收据

No：0716060228

2011 年 12 月 3 日

征收机关：芜江市高开区税务局

纳税人识别号	340208830020288		交款单位	芜江市长江化工有限责任公司	
项目			单价	数量	金额
专业发票收费　增值税专用发票			1.10	200	220.00
合计（大写）　贰佰贰拾元整				￥220.00	
税务专用章		填票人（章）肖红英	备注：纳税人编号：F038979610000469 芜江市长江路 146 号		现金付讫

第一联∧收据∨交款单位记账

11-1

领　款　单

2011 年 12 月 5 日

第 20091201 号

领款单位	总经理办公室	金 额								
		十	万	千	百	十	元	角	分	
人民币（大写）：叁仟元整				￥	3	0	0	0	0	0
领款事由：报销饭费、出租车费、电话费		现金付讫								
领导批示	财务负责人		领款单位负责人			领款人				
	王浩					刘芳芳				

11-2

粘 贴 单 据 处	出租车票 20 张 200.00 餐饮发票 15 张 2 500.00 中国移动发票 1 张 300.00		单据贴存单	
		单位项目	总经理办公室	
		金额	大写	叁仟元整
			小写	¥3 000.00
		单据张数 （大写）	叁拾陆张	负责人 刘军
		经手人	刘芳芳	验收人 苏磊
		用途	日常业务管理	

12-1

湖南省增值税专用发票

抵扣联

No: 5360202

校验码：79200031888226638652　　　　　　　　　开票日期：2011 年 12 月 6 日

购 货 单 位	名　　称：芜江市长江化工有限责任公司 纳税人识别号：340208830020288 地址、电话：芜江市长江路 146 号 开户银行及账号：工行赫山支行 732001260004619					密 码 区	>56937*-536//328784636<*56932+-<8574-6 86<79>56409-8-85><56>>8		
货物或应税劳务名称	规格型号	单位	数量	单价	金额		税率	税额	
油剂 合计		kg	20 000	45.00	900 000.00 ¥900 000.00		17%	153 000.00 ¥153 000.00	
价税合计（大写）	壹佰零伍万叁仟佰元整			（小写）¥ 1 053 000.00					
销 货 单 位	名　　称：芜江市兴芜化工材料公司 纳税人识别号：340208830020288 地址、电话：芜江市弋江路 68 号 开户银行及账号：工行弋江支行 732001268003457					备 注	芜江市长江化工有限责任公司 340208830020288 发票专用章		

收款人：王洪宇　　　　　复核：李莉　　　　　开票人：郑文　　　　　销货单位：（章）

12-2

铁路运输费专用发票

运输号码 0569　　　　　　　　2011 年 12 月 6 日

发站		长沙	到站	芜江	车种车号			货车自重	
集装箱型			运到期限		保价金额			运价里程	
收货人	全称	芜江市长江化工有限责任公司		发货人	全称	芜江市兴芜化工材料公司		现付费用	
	地址	芜江市长江路 146 号			地址			项目	金额
货物名称	件数	货物重量	重量	运价号	运价率	附记	运费		14 000.00
油剂		20 000	20 000						
发货人声明事项									
铁路声明事项							合计		¥14 000.00

发站经办人：李梅　　　　　　　　　　　到站经办人：王玉

12–3

芜江市长江化工有限责任公司材料入库单

2011 年 12 月 6 日　　　　　　　　　　　　发货单位：芜江兴芜

| 品名 | 单位 | 数量 | | 实际价格 | | | | 第二联 |
		来料数	实收数	单价	总价	运杂费	合计	
油剂	千克	20 000	20 000	45.00	900 000.00	13 020.00	913 020.00	记账联
合计					¥900 000.00	¥13 020.00	¥913 020.00	

仓库主管：杨林　　　　　记账：李平　　　　　　　验收人：李佳　　　　　采购人：周飞

13–1

河北省增值税专用发票

No: 9900212

校验码：85200031777886616631　　　　　　　　　　开票日期：2011 年 12 月 6 日

购货单位	名　　称：河北天伦纺织有限责任公司 纳税人识别号：998518886631389 地址、电话：石家庄市新市区 205 号 开户银行及账号：工商银行石家庄市新市区支行 26-3359-626	密码区	>442+/0-933021/329<1 加密版本：02 5605263+11>*8262/+1< 31500670011 8333266+33>*2212/+4< 01-/66-6/78*42>669	第三联 记账联 销货方做销售的记账凭证

货物或应税劳务名称	规格型号	单位	数量	单价	金额	税率	税额
PDC		kg	40 000	65	2 600 000.00	17%	442 000.00
PAG		kg	48 000	55	3 080 000.00	17%	523 600.00
合计					¥5 680 000.00		¥965 600.00

价税合计（大写）	陆佰陆拾肆万伍仟陆佰元整　　　　　　（小写）¥ 6 645 600.00

销货单位	名　　称：芜江市长江化工有限责任公司 纳税人识别号：340208830020288 地址、电话：芜江市长江路 146 号 开户银行及账号：工行赭山支行 732001260004619	备注	（印章：芜江市长江化工有限责任公司 340208830020288 发票专用章）

收款人：　　　　　复核：　　　　　　开票人：李军　　　　销货单位：（章）

13–2

中国工商银行

转账支票存根

支票号码：2860369

科　　目：＿＿＿＿＿＿＿

对方科目：＿＿＿＿＿＿＿

签发日期：**2011 年 12 月 6 日**

收款人：芜江市铁路运输有限公司

金　额：¥ 50 000.00

用　途：代买方垫付运费

备注：

单位主管　　（王浩）　会计

复　核　　　　　　　记账

13-3

托 收 承 付 凭 证 (回单)

托收号码: 56789

2011 年 12 月 6 日

承付期限
到期 年 月 日

电

付款人	全 称	河北天伦纺织有限公司	收款人	全 称	芜江市长江化工有限责任公司
	账 号	26-3359-626		账 号	732001260004619
	开户银行	工商银行石家庄市新市区支行		开户银行	工行赭山支行

金额	人民币(大写)	陆佰陆拾玖万伍仟陆佰元整	千	百	十	万	千	百	十	元	角	分
			¥	6	6	9	5	6	0	0	0	0

附件	商 品 发 运 情 况	合 同 名 称 号 码
单证张数或册数		

备注	电划	付款人注意: 1. 根据结算办法规定,上列托收款项,如超过承付期限并未拒付时,即视同全部承付。如系金额支付即以此联代支款通知;如遇延时或部分支付时,再由银行另送延付或部分支付的支付款通知。 2. 如需提前承付或多承付时,应另写书面通知送银行办理。 3. 如系全部或部分拒付,应在承付期限内另填拒绝承付理由送银行办理。

单位主管: 赵嘉   会计: 李艳   复核: 王刚   记账: 庞岭   付款单位开户银行章

13-4

芜江市长江化工有限责任公司产成品出库单

编号: 20091202

2011 年 12 月 6 日

发货单位:

类 别	编 号	名称及规格	计量单位	数量	单位成本/(元/千克)	总成本/元	
主要成品		PDC	千克	40 000			第二联
主要成品		PAG	千克	56 000			记账联
合计							

仓库主管: 杨林   记账: 李平   发货人: 李芳   经办人: 赵伟

14-1

中国工商银行

转账支票存根

支票号码: 2860370

科　目: _____

对方科目: _____

签发日期: <u>2011 年 12 月 7 日</u>

收款人: **芜江市城市城管局**
金　额: **¥10 000.00**
用　途: **罚款**
备注:

单位主管　王浩　会计
复　核　　　　记账

14-2

安徽省行政事业性统一收费票据

缴费单位名称：芜江市长江化工有限责任公司　　2011 年 12 月 7 日　　　　　　　　No：0899331001

收费项目	规格	单位	数量	单价	金额							
					万	千	百	十	元	角	分	
环境卫生罚款		项	2	5 000.00	1	0	0	0	0	0	0	
合计金额（大写）	壹万元整				¥:10 000.00							

开票单位（章）　芜江市城市管理局　　　　　　　　　　　　　　　　　　　　开票人：王丽菲

第二联　收据

15-1

芜江市长江化工有限责任公司废品出库单

购货单位：芜江市废品收购站　　　　　　2011 年 12 月 7 日　　　　　　　编号：1230456

类别	编号	名称及规格	单位	数量	单位成本	总成本
废品		废木桶	个	300	1.50	450.00
废品		废纸板	吨	60	300.00	18 000.00
合计						¥18 450.00

仓库主管：杨林　　　　记账：李平　　　　发货人：武玉梅　　　　经办人：张英

第二联　记账联

15-2

收　据

2011 年 12 月 7 日　　　　　　　　　　　　　　No.0068926

今收到：芜江市废品收购站
人民币：肆万玖仟贰佰元整　　　　　　¥49 200.00
系　收：销售废木桶、废纸板款

收款单位（盖章）　　　会计：　　　　出纳：　　　　　　　经手人：王冬

第三联　记账联

15—3

中国工商银行银行进账单（收账通知）

2011 年 12 月 7 日

收款人	全称	芜江市长江化工有限责任公司	付款人	全称	芜江市废品收购站
	账号	732001260004619		账号	59-6828-668
	开户银行	工行赭山支行		开户银行	工行芜江市环城路办事处

人民币（大写）肆万玖仟贰佰元整	千	百	十	万	千	百	十	元	角	分
			¥	4	9	2	0	0	0	0

票据种类	转账支票	收款人开户行盖章
票据张数	壹张	工商银行环城路办事处 2011 年 12 月 7 日 转 讫
单位主管　　会计　　复核　　记账		

16—1

安徽省增值税专用发票

发票联

No：5360203

校验码：79200031888226638652　　　　　　　　　　开票日期：2011 年 12 月 7 日

购货单位	名　　称：芜江市长江化工有限责任公司 纳税人识别号：340208830020288 地址、电话：芜江市长江路 146 号 开户银行及账号：工行赭山支行 732001260004619	密码区	>332+/0-933021/329<1 加密版本：01 3505263+11>*8252/+1<　51300670011 8333266+33>*2212/+4< 00-/76-6/88*42>886

货物或应税劳务名称	规格型号	单位	数量	单价	金额	税率	税额
电脑		台	4	4 000 元/台	16 000.00	17%	2 720.00
合计					¥16 000.00		¥2 720.00

价税合计（大写）	壹万捌仟柒佰贰拾元零角零分	（小写）¥：18 720.00

销货单位	名　　称：芜江悦朋电脑公司 纳税人识别号：1362367562458 地址、电话：芜江市环城路 66 号 开户银行及账号：工商银行芜江市环城路支行 11-8889-622	备注	芜江悦朋电脑公司 1362367562458 发票专用章

收款人：袁英　　　　　复核：李晓民　　　　　开票人：吴成　　　　　销货单位：（章）

16-2

中国工商银行

转账支票存根

支票号码：2860371

科　　目：＿＿＿＿＿＿＿＿

对方科目：＿＿＿＿＿＿＿＿

签发日期：**2011 年 12 月 7 日**

收款人：芜江悦朋电脑公司

金　额：**¥ 18 720.00**

用　途：购买电脑

备注：

单位主管　王浩　　会计

复　核　　　　　记账

16-3

固定资产调拨单

2011 年 12 月 7 日

投资单位名称				接受投资单位			
固定资产名称	规格型号	单位	数量	预计使用年限	原始价值	已提折旧	备注
电脑		台	4	10 年	4 680 元/台		
技术鉴定				评估价值			

单位盖章：　　　　　　　　　　　　　　　　　　　　　　　　　接受单位盖章：

17-1

借款凭证

2011 年 12 月 11 日　　　　　　　　第　　号

借款人	芜江市长江化工有限责任公司		贷款账号					存款账号							
贷款金额	人民币（大写）	贰拾万元整		千	百	十	万	千	百	十	元	角	分		
					¥	2	0	0	0	0	0	0	0	0	

用途	弥补流动资金不足	期限 1 年	约定还款日期	2011 年 12 月 10 日
		贷款利率		工商银行赭山支行 2011 年 12 月 借款合同号 转讫

上列贷款已转入借款人指定的账户

复核：王成　　　记账：何贤

18-1

中国工商银行
转账支票存根

支票号码：2860372
科　　目：＿＿＿＿＿＿＿
对方科目：＿＿＿＿＿＿＿
签发日期：__2011 年 12 月 11 日__

收款人：__芜江市红十字会__
金　额：__¥40 000.00__
用　途：__捐赠南方灾区__
备注：

单位主管　王浩　　　会计
复核　　　　　　　　记账

19-1

托 收 承 付 凭 证 (回单)

托收号码：56789

2011 年 11 月 5 日

电

承付期限
到期 年 月 日

付款人	全　称	河北天伦纺织有限公司	收款人	全　称	芜江市长江化工有限责任公司
	账　号	26-3359-626		账　号	732001260004619
	开户银行	工商银行石家庄市新市区支行		开户银行	工商银行芜江市赭山支行

金额	人民币（大写）	叁佰捌拾万零壹仟元整	千	百	十	万	千	百	十	元	角	分
			¥ 3	8	0	1	0	0	0	0	0	0

附件		商品发运情况	合同名称号码
单证张数或册数			

备注

电划

付款人注意：
1. 根据结算办法规定，上列托收款项，如超过承付期限并未拒付时，即视同全部承付。如系金额支付即以此联代支款通知；如遇延时或部分支付时，再由银行另送延付或部分支付的支付款通知。
2. 如需提前承付或多承付时，应另写书面通知送银行办理。
3. 如系全部或部分拒付，应在承付期限内另填拒绝承付理由送银行办理。

工商银行赭山支行
2011 年 12 月 16 日
转
讫

单位主管：赵嘉　　　会计：李艳　　　复核：王刚　　　记账：庞岭　　　付款单位开户银行章

20-1

托 收 承 付 凭 证 (回单)

2011 年 12 月 6 日

托收号码：56789

电

承付期限
到期 年 月 日

付款人	全 称	河北天伦纺织有限公司	收款人	全 称	芜江市长江化工有限责任公司
	账 号	26-3359-626		账 号	732001260004619
	开户银行	工商银行石家庄市新市区支行		开户银行	工商银行芜江市赭山支行

金额	人民币（大写）	陆佰陆拾玖万伍仟陆佰元整	千	百	十	万	千	百	十	元	角	分
			¥ 6	6	9	5	6	0	0	0	0	0

附件	商 品 发 运 情 况	合 同 名 称 号 码
单证张数或册数		

备注	付款人注意：
电划	1. 根据结算办法规定，上列托收款项，如超过承付期限并未拒付时，即视同全部承付。如系金额支付即以此联代支款通知；如遇延时或部分支付时，再由银行另送延付或部分支付的支付款通知。 2. 如需提前承付或多承付时，应另写书面通知送银行办理。 3. 如系全部或部分拒付，应在承付期限内另填拒绝承付理由送银行办理。

工商银行赭山支行
2011 年 12 月 16 日
转 讫

单位主管：赵嘉   会计：李艳   复核：王刚   记账：庞岭   付款单位开户银行章

21-1

借 款 单

2011 年 12 月 17 日

单位.项目	代码 No	姓名	王大山	支票汇款	收款单位		
采购科			共 壹 人		开户银行		账号
借款事由	出差						
出差地点	浙江省杭州市	往返日期 2011 年 12 月 25 日至 2011 年 12 月 30 日共 6 天					
金额（大写）	叁仟元整			¥6 000.00			
领导批示 同意		单位负责人:王浩		借款人：王大山 No			
备注： 借款单一式三联，请用双面复写纸套写。							
			收款人：王大山				

二 财务作为出借款的凭证

21-2

中国工商银行
现金支票存根

支票号码：3902090

科　　目：＿＿＿＿＿＿＿＿

对方科目：＿＿＿＿＿＿＿＿

签发日期：<u>2011 年 12 月 17 日</u>

收款人：<u>芜江市长江化工有限责任公司</u>

金　额：<u>￥6 000.00</u>

用　途：<u>出差借款</u>

备注：

单位主管　王浩　　会计

复　核　　　　　记账

22-1

领　款　单

2011 年 12 月 20 日　　　　　　　　　　　　　第 20091201 号

领款单位	总经理办公室	金　额							
人民币（大写）：柒仟陆佰元整		十	万	千	百	十	元	角	分
			￥	7	6	0	0	0	0
领款事由：报销汽车修理费、油费									

领导批示	财务负责人	领款单位负责人	领款人
	王浩		刘芳芳

22-2

中国工商银行
现金支票存根

支票号码：3902092

科　　目：＿＿＿＿＿＿＿＿

对方科目：＿＿＿＿＿＿＿＿

签发日期：<u>2011 年 12 月 20 日</u>

收款人：<u>芜江市长江化工有限责任公司</u>

金　额：<u>￥7 600.00</u>

用　途：<u>报销汽车费用</u>

备注：

单位主管　王浩　　会计

复　核　　　　　记账

22-3

粘贴单据处	修配发票	2 张	800.00
	维修清单	2 张	
	汽油发票	20 张	3 000.00

单据贴存单		
单位项目		总经理办公室
金额	大写	叁仟捌佰元整
	小写	￥7 600.00
单据张数（大写）	贰拾肆张	负责人 刘军
经手人	刘芳芳	验收人 苏磊
用途		修理汽车、购汽油费

23-1

安徽省增值税专用发票

记账联

No：9988213

校验码：85200031777886616631

开票日期：2011 年 12 月 23 日

购货单位	名　　称：河南舒逸纺织有限公司 纳税人识别号：32697700896 地址、电话：郑州市环城南路 156 号 开户银行及账号：工商银行郑州环城路办 69-8899-102	密码区	>332+/0-933021/329<1 加密版本：01 3505263+11>*8252/+1< 51300670011 8333266+33>*2212/+4< 00-/76-6/88*42>886

货物或应税劳务名称	规格型号	单位	数量	单价	金额	税率	税额
PDC		kg	6 000	70	420 000.00	17%	71 400.00
PAG		kg	10 000	65	650 000.00	17%	110 500.00
合计					￥1 070 000.00		￥181 900.00

价税合计（大写）	壹佰贰拾伍万壹仟玖佰元整	（小写）￥1 251 900.00

销货单位	名　　称：芜江市长江化工有限责任公司 纳税人识别号：340208830020288 地址、电话：芜江市长江路 146 号 开户银行及账号：工行赭山支行 732001260004619	备注	芜江市长江化工有限责任公司 340208830020288 发票专用章

收款人：　　　　　复核：　　　　　开票人：李军　　　　　销货单位：（章）

23-2

中国工商银行

转账支票存根

支票号码：2860376

科　　目：＿＿＿＿＿＿＿＿

对方科目：＿＿＿＿＿＿＿＿

签发日期：2011 年 12 月 23 日

收款人：芜江市铁路运输有限公司

金　额：￥6 000.00

用　途：代买方垫付运费

备注：

单位主管　王浩　　会计

复核　　　　　　记账

23-3

芜江市长江化工有限责任公司产成品出库单

编号：20111203

2011 年 12 月 23 日

发货单位：

类别	编号	名称及规格	计量单位	数量	单位成本	总成本
主要成品		PDC	千克	60 000		
主要成品		PAG	千克	10 000		
合计				¥70 000		

仓库主管：杨林　　　　记账：李平　　　　　　发货人：李芳　　　　　　经办人：赵伟

第二联　记账联

23-4

业务说明：
2011 年 11 月 28 日已预收 400 000.00 元货款。

24-1

固定资产折旧计算表

2011 年 12 月

月分类 折旧率 部门	房屋及建筑物		机器设备		其他设备		合计
	0.264%		0.792%		0.792%		
	原值	折旧额	原值	折旧额	原值	折旧额	
生产车间	12 000 000.00	31 680.00	24 400 000.00	193 248.00	140 000.00	1 108.80	226 036.80
管理部门	1 600 000.00	4 224.00	140 000.00	1 108.80	0.00		5 332.80
销售部门	1 200 000.00	3 168.00	0.00	0.00			3 168.00
合计	¥14 800 000.00	¥39 072.00	¥24 540 000.00	¥194 356.80	¥140 000.00	¥1 108.80	¥234 537.60

财务主管：王浩　　　　　　审核：王维　　　　　　制表：孟辉

25-1

利息费用预提表

2011 年 12 月 31 日

借款类别	借款本金	利率	本月份应提的金额	备注
长期借款	125 000 000.00	9%	187 500.00	
短期借款	100 000.00	6%	500.00	

财务主管：王浩　　　　　　审核：王维　　　　　　制表人：孟辉

26-1

业务说明：

　　2011 年 12 月 20 日，从北京石油化工股份有限公司购进的苯胺 16 000 千克，材料运到已验收入库。但发票等结算凭证尚未收到。月底仍未收到发票账单。按照计划成本 35 元/千克暂估入账。

27-1

工商银行芜江分行 贷款利息回单

2011 年 12 月 31 日

收款单位	账号	261	付款单位	账号	732001260004619
	户名			户名	芜江市长江化工有限责任公司
	开户银行			开户银行	工商银行芜江市工行赭山支行
	贷款额：100 000		利率：6%		利息　1 500.00

工商银行赭山支行
2011 年 12 月 31 日
转讫

户第	季度利息	科　目 _____
		对方科目 _____
		复核员：　　　　记账员：

28-1

委 托 收 款 凭 证 (收账通知)

委托收款号码：88 293

2011 年 12 月 31 日

到期　年　月　日

付款人	全称	芜江市长江化工有限责任公司	收款人	全称	芜江市供电公司
	账号或地址	芜江市长江路 146 号		账号	89-3588-452
	开户银行	工行赭山支行		开户银行	工商银行芜江市胜利路办事处

托收金额	人民币（大写）	捌万捌仟伍佰伍拾贰元贰角捌分	千	百	十	万	千	百	十	元	角	分
					¥	8	8	5	5	0	2	8

款项性质	业务收入	合同号码		附寄单证张数	

备注

特约

根据协议上列款项已由付款单位账户付出。

工商银行赭山支行
2011 年 12 月 31 日
转讫

付款人开户行盖章
2011 年 12 月 31 日

单位主管	会计	复核	记账

28–2

河北省增值税专用发票

发票联

No: 5360201

校验码：79200031888226638652

开票日期：2011 年 12 月 31 日

购货单位	名　　　称：芜江市长江化工有限任公司 纳税人识别号：340208830020288 地址、电话：芜江市长江路 146 号 开户银行及账号：工行赭山支行 732001260004619	密码区	3427<<+54879*7600-58*>>4398069+9 280<<<*6409502512527904>>*867234* 加密版 本：01340003322000054803

货物或应税劳务名称	规格型号	单位	数量	单价	金额	税率	税额
电		千瓦时	148 400	0.51	75 684.00	17%	12 866.28
合计					¥75 684.00		¥12 866.28

价税合计（大写）	捌万捌仟伍佰伍拾元贰角捌分	（小写）¥: 88 550.28

销货单位	名　　　称：芜江市供电公司 纳税人识别号：8966982830355 地址、电话：芜江市胜利路 108 号 开户银行及账号：工商银行芜江市胜利路办事处 89-3588-452	备注	芜江市供电公司 8966982830355 发票专用章

收款人：　　　　　复核：　　　　　　　　开票人：胡晓娜　　　　　销货单位：（章）

28–3

芜江市供电局电费结算单

2011 年 12 月 31 日

单　位	芜江市长江化工有限责任公司	类型	工业	计费月份	12 月
电表起讫数码	用电量（度）	单位	单价	金额（元）	备注
412368–560768	148 400	度	0.51	75 684.00	不含税
金额人民币（大写）柒万伍仟陆佰捌拾肆元整				¥75 684.00	

主管：李艳艳　　　　　复核：高丽　　　　　　　　经办人：王霞

28–4

外购动力费分配表

2011 年 12 月

车间部门	生产用电			照明用电			合计
	用电数量	单价	金额	用电数量	单价	金额	
生产车间	131 600	0.51	67 116	4 800	0.51	2 448	69 564
管理部门				12 000	0.51	6 120	6 120
合计	¥131 600		¥67 116	¥16 800		¥8 568	¥375 684

财务主管：王浩　　　　　审核：王维　　　　　　　　制表：孟辉

29-1

委 托 收 款 凭 证（收账通知）

委托收款号码：88293

2011 年 12 月 31 日

到期 年 月 日

付款人	全称	芜江市长江化工有限责任公司	收款人	全称	芜江市供水公司
	账号或地址	芜江市长江路 146 号		账号	68-4251-669
	开户银行	工行赭山支行		开户银行	工商银行芜江市油田路支行

托收金额	人民币 （大写）	贰万叁仟壹佰元肆角捌分	千	百	十	万	千	百	十	元	角	分
						¥ 2	3	1	0	0	4	8

款项性质	业务收入		合同号码		附寄单证张数	

备注

特约

工商银行赭山支行
根据协议上列款项已由付款单位账户付出。
2011 年 12 月 31 日

付款人开户行盖章　　转
2011 年 12 月 31 日　　讫

单位主管　　　　　会计　　　　　复核　　　　　记账

29-2

安徽省增值税专用发票

发票联

No：5360201

校验码：7920003188226638652

开票日期：2011 年 12 月 31 日

购货单位	名　　　　称：芜江市长江化工有限责任公司 纳税人识别号：340208830020288 地址、电话：芜江市长江路 146 号 开户银行及账号：工行赭山支行 732001260004619	密码区	3427<+54879*7600-58*>>4398069+9 280<<*6409502512527904>>*867234* 加密 版本：01340003322000054803

货物或应税劳务名称	规格型号	单位	数量	单价	金额	税率	税额
水		M³	6 170	3.20	19 744.00	17%	3 356.48
合计					¥197 442.00		¥3 356.48

价税合计（大写）	贰万叁仟壹佰元肆角捌分	（小写）¥：23 100.48

销货单位	名　　　　称：芜江市供水公司 纳税人识别号：6867702834622 地址、电话：芜江市油田路 223 号 开户银行及账号：工商银行芜江市油田路支行 68-4251-669	备注	芜江市供水公司 6867702834622 发票专用章

收款人：　　　　复核：　　　　开票人：蒙玉娟　　　　销货单位：（章）

第二联 发票联 购货方记账凭证

29-3

市自来水公司水费结算单

2011 年 12 月 31 日

单　位	芜江市长江化工有限责任公司		计费月份		12 月
水表起讫数码	用水量（立方米）		单价	金额	备注
791815－797985	6 170		3.20	19 744.00	不含税
金额人民币（大写）壹万玖仟柒佰肆拾肆元整					¥:19 744.00

主管：李艳艳　　　　　　　　　　复核：高丽　　　　　　　　　　经办人：李晓娟

29-4

水费分配表

2011 年 12 月

车间部门	单位	数量	单价	金额
生产车间	米³	6 090	3.20	19 488
管理部门	米³	80	3.20	256
合计		¥6 170		¥19 744

财务主管：　王洁　　　　　　　　审核：王维　　　　　　　　制表：孟辉

30-1

工资费用汇总表

2011 年 12 月

部　　门		基本工资	津贴	合计
生产车间	生产工人	122 400	184 200	306 600
	管理人员	8 000	12 000	20 000
	合　计	130 400	196 200	326 600
管理部门		46 800	94 200	141 000
销售科		16 000	34 000	50 000
总计		¥193 200	¥324 400	¥517 600

财务主管：　王洁　　　　　　　　审核：王维　　　　　　　　制表：孟辉

30-2

工资费用分配表

2011 年 12 月

应借科目	成本项目	生产工时	工资费用合计
生产成本——PAG	工资及福利费	7 000	178 850
生产成本——PDC	工资及福利费	5 000	127 750
制造费用	工资及福利费		20 000
管理费用	工资及福利费		141 000
销售费用	工资及福利费		50 000
合计			¥517 600

财务主管：　王洁　　　　　　　　审核：王维　　　　　　　　制表：孟辉

31-1

芜江市长江化工有限责任公司原材料出库单

领用单位：生产车间　　　　　　　　　　　　　　　　　　　　　编号：20111201
用　途：一般耗用　　　　　　　2011 年 12 月 1 日　　　　　　发货单位：原材料库

类别	编号	名称及规格	计量单位	数量	单位成本	总成本	
原材料		油 剂	千克	1 000			第二联 记账联
合计							

仓库主管：杨林　　　　　记账：李平　　　　　发货人：李芳　　　　　经办人：赵伟

31-2

芜江市长江化工有限责任公司原材料出库单

领用单位：生产车间　　　　　　　　　　　　　　　　　　　　　编号：20111206
用　途：生产产品　　　　　　　2011 年 12 月 14 日　　　　　　发货单位：原材料库

类别	编号	名称及规格	计量单位	数量	单位成本	总成本	
原材料		TPP	千克	34 000			第二联 记账联
原材料		苯胺	千克	6 400			
原材料		油 剂	千克	2 600			
合 计							

仓库主管：杨林　　　　　记账：李平　　　　　发货人：李芳　　　　　经办人：赵伟

31-3

芜江市长江化工有限责任公司原材料出库单

领用单位：生产车间　　　　　　　　　　　　　　　　　　　　　编号：20111207
用　途：生产产品　　　　　　　2011 年 12 月 25 日　　　　　　发货单位：原材料库

类别	编号	名称及规格	计量单位	数量	单位成本	总成本	
原材料		TPP	千克	35 000			第二联 记账联
原材料		苯胺	千克	6 400			
原材料		油 剂	千克	2 600			
合 计							

仓库主管：杨林　　　　　记账：李平　　　　　发货人：李芳　　　　　经办人：赵伟

31-4

发料凭证汇总表

2011 年 12 月

用途	TPP		苯胺		油剂		合计
	数量	金额	数量	金额	数量	金额	
生产产品							
一般耗用							
合 计							

财务主管：王洁　　　　　审核：王维　　　　　制表：孟辉

31-5

材料费用分配表

2011 年 12 月

应借科目	成本项目或费用项目	金额/元
生产成本——PAG	直接材料	
生产成本——PDC	直接材料	
制造费用	机物料	
合计		

财务主管：王浩　　　　　审核：王雅　　　　　制表：孟辉

注：本月投产 PAG 45 000 千克，投产 PDC 20 000 千克。

32-1

车间制造费用分配表

2011 年 12 月

产品	生产工时	分配率	应分配金额
PAG	7 000		
PDC	5 000		
合计	¥12 000		

财务主管：王浩　　　　　审核：王雅　　　　　制表：孟辉

33-1

生产情况报告表

2011 年 12 月

产品名称	单位	月初在产品	本月投产	本月完工入库	月末在产品
PAG	千克	8 000	90 000	80 000	18 000
PDC	千克	12 000	40 000	46 000	6 000
合计		¥20 000	¥130 000	¥126 000	¥24 000

财务主管：王浩　　　　　审核：王雅　　　　　制表：周文莉

33-2

约当产量计算表

产品名称：**PAG**　　　　　2011 年 12 月　　　　　单位：千克

工序	工时定额	完工率	在产品数量		完工产品产量	产量合计
			结存量	约当产量		
1	0.6	10%	2 000			
2	2.1	55%	4 000			
3	0.3	95%	10 000			
合计	3	100%	16 000			

财务主管：王浩　　　　　审核：王雅　　　　　制表：孟辉

33-3

约当产量计算表

产品名称：PDC　　　　　　　　　　2011 年 12 月　　　　　　　　　　单位：千克

工序	工时定额	完工率	在产品数量		完工产品产量	产量合计
			结存量	约当产量		
1	0.4	10%	1 000			
2	1.4	55%	1 000			
3	0.2	95%	4 000			
合计	2	100%	6 000			

财务主管：王洁　　　　　　　　审核：王雅　　　　　　　　制表：孟辉

33-4

生产成本计算表
2011 年 12 月

产品名称：PAG　　　　　　　　　　　　　　　　　　　　　　单位：千克

项　目	成本项目			合计
	直接材料	直接人工	制造费用	
月初在产品成本				
本月生产费用				
生产费用合计				
费用分配率				
完工产品成本				
月末在产品的成本				

财务主管：王洁　　　　　　　　审核：王雅　　　　　　　　制表：孟辉

33-5

生产成本计算表
2011 年 12 月

产品名称：PDC　　　　　　　　　　　　　　　　　　　　　　单位：千克

项　目	成本项目			合计
	直接材料	直接人工	制造费用	
月初在产品成本				
本月生产费用				
生产费用合计				
费用分配率				
完工产品成本				
月末在产品的成本				

财务主管：王洁　　　　　　　　审核：王雅　　　　　　　　制表：孟辉

34-1

产品销售汇总表

2011 年 12 月

项 目	PAG		PDC		合计
	数量	金额	数量	金额	
月初结存					
本月入库					
加权平均单价					
本月销售产品制造成本					

财务主管：王浩　　　　　　　　审核：王维　　　　　　　　　　制表：孟辉

注：加权平均单价保留两位小数。

35-1

存货清查报告单

2011 年 12 月 28 日

类别	财产名称规格	计量单位	单价	账存数量	实存数量	盘盈		盘亏		原因
						数量	金额	数量	金额	
材料	TPP	kg	40.00			80	3 200.00			自然溢余
	苯胺	kg	35.00					40	1 400.00	不明
包装物	不锈钢桶	个	18.00					20	360.00	保管不善
合 计							¥3 200.00		¥1 760.00	

处理意见：**盘盈 TPP 冲减管理费用；盘亏苯胺列作管理费用；盘亏包装物由过失人赔偿。**

财务主管：王浩　　　　　审批：　　　　　　　存货主管：杨林　　　　　制表：孟辉

注：1. 盘亏材料应负担的材料成本差异（略）；

　　2. 盘亏包装物的单价根据月初库存包装物采用先进先出法确定。

35-2

现金盘点报告单

2011 年 12 月 28 日

盘点日期	实存金额	账存金额	对比结果		原因	处理意见
			长款	短款		
12 月 28 日				**800.00**	**待查**	
						暂作其他应收款处理

财务主管：王浩　　　　　审批：　　　　　　　出纳：刘玉芳　　　　　制表：孟辉

35-3

关于处理坏账损失的请示报告

董事会：

　　根据领导布置，本公司财务部门于本月对公司财产、商品及往来账款进行了全面清查和盘点。其中，重点审查了逾期时间较长的应收账款总账的结算情况。

　　经查，我公司有关部门在最近两年中曾连续发函、打电话和派人上门催讨江西纺织有限公司的欠款 30 000 元，但该企业已面临破产。据我们判断，上述款项已经无法收回，按照会计制度和税法的规定，应确定为坏账损失。特报领导研究批准，以便及时办理有关核销手续。

　　当否，请批示。

芜江市长江化工有限责任公司财务部

2011 年 12 月 30 日

同意列作坏账处理。

王浩

2011 年 12 月 31 日

36-1

增值税纳税申报表（适用于一般纳税人）

税款所属时间：自　年　月　日至　年　月　日　　　　填表日期：　年　月　日　　金额单位：元至角分

纳税人识别号														所属行业：		

纳税人名称	（公章）	法定代表人姓名		注册地址		营业地址	
开户银行及账号		企业登记注册类型		电话号码			

	项　目	栏　次	一般货物及劳务		即征即退货物及劳务	
			本月数	本年累计	本月数	本年累计
销售额	（一）按适用税率征税货物及劳务销售额	1				
	其中：应税货物销售额	2				
	应税劳务销售额	3				
	纳税检查调整的销售额	4				
	（二）按简易征收办法征税货物销售额	5				
	其中：纳税检查调整的销售额	6				
	（三）免、抵、退办法出口货物销售额	7			——	——
	（四）免税货物及劳务销售额	8			——	——
	其中：免税货物销售额	9			——	——
	免税劳务销售额	10			——	——
税款计算	销项税额	11				
	进项税额	12				
	上期留抵	13				
	进项税额转出	14				
	免抵退货物应退税额	15			——	——
	按适用税率计算纳税检查应补缴税额	16			——	——
	应抵扣税额合计	17=12+13-111-15+16				

续表

项　目		栏　次	一般货物及劳务		即征即退货物及劳务	
			本月数	本年累计	本月数	本年累计
税款计算	实际抵扣税额	18（如17<11，则为17 否则为11）				
	应纳税额	19=11-18				
	期末留抵税额	20=17-18				
	简易征收办法计算的应纳税额	21				
	按简易征收办法计算的纳税检查应补缴税额	22				
	应纳税额减征额	23				
	应纳税额合计	24=19+21-23				
税款缴纳	期初未缴税额（多缴为负数）	25				
	实收出口开具专用缴款书退税额	26			——	——
	本期已缴税额	27=28+29+30+31				
	（1）分次预缴税额	28				
	（2）出口开具专用缴款书预缴税额	29			——	——
	（3）本期交纳上期应纳税额	30				
	（4）本期缴纳欠缴税额	31				
	期末未缴税额（多缴为负数）	32=24+25+26-27				
	其中：欠缴税额（≥0）	33=25+26-27				
	本期应补（退）税额	34=211-28-29				
	即征即退实际退税额	35	——	——		
	期初未缴查补税额	36			——	——
	本期入库查补税额	37			——	——
	期末未缴查补税额	38=16+22+36-37			——	——
授权声明	如果你已委托代理人申报，请填写以下资料： 为代理一切税务事宜，现授权　　　　　　　（地址） 为本纳税人的代理申报人，任何与本申报表有关的往来文件，都可寄予此人。 授权人签字：			申报人声明	此纳税申报表是根据《中华人民共和国增值税暂行条例》的规定填报的，我相信它是真实的、可靠的、完整的。 声明人签字：	

以下由税务机关填写：

收到日期：　　　　　　　　　　　　接收人：　　　　　　　　　　主管税务机关盖章：

36-2

流转税附加税计算表

年　月

计税（费）基础		应交城市维护建设税（税率）		应交教育费附加	
		税率	税额	税率	税额
增值税					
营业税					
消费税					
合计					

财务主管：王浩　　　　　　　审核：王雅　　　　　制表：孟辉

37-1

应交所得税计算表

年度

项　目		金　额
会计利润		
纳税调整	按照会计准则规定计入利润表但计税时不允许扣除的费用	
	计入利润表的费用与税法规定可予税前扣除的金额之间的差额	
	计入利润表的收入与税法规定应计入应纳税所得额的收入之间的差额	
	税法规定不征税收入	
	其他需要调整的因素	
应纳税所得额		
应交所得税（应纳税所得额×25%）		

财务主管：王洁　　　　　　审核：王雍　　　　　　制表：孟辉

37-2

资产、负债的计税基础及暂时性差异计算表

年度

项　目	账面价值	计税基础	差异	
			应纳税暂时性差异	可抵扣暂时性差异
交易性金融资产				
应收账款				
存货				
可供出售金融资产				
投资性房地产				
固定资产				
在建工程				
无形资产				
预计负债				
预收账款				
应付职工薪酬				
特殊交易或事项				
合　计				

财务主管：王洁　　　　　　审核：王雍　　　　　　制表：孟辉

37-3

所得税费用计算表

年度

项　目		行次	金　额
应交所得税		1	
递延所得税负债	期末递延所得税负债	2	
	期初递延所得税负债	3	
	递延所得税负债增加（减少"－"号填列）（1-2）	4	
递延所得税资产	期末递延所得税资产	5	
	期初递延所得税资产	6	
	递延所得税资产增加（减少"－"号填列）（5-6）	7	
递延所得税（11-7）		8	
所得税费用（1-8）		9	

财务主管：王洁　　　　审核：王雅　　　　制表：孟辉

38-1

内部转账单

年　月

摘　要	转账项目	本期发生额	
		借方	贷方
结转到本年利润账户	主营业务收入		
结转到本年利润账户	其他业务收入		
结转到本年利润账户	公允价值变动损益		
结转到本年利润账户	投资收益		
结转到本年利润账户	营业外收入		
结转到本年利润账户	主营业务成本		
结转到本年利润账户	其他业务成本		
结转到本年利润账户	营业税金及附加		
结转到本年利润账户	销售费用		
结转到本年利润账户	管理费用		
结转到本年利润账户	财务费用		
结转到本年利润账户	资产减值损失		
结转到本年利润账户	营业外支出		
结转到本年利润账户	公允价值变动损失		
结转到本年利润账户	所得税费用		
合　计			

财务主管：王洁　　　　审核：王雅　　　　制表：孟辉

39-1

业务说明：
（1）将"本年利润"账户余额转入"利润分配"账户；
（2）将"利润分配"账户有关明细账户余额转入"未分配利润"明细账户。

40-1

利润分配方案

董事会字 20111202 号

经董事会决议，2011 年度按税后净利润的 10% 提取法定盈余公积；向投资者分配红利总额 6 000 000 元，其中甲投资者 3 000 000（投资比例 50%），乙投资者 1 500 000 元（投资比例 25%），丙投资者 1 500 000 元（投资比例 25%）。

董事会

2011 年 12 月 31 日

40-2

利润分配计算表

年

项　　目	分配比例	分配金额
一、税后利润		
二、分配项目		
1. 提取盈余公积		
2. 向投资者分配利润		
其中：甲投资者	投资比例　　%	
乙投资者	投资比例　　%	
丙投资者	投资比例　　%	
分　配　合　计		

财务主管： 王浩　　　　　审核： 王雅　　　　　制表： 孟辉

参 考 文 献

[1] 中华人民共和国政部制定. 企业会计准则（2006）. 北京：经济科学出版社，2006.

[2] 财政部会计司编写组. 企业会计准则讲解（2010）. 北京：人民出版社，2010.

[3] 毛洪涛. 会计学原理. 北京：清华大学出版社，2012.

[4] 王明吉，高景霄. 会计学原理. 北京：清华大学出版社，2012.

[5] 葛军主. 会计学原理. 4版. 北京：高等教育出版社，2011.

[6] 崔智敏，陈爱玲. 会计学基础. 4版. 北京：中国人民大学出版社，2012.

[7] 李端生. 基础会计学. 3 版. 北京：中国财政经济出版社，2012.

[8] 尉京红. 会计学基础. 北京：中国农业出版社，2007.

[9] 朱小平，徐泓. 初级会计学. 5 版. 北京：中国人民大学出版社，2009.

[10] 刘峰. 会计学基础. 3 版. 北京：高等教育出版社，2009.

参考文献